周克芹纪念研究文集

四川省作家协会　编选

四川文艺出版社

目 录

第一辑　听克芹

第二辑 忆克芹

第三辑 论克芹

第一辑　听克芹

文学与农村题材

周克芹

　　这两三年，我省文学创作有了初步的繁荣，涌现了一批新作者、新作品。在揭批"四人帮"，促进四个现代化建设，帮助人民认识生活、思考问题等方面，文学起到了不可低估的作用。在这种大好形势下，我们这些生活在农业战线，过去和现在都主要是写农村题材的作者，比起其他战线的、其他题材的作者来说，是落后了一些，步子是显得慢了一些。这原因当然是多方面的。有"四人帮"的破坏，有农村政策的"多变"，有对农业问题、农民问题的认识不足；此外，还有对属于文学范畴的一些理论和实践问题的看法不一致。比如说，要不要深入生活的问题。无可否认，作家要写自己熟悉的东西。但是，不熟悉的东西，我们要不要去熟悉呢？过去，不少老一辈的作家，是非常熟悉农村的，而现在年轻的同志，相对地说，就不那么熟悉农村。在农村，有八亿多农民，比较而言，搞文学创作的人，总是少一些。农民搞起文学来，更难一些。当然，农民中有不少的优秀青年，他们利用工余时间进行创作；可是，还需有个培养和提高的过程，这个过程往往是比较长的。农业问题，农民问题，对于我们国家整个经济政治状况的好坏，所起的决定性作用，这已是不言而喻的。那么，文学工作者，尤其是年轻的同志，就有必要进一步丰富自己的生活，努力去熟悉自己比较不那么熟悉的农村生活，去探索农民的命运，农民的精神面貌的变化。

农村生活丰富复杂，人物多种多样。只有带着强烈的爱憎和感情色彩去熟悉、去理解，才有可能表现出这种丰富的生活，众多的人物形象。过去，老一辈作家给我们留下了不少写农村的优秀作品，丰富了我国社会主义文学宝库。但是那种不是以生活为依据，仅仅根据生硬的政治标签或"阶级烙印"去"套"出来的农村人物形象，人们是不喜欢的，可以说是厌恶的。那种作品，不但是城里的人，就是农民也一样不喜欢，一看是"农村题材"，读者就皱眉头、倒胃口，不打算读下去，这是一个痛苦的教训。我自己就有过这样的教训，把农民性格和感情简单化，模式化，把农村斗争生活写得枯燥乏味，千篇一律，五十年代是那样，七十年代仍是那样；老贫农永远在忆苦思甜，地主分子永远梦想变天，青年民兵终日着枪杆，干部党员开会动员……仿佛他们年年都干那些。而他们的理想、抱负，他们的欢乐、苦恼，他们的感情生活、心灵境界的东西，却是被遗忘了。

比如"许茂"这个人物，在农村是很多的，这种人的外表、外在表现，在过去的文学作品中也是很多的。但过去的一些作品，总爱把这种农民作为"小生产者"的代表，放在对立面加以批判或嘲笑。我真有些不平。他是胜利地渡过了合作化那一关的农民，他在党的领导下，不断地打扫着自己从旧社会带来的灰尘；然而七十年代那些灰尘却在他身上堆积起来了，他矛盾、痛苦、失望，精神生活无比的痛苦……我在心里分析研究着这个人物，同情这个人物，于是，我写了许茂，这个可怜而又可爱的老头儿。

一个人长期生活在农村，同农民一道奋斗，就会发现农民身上有着许多美好的东西，美好的心灵世界，崇高的道德情操。我们中华民族的传统的美德，如勤劳、善良、聪慧、忍耐、克己等等，在农民中比比皆是。这些好的东西，可以激发文学工作者的创作热情；我们需要把这些东西发掘出来，注入自己的美学理想，加以展现，一定可以写出深刻的真实动人的、如诗如画的作品。事实上，经过党的教育和新时代风雨的洗刷，具有传统美德的农村劳动人民的身上正在生长着一种新的精神素质。那就是传统的美德和我们党倡导的共产主义道德是那样真实动人地结合着体现在农村的社会主义建设生活中，农民的家庭生活中，人与人的关系中，青年人的劳动与爱情中……在最艰苦的年月，他们不丧失信心，不仅认为活着是美好的，而且总是努力争取生活得好一些。"文化大革命"中不更是如此么？国家很困难，农民很困难，他们几经挣扎之后，依然用诚实的劳动和无私的行为，在田野上耕种、收获，吃得很少穿得很烂，而将汗水换下的农产品去完成征购任务，上公粮，支撑着我们的国家度过了那些艰难的年月。这样的人民，以及他们的生活和斗争，是多么的值得写。

说农村生活丰富多彩，不仅是因为农村中有那么许许多多的丰富的人物形象，而且就农业问题而言，还有着不少让我们去思考和探索的东西。人们说，现在，我们正处在一个新旧交替、社会大变动的时代，社会生活发展得快，不断地出现新情况新问题。我感到农村也一样，生活中有不少重大的课题，需要我们的农民、我们的干部、我们的党和全国人民去探求。在这种有益的探求和思索中，文学工作者将是大有用武之地的。我相信，历史上不少优秀的现实主义作家，他们一定是同人民一起探求和思考过他们那个时代的重大社会课题之后，才为我们留下了那些优秀的文学作品的。

三十年来，我们在农业问题上有着几经反复的历史经验和教训，这是需要思考的，有些问题，需要我们重新来认识。文学是不能不涉及这些复杂的现实问题的。因为文学是人学嘛。农民的命运与三十年的历史分不开，时而道路平坦，时而却又曲折艰难。农村有许多政策，那些政策都很具体，甚至是走展不得的。那么文学是不是要去搞政策图解呢？我认为政策图解绝不是文学，但学习研究并运用政策却是应该的。我的体会，我们在农村生活，而不懂得现行的和历史的政策，那是不大好行动的。甚至说，一般的农业生产技术也要懂得才行，那样，你在农村就会如鱼在水，你的文学活动所需要的养料就容易得到了。不懂政策，不懂生产，就难以进入农村生活的中心，就感受不到农民的心理、感情，以及他们的追求和向往。

文学不要去具体写政策，写生产过程，要写人，这是谁都懂得的常识。要写出几个具有时代特点和泥土气息的人物来，需要做出一些努力才行。就要熟悉农村的生活、熟悉农村中的人。

我不赞成粉饰生活，粉饰只能对党的事业有害，只能离间党和人民的联系。五十年代末、六十年代初以及"文化大革命"十年的教训深刻，前事不忘后事之师。我也不同意那种把文学的"战斗作用"简单地理解为仅仅是"对于生活的批判"的说法。无可否认，我们的生活中还有着一些令人遗憾的事情，我们自己的队伍中还有令人讨厌的官僚主义，这些东西要揭露和批判，尤其要站在党和人民的立场去揭发和批判。但这不是文学的目的，而只是手段。

共产党从不隐讳自己的观点，对于确实存在的缺点错误，不需谁来掩饰。向人民说真话，知心话，向党汇报人民的真实生活状况，作家要起这个作用。农民生活中有困难，你硬说吃不完了，这是会贻误国家大事的。一部分农民富裕起来了，你硬说那是资本主义，要加以批判，那也只能破坏党群关系的。

我们需要真实的、但不是自然主义的文学。我们需要有正确的政治倾向的作品，反对说假话、说大话的骗子文艺。文学要真实，要美，要引人向上，而不要虚伪，叫人颓丧。写"四害"横行造成的历史灾难，也要真实而全面地反映出人民的精神面貌来，也要在悲壮的泪眼中见出崇高的美来，因为只有这样才是真实的。"四害"横行的年月，我们农村，从物质生活到精神生活都非常的艰难，然而，我们并没有倒下去。干部、群众、党员在极艰苦的情况下奋斗着，终于过活下来了。这是起码的历史的真实，要说不艰苦，那是不真实，要说苦而无法应付而绝望，同样也不真实。这是大多数人都有的深切的感受。我生活在农村，不得不把这种感受写下来，记录下来，这就是那篇还很幼稚的小说《许茂和他的女儿们》。当然由于自己政治水平和艺术表现能力不高，致使这篇小说写得还不够好，还有着不少的缺点。

前不久，一位文学界的同志到乡下来，同我谈起他对农村题材的一些想法。他说："世界上大概没有一个国家的文学，能像我们的文学一样，农民问题占着如此重要的地位，我们应该时刻想着农民，记着农民……"我赞成这些话。并愿意用毕生的精力去实践。

（《四川农民报》1980年1月7日）

坚持深入群众的斗争生活

周克芹

长篇小说《许茂和他的女儿们》发表以后，许多读者来信要我谈谈我的创作情况。我在这里就深入生活的问题谈一点体会。我在二十多岁时发表了一个短篇小说（说是特写更恰当一些），受到过一点好评。那时曾产生过一种错觉：写小说并不困难，是一件挺轻松的事情。但就在那以后，一连发表的几个短篇，读者不满意，自己也觉着不怎么样。我进入了写作的"苦恼期"。

我的"苦恼期"不长。一位文艺界的负责同志找我谈话，诚恳地指出，我的头一个作品之所以看得过去，是因为写作之前有较长时间的生活积累、感情积累。由于年轻，经历的事情少，本钱不足，第一篇作品把积累花光了，第二篇，第三篇，不论思想或形象，都不过是第一篇的改头换面。我按照他的意见，认真地学习了《在延安文艺座谈会上的讲话》。记得当时除了对"立场问题"、"态度问题"、"为人民大众服务"等问题有一点粗浅认识外，印象最深刻的是：必须长期地、无条件地、全心全意地到群众生活中去。

回家务农之后，我生活在朴实、勤劳的农民群众中间，大家都很关心和爱护我。我先后当过生产队、大队、公社、区里的干部。二十年来，我随着家乡农村社会主义建设的步伐走着。有时候道路是平坦的，有时候却坎坷而艰难。在这样的生活中，感受是深切的。常常要思考一些问题，当然也有过苦闷。使我始终不丧失信心的原因，是农民群众精神力量的影响，和自己对党对共产主义事业的信念。即使在"四害"横行、国无宁日的年月里，我看到和感受到的，仍然是农民群众坚韧不拔的精神力量。他们朝朝暮暮地从事着艰苦的劳动，肚子有时候是饿着的，应该交给国家的那部分粮食却总是如数送去。他们在用默默无闻的劳动支撑着我国社会主义大厦，使城乡人民度过了艰苦的岁月。在这样的生活斗争面前，我怎么也抑制不住自己，要把农村中这些普通的男男女女的生活和斗争写出来。这期间，我学会了一些农业生产技术和农业经营管理方面的知识，也读了一些书，发表了一些短篇小说。但是，更为主要的收获，是思想感情的变化——由一个小知识分子逐渐转变成一个深知"粒粒皆辛苦"的农民，又由一个农民成长为懂得一点革命道理的共产党员。

生活之路，就是我的文学之路。虽然艰苦一些，漫长一些，但得到的却多一些，深刻一些，因而也就牢固一些。我体会到，深入生活、积累生活的过程，同时也是积累感情的过程。在"了解人、熟悉人"的过程中，要把几个人物的外貌特征、言谈举止描绘出来，不是太难的事；要熟知他们不同的身世、社会关系、经济状况、家庭琐事等等，也不困难。但是只有这些还不够，更重要的是感情的长期积累。农民在想什么，追求什么？他们的欢乐、忧愁是什么？要对这些体察入微，感情上和他们一致起来，同忧同乐，为着共同的愿望而焦灼而痛苦，和他们一道去奋斗……这些，不是拿着笔记本去采访所能得到的。

不久前，有几位正处于创作"苦恼期"的青年作者，问我怎样写出了《许茂和他的女儿们》。他们希望从我的写作中得到一点秘密。其实我什么秘密也没有，只不过是由于长期地同基层干部与群众生活战斗在一起，积累下一些与时代、与农民群众比较一致的思想感情罢了。

在农村生活久了，同农民为着共同的理想奋斗的时间长了，就会感触到农民有着美好的心灵和崇高的道德情操。勤劳、善良、聪慧、忍耐、坚强、克己等等美德，农民中比比皆是。这些植根于深厚的历史土壤的美德，经过党的培植和新时代风雨的洗刷，正在生长出一种新的精神素质——那就是传统的美德和共产主义道德的结合。具有这种美德的人，就在我的身边，我热爱他们，我和他们有着共同的理想和追求。四姑娘、金东水、颜少春、吴昌全、九姑娘、龙庆等人物，他们在十年浩劫里的遭遇、苦恼、思索和奋斗，我自己同样遭遇过，只不过是程度与形式不同而已。人民群众的生活是文学创作的唯一的源泉，这话太实在了。

我生活在农民中间，不必拿着笔记本去采访搜集创作的材料，去找人介绍故事情节。那些人物就浮在我的心中。普通农民男女所具有的那种心灵的美，时刻在激发着我的创作热情。在农村，许茂这种人物是很多的。初看去，他们冷漠、自私，有的还公然咒骂"上级"。但是，在土改、合作化初期，他们却不是这样的啊！这是为什么呢？是上了年纪脾气怪了么？在长期的相处中，我逐渐认识到一个可悲的事实：我们的政策出了偏差，伤害了他们的利益。这样的发现是痛苦的，但事实毕竟是事实。我们可能没有注意这个问题，没有注意这类农民所发生的变化；但这些变化却关系到我们的社会。我们不应该认真地从政策问题上来探讨一番么？只有从改善党对农民的领导入手，才能使他们的心重新温暖起来。于是我写了许茂这个人物。如果没有这二十年的农村生活，我是绝对写不出来的。

个人的经历，作家自己对于客观世界的直接的经验，应该说是进行创作的必不可少的条件。有了这个条件，写出来的作品，当然比那些凭道听途说或面壁虚构的东西要扎实得多。但是，如果认为个人的经历就能完全代表人民群众的生活，体现时代的精神，那就错了。个人的经验，不能代替群众的经验。个人的生活积累，比起深刻变化的社会生活来，总是显得微不足道。有些同志对我说："你的农村生活底子厚实，现在又是专业作家，满可以坐下来写几部长篇了。"我不敢轻信自己，也不敢听取这样的劝告。有时候，我进城开会，离开农村十天半月，心里就感到有些不踏实，一回到乡下，就好像鱼儿又回到水中一样。生活在飞速地发展，过去的生活积累还得放在现实生活中去重新检验和认识，才有可能历史地、真实地表现生活和群众，作品的调子才能与时代的声音合拍，反映出大多数人的要求和愿望、欢乐和痛苦，作品才会有真正的生命力。

当我们已经深入生活以后，还要摆正自己和群众的位置。作家在任何时候都只能是群众的一员，丝毫不应有什么特殊优越感。如果群众一旦发现你有特殊化的表现，他们就会疏远你，而你需要的创作源泉也就枯源断流了，最终是一无所获，只好卷铺盖走路。

（《红旗》1980年第18期）

在《讲话》指引下前进

周克芹

我们这一代文学工作者，是在毛泽东文艺思想哺育下成长起来的。我们忘不了在五十年代刚刚开始提笔写作的时候，领导同志组织我们学习《讲话》时的情景。那时候，我们很年轻，心地十分纯洁，读的书、经的事，都不多，但强烈的翻身感、幸福感和建设新中国的热情鼓舞着我们，我们热爱党、热爱社会主义、热爱劳动人民。我们都自觉地以《讲话》为指南，指导我们去从事文学创作。

现在，二十多年过去了，回顾我自己二十多年来的生活及创作实践，我感到道路是有些曲曲折折，但自己没有离开《讲话》指引的方向，《讲话》的根本思想始终指导着自己的生活和创作活动。

我从小生长在农村，不必为了写作才去深入生活。我不习惯拿着笔记本儿去对哪一个农民进行采访。各式各样的农民就在我的周围，他们在想什么，有什么欢乐、什么痛苦，他们的希望、要求和忧虑，其实也是我的。长时期的共同生活，甘苦与共，就成了我的创作的取之不尽的源泉。在变化和发展的生活面前，我常常是首先站在农民的角度去看待那一切变化和发展。农民是热爱党、拥护我们社会主义事业的，这是最根本的一点，他们有时也会不满意，那多半是对"左"的指导思想、瞎指挥、不正之风等；有时候，他们也不满足现状，年轻一代的农民除了物质的生活外，对精神方面的生活要求更强烈一些，这就给农村生活带来了新鲜、生动的气息。农民从来是不会"悲观厌世"的，他们的"不满意"、"不满足"，常常是一种推动生活前进的力量。我感到，我们搞农村题材的作者深入生活，主要的是要深入到农民的感情生活中去，站在推动着生活前进的农民群众的行列里，把握农村生活的诗意、时代的脉搏。只有这样，才能使我们的作品更好地为人民服务，为社会主义服务。

要做到这一点，是要经过努力的。这就是毛主席讲的：长期地、无条件地深入到群众火热的斗争生活中去，通过思想的磨炼和交往，取得与人民的一致，与普通劳动者的一致，获得对生活的"总体观"。近几年来，有不少的青年文学爱好者问我，学习创作需要读些什么书。我回答说：搞文学创作当然是要读很多书的，除了读文学名著外，还须读些理论著作，而最好是认真地、扎扎实实地读一读毛主席《在延安文艺座谈会上的讲话》，一定会使你感到十分有益，而且使你今后少走弯路，因为这是我自己的切身体验。

（《人民文学》1982年第5期）

答《文谭》记者问

（一）您是哪一年开始创作的？当时怎么想到搞创作？

答：一九五九年发表第一个短篇小说，名叫《秀云和支书》。在此之前写过一些短小的故事、速写之类在报上发表。还写过独幕话剧和诗。但回想起来，开始创作的时间还更早一些，还是孩子的时候就开始了。

这样回答你们一定会感到奇怪吧？

解放前，农村孩子说不上有什么文艺生活的熏陶。在家乡小镇上偶尔来个川剧班或"文明戏"，但那是成年人欣赏的，而且票价很贵。唯一的经常性的文艺生活是听"圣喻"，听评书。评书内容多半是剑仙侠客、打富济贫之类，听众是男人，女人们是不去听评书的。"圣喻"讲的多半是英雄烈女创造功勋，或柔弱女子惨遭不幸、历尽艰辛、追求幸福的故事，情节曲折，凄婉动人，听众则多半是老奶奶、大婶子及姑娘大姐们。一到夜晚，劳累一天的人们不喜欢蹲在家里，便都按照各自的爱好，男人进茶馆听评书，女人提了小板凳围坐在街沿边听"圣喻"。我那时不到十岁。大约从八岁到十三岁，五年间的文艺生活就是去听"圣喻"。（解放后小镇上没有这种说唱艺术了，据说因为它宣传的因果报应、忠孝贞节等是封建主义。而讲评书却仍然有的。）听得多了，小小脑袋里满是那些或悲壮或凄婉的故事，满是那些勤劳善良、刚烈忠贞的女子们的形象。我是一个性情孤僻的孩子，没有什么同龄的小友一起玩耍。大人们都嫌我太阴沉，不活泼，不讨人喜欢。我逐渐养成了爱沉思的习惯，生活在自己的内心里。生活里不公平的事是挺多的，别人家的孩子常常欺负我，遇上这种时候，多么盼望有人能够理解我，帮助我呵！然而没有。我坐在小河边上带弟妹玩耍，心里开始编织起故事来了，编一个又一个，都是讲一个家境贫寒、无依无靠的柔弱女子，备受欺凌、只身出走、四处飘零，终于找到善良人家。主人公常常就是我自己，我为自己编织故事，往往感动得泪流满面。

所以，我的创作事实上是从上学读书之前就开始了。至于怎么想到搞创作的，那不是我想到要创作，而是生活本身的影响，以及自己感情（或情绪）需要发泄和表达。

后来我正式用文字写作时，情形大致也如此，不同的只是经历的事情多了，在党和人民的教育下，知道了应该怎样去认识生活。但写作时的动机仍然是因为在生活中逐渐积累起来的感情需要向人表露和诉说，把一种情绪传达给人们。

（二）您特别喜欢哪些中外作家和作品？喜欢他们什么？

答：我特别喜欢曹雪芹、蒲松龄、列夫·托尔斯泰、屠格涅夫、契诃夫、雨果以及许地山、萧红、沈从文等人的作品。我主要指的是他们作品的艺术风格，细致、深沉、含蓄、幽远，"抒不尽之意于言外"。他们不是直接地揭露什么，而是透过他们描写的生活悲剧（常常是悲剧！）使我感受到一种深沉的美，使我热爱生活。当然别的许多作家的作品我也是喜欢的。作为一个读者，我有自己的偏爱；作为一个作者，则须进行广泛的阅读，博采众家之长。尤其是对现代作家、老一辈革命作家的作品，我常常是认真学习的。由于性格关系，那些感情饱满而又内向、深沉的作品，我更容易接受些。

（三）您的写作习惯怎样？比如，是先想得比较周密然后动笔，还是有了冲动就提笔写下去？是先有主题还是先有人物或故事？请举您的作品为例。

答：我习惯于周密的思索，不在冲动的时候动笔。刚开始学习创作的时候，是有了一点冲动就立即动笔，后来发觉不行，常常写出浅露的东西，写完、发表之后发现并没有把自己心中的强烈感情充分地准确地表诉出来。后来我学着打"腹稿"，并一遍又一遍地在"肚子"里进行修改，直到觉得行了，才动笔。有时候，一个短篇酝酿已近成熟，却决定不了从什么地方开头更好，在这种情况下，也不想动笔，因为那第一句话，第一段，尤为重要。这不仅是结构的问题，更是通篇感情基调的需要。我始终相信清代戏剧理论家李笠翁的经验："袖手于前，始能疾书于后。"但我也因此而过于拘谨，写得太少。

当长期生活积累起来的某种感情需要用小说的形式转诉时，最先总是要为这种感情寻找形象的寄托，就是说先有人物。因为人物都是熟悉的。他们之间的关系和行动纠葛自然就产生情节故事了。主题，常常和自己所要表达的感情有关，说不上是先有主题还是后有主题，它是在整个的思索、酝酿和写作的全过程中逐渐实现出来的。我没有"从主题出发"进行写作的经验，但当我决定向人们传达我的某种情绪而写作的时候，我要一而再、再而三地考虑这种情绪好不好，有无向读者传达的必要。因为，虽然我自以为具备了一定的认识生活的能力，但我不敢肯定自己的情绪全部都是健康的，对社会有益的。人人都不会完全正确。我有感情用事的毛病，因而不在冲动的时候落笔。冷静和理智非但不妨碍感情的表诉，相反可以使感情更凝练更深沉。

我们所讨论的这个问题有一个前提，即生活。没有长期的生活积累，就谈不上感情积累，人物、故事、主题等等也无从谈起。

略举两个例子。短篇《勿忘草》发表以后，有的同志说这个小说通过芳儿的悲剧，批判了小余的"喜新厌旧"的资产阶级思想；有的同志说，不是批判小余，而是通过一对好人的离异，揭示城乡差别这个现实矛盾和抨击今天还残存的封建等级观念。其实，在我酝酿和写作此篇时，并没有想到那么多，也不打算批评什么。只是因为：人民群众的生活（也包括我自己的生活）告诉我，在困难和挫折面前不能悲观丧气，必须坚强起来，直面人生，含辛茹苦地去重建自己的生活。其次，社会现实告诉我，在人生道路上，人人都可能遭遇到某种艰难、曲折和不幸。第三，我对芳儿这样的妇女比较熟悉，好像是很早很早就认识了似的。于是，我写了《勿忘草》。至于小说所借用的事件，则不是太主要的，选用另外一个事件，并不是不可以表达我的这种认识和情绪，我同样可以写出芳儿们在另外一个场合的另外的遭遇，来称颂她的坚强。

另有一个短篇《两妯娌》，写在《勿忘草》之前一年左右。写了居住在偏僻乡村的两个军人的妻子，嫂嫂貌似坚强而实则软弱，弟媳看去柔弱，实际上是个坚强的女子，在遭到不幸的时候虽也痛苦，却能勇敢地承受打击和不幸。这个弟媳同《勿忘草》里的芳儿乃"同母所生"，都是作者对于人生的认识、思考以及由此而产生的一种情绪的寄托。当然，她们又都是生活里活生生的人。

这里一再提到的"感情"、"情绪"，绝非作者自己的主观意念，也绝非凭空产生的。它来自生活和社会实践，又与作者自己的经历、气质有关。我一再提到它，是因为我觉得深入生活的过程中，生活的积累重在感情的积累，自己的思想感情与时代、与普通群众的思想感情取得一致，乃是十分重要的。请你们不要误解为我在提倡"从意念出发"。

（四）您作品的人物有没有模特儿？有好，或者没有好？

答：这个问题刚才已经回答了一半。我作品的人物很少有一个比较完整的模特儿。也可能是有的，但我记不清自己是在什么情形下把他（她）们记载在脑海里的。但是，他（她）们显然又是生活中存在的，否则我写不出来。

小说人物，妙在似与不似之间。你会觉得他或她确实存在，但又绝不是生活中的某某人。你会觉得这里也是，那里也是，甚至会觉得就是你自己。

至于在写作时是有模特儿好，还是没有好，我说不上来，而且每个作者的情况和习惯也不尽一致。我自己在创作实践中，也不是每个人物都没有模特儿。我写《落选》，就是基本按照生活中的一位落选的大队长写的。

（五）您的作品中，自己比较满意的有哪些？不大满意的有哪些？原因在哪里？

答：十分满意的，没有。不满意的作品以及一篇作品里不满意的人物塑造、细节描写之例是很多的。比如，我不善于编出很好的故事，有时不免以叙述代替描写，直抒胸臆。此外，我的文字功夫不深，语言锤炼不够。最大的毛病在于想象的空间窄小，思路不开阔。

原因在于自己生活面不宽广。多年来，我坚持守老营、打深井，而忽视了扩大生活面的重要性。另外一个原因是自己读书还太少，知识不广博。今后，我要注意克服这些弱点。古人说："读万卷书，走万里路"，是很有道理的。

如果有了条件，我想坐下来多读一点书，还要走出我的生活基地，去多看一些地方。

（六）您怎样安排您的生活、学习、写作和休息的？

答：现在简直说不上怎样"安排"，一年三百六十五天，都处于紧张和忙乱中，开会，处理来信来稿，参加一点基层工作，接待来访者，还有家事来纷扰。我常常努力从忙乱中挣脱出去，躲在乡下写作和读书，但近来已不大容易做到了，身不由己。编辑同志们的约稿信、催稿信来了，觉得很对不住人家。

休息的时间还是有的。因为这几年我常患感冒。感冒了，发烧、头痛，只好休息两天。休息的时候，是思考的好机会，躺在床上无人来干扰。

（七）您两次在北京参加短篇小说发奖大会，感受上有什么不同？

答：这两年的短篇小说发奖大会，去年我因病未参加，所以只去了今年这一次，故说不上感受有什么不同。就这一次而言，我的感受首先是《山月不知心里事》获选，自己感到意外。由此而想到我们的领导和作家，对短篇小说创作确有必要大抓一下。其次在同与会同志的交谈和接触中，知道了过去一年里的成绩与不足。例如工业和部队题材的作品甚少，短篇创作中出现了回避现实生活矛盾的苗头，这些当然是必须注意的问题。第三，丁玲同志在发奖大会上的讲话，谈到深入生活，真正与劳动群众打成一片，对我的启发很大。

（八）您对当前讨论的"社会主义新人"怎么理解？

答：这方面的讨论我接触不多，还是去年看过一些文章。人们总喜欢对什么都要急急忙忙下个定义，要求作者照着设计好的"社会主义新人"的标准尺寸去写，其实大可不必。要相信作家在深入群众的斗争生活中，会按照生活本身提供的新的人物去塑造新人典型。

有一种定义把艺术人物画廊里出现的某些新的典型均列为"社会主义新人"，如陈奂生。

还有一种定义规定只有乔厂长才是"社会主义新人"。

两种定义我都不敢苟同。一个标准定得太宽，一个则又太严。塑造社会主义新人形象，第一要真实，第二要对人有鼓舞。可亲可敬，引人效法。因此，他们首先应该是生活中的人，而不是被拔高了的神，同时，他们又具备一定的社会主义觉悟和劳动的自觉性，他们身上应该体现着时代的前进的精神气质。他们不是没有缺点错误，但勇于正视，能够改正，继续前进。优点多于缺点。

革命现实主义的创作方法要求作家站在党和人民的立场，揭示现实生活的矛盾，并展示新的希望和前景。因而塑造新人时，理想是不可少的，但又不可太理想化。离开生活和人物自身发展的轨迹去刻意加工，离群众太远，是不能令人接受的。

提倡多写社会主义新人，绝不意味着排除塑造各种各样人物形象。革命事业是要靠众多的人去奋斗的。

（九）写作时您的心情怎么样？快乐吗？

答：怎么说呢？我似乎记不起什么时候我是快乐的。写作时和作品发表后，以至某篇作品受到好评、得了奖，我都不快乐。因为我很快就发觉自己作品的缺点，并且又为下一篇作品写不好而苦恼。写作的时候，有时会暂时忘记一切，但也并不快乐。中途辍笔，写不下去的时候则苦恼得难以忍受，甚至怀疑自己是不是做这个工作的料。

（十）您目前有什么打算？

答：目前我正在川西平原上的一个农工商试点县参观学习，目的是开阔视野，感受一些新的气氛。之后，我仍回自己的生活基地，和过去一样，做些基层的实际工作。我打算写两三个短篇和一二个中篇，反映当前农村生活的一些巨大而又微妙的变化。我不知道能否真的写得出来，计划是如此，但计划有时也会落空。另外，今年内如有可能，我想把《许茂和他的女儿们》一书写完。当然这也仅仅是计划。我还想认真地读一点书——包括哲学和农业经济理论方面的书。

1982.4.10于川西旅次

（《文潭》1982年第5期）

《许茂和他的女儿们》创作之初

周克芹

《许茂和他的女儿们》，顾名思义，是几个普普通通的农民的生活故事。这一群农民，有老年的，有中年的，有青年的，有男的，有女的。其中也有我自己。

文学不需要写作者自己么？我看，是要的。有时候，想回避也回避不了。作者自己的生活经历，由这些经历所形成的思想、感情、个性、气质等，一定会在他的作品中流露出来。我读书，读前辈作家留给我们的文学经典，我常常掩卷沉思：从那个主人公，那个被作家倾注着满腔热情和爱的主人公身上，我看到了作家本人。

事实正是这样：一个作家如果仅仅是一个生活的旁观者，他没有成为一个具体的生活斗争的参与者，不是身临其境，与那一具体历史时期、具体的环境里的群众一起同忧患、共哀乐，那么，无论他的思想是多么正确，概念是多么明确，其作品的主题当然也无可非议，但是，总给人一种"隔着一层"的感觉。甚至使人感到作者仅仅是一个并不高明的"阿姨"，在那儿板着面孔教育小弟弟。至于思想认识本来错了，写出作品来歪曲了生活，那是另一回事了。

我生活在农民群众中许多年了，我从来不拿着笔记本儿对谁谁进行采访，不为搜集材料专门召开座谈会。我不习惯那样做，也不需要那样做。生活中熟悉的人和事（有时是亲身经历的）以及新的感受、思考、希望，等等，都是我进行写作的"材料"。很多很多，写不完，有时简直来不及写，我恨自己笔太笨，手太慢。向前进行着的生活，给我提供了太多的感受、问题和思考；我所熟悉的庄稼人，以及他们的新的生活、命运、喜怒哀乐……所有这些，我已经写出来的，真是太少太少。

一九七七年十一月二日夜，我的笔记本上写着：

> 近日来，在酝酿长篇《天府之国》的过程中，主人公们的音容笑貌以及他们的斗争历史把我的思路拉回到了少年时代的五彩缤纷的生活……
>
> 然而，现实的、更为贴近的生活，这些年来的经历和感受，却又迫使我不得不把一九七八年的写作计划改动一下——先写《许茂家里的女儿们》（暂名），写几个男女农民在"文化大革命"中的故事……

紧接着，十一月二十三日早晨，笔记本上又这样写着：

> ……是的，就这样决定了。只需把我最熟的几个生产队的百十户人家，稍加概括，即可以写成一部长篇。不是么？许茂是一个受人尊敬的、还有一些缺点的老头子，他一辈子养了许多女儿，女儿们个个都是挺能干的，可日子依然过得不如意，很痛苦，他没有一个儿子。他年轻时饱经沧桑，中年时有过一番雄心壮志……现在他的家境比别人也富裕一点，但他害怕回到旧社会去，他和他的女儿们，全是能人，个个都有自己的性格——这就构成了复杂的矛盾纠葛。
>
> 有女儿，就要女婿。女婿们加上女儿们，各家各户，就形成了一个"社会"……

几乎没有提纲。只写了一些人物传记。这些"人物传记"已完全不是生活中的某某人的了，有真的，也有想象的，真真假假，组成一个家庭、一个社会。我是完完全全地参与了进去，我的感受在这些人们身上找到了寄托和归宿。我把自己多年来对农业问题、农民问题的思考，比较集中地写在许茂老汉身上。我把长期农村生活积累起来的感情倾注在四姑娘和别的人物的命运中……后来，拍电视、拍电影的同志来了，演员们需我给介绍小说人物的原型是谁，以便他们去采访。我却无论如何也指不出这些人物的原型来。许茂是谁？四姑娘是生活中的哪一个妇女？我说不出具体的生活中的人名来。

文学作品，即便不是"自传体"，也一定有作者自己的思想、感情、前进脚步声，以及悲欢离合等等。它是时代风云、群众生活所给予作者感情影响的形象见证，个人与时代的结合的一个最真实的证物。

对于有些作品，如果仅仅是批评它们的作者"表现自我"，我认为，不如认真地倡导和帮助这些作者深入人民群众的生活，参加实际工作，学习马列主义，使自己结结实实地扎根在劳动群众之中，积累生活，积累感情，与群众、与时代一同前进。这样，即使他在作品中"表现自我"，恐怕也会多少表现出一些人民的共通的思想感情来。鲁迅说得好："我以为根本问题是在作者可是一个'革命人'，倘是的，则无论写的是什么事件、用的什么材料，即都是'革命文学'。从喷泉里出来的都是水，从血管里出来的都是血。"鲁迅和他的同志们的革命文学实践，不正是这样的么！

很难想象，一篇小说、一首诗，没有作者自己的情感，那会是一篇什么样的小说、什么样的诗？

前不久，一位从事文艺理论工作的同志向我提了几个问题，其一是问我哪一年开始创作、当时怎么想到搞创作的？我记得，我是这样回答他的：

一九五九年发表第一个短篇小说……但回想起来，开始创作的时间还更早一些，还是孩子的时候就开始了。

解放前，农村孩子说不上有什么文艺生活的熏陶。在家乡小镇上偶尔来个川剧班子或"文明戏"，但那是成年人欣赏的，而且票价很贵。唯一的经常性的文艺生活是听"圣喻"，听评书。评书说的内容多半是剑仙侠客、打富济贫之类，听众是男人，女人们是不去听评书的。"圣喻"讲的多半是英雄烈女创建功勋，或柔弱女子惨遭不幸、历尽艰辛、追求幸福的故事，情节曲折，凄婉动人，听众则多半是老奶奶、大婶子及姑娘大姐们。一到夜晚，劳累一天的人们不喜欢蹲在家里，便都按照自己的爱好，男人进茶馆听评书，女人提了小板凳围坐在街沿边听"圣喻"。我那时不到十岁。大约从八岁到十三岁，五年间的文艺生活就是去听"圣喻"。（解放后小镇上没有这种说唱艺术了，据说因为它宣传的因果报应、忠孝贞节等是封建主义。而评书却仍然是有的。）听得多了，小小脑袋里满是那些或悲壮或凄婉的故事，满是那些勤劳善良、刚烈忠贞的女子们的形象。我是一个性情孤僻的孩子，没有什么同龄的小友一起玩耍，大人们都嫌我太阴沉，不活泼，不讨人喜欢。我逐渐养成了爱沉思的习惯，生活在自己的内心里。生活里不公平的事是很多的，别人家的孩子常常欺负我，遇上这种时候，多么盼望有人能够理解我、帮助我呵，然而没有。我坐在小河边上带弟妹玩耍，心里开始编织起故事来了，编一个又一个，都是讲一个家境贫寒、无依无靠的柔弱女子，备受欺凌、只身出走、四处飘零，终于找到善良人家。主人公常常就是我自己，我为自己编织故事，往往感动得泪流满面。

所以我的创作事实上是从上学读书之前就开始了。至于怎么想到搞创作的，那不是我想到要创作，而是生活本身的影响，以及自己感情（或情绪）需要发泄和表达。

后来我正式用文字写作时，情形大致也如此，不同的只是经历的事情多了，在党和人民的教育下，知道了应该怎样去认识生活。但写作时的动机仍然是因为在生活中逐渐积累起来的感情需要向人表露和诉说，把一种情绪传达给人们。……

我写《许茂和他的女儿们》，情形也大致如此。

十年动乱，民不聊生，穷乡僻壤也难于幸免，真是"社不成社，家不像家"。这时候，我早已不是一个仅能为自己编织故事以安慰自己寂寞心灵的孩子了。党的培养，人民的哺育，人生的磨炼，我从青年进入中年，我既是一个必须贯彻上级方针政策的基层农村干部，又是一个必须从事劳作以供家养口的农民，有时候我自己就是矛盾的，曾经有过彷徨、痛苦，尤其是当我感到是我自己在伤害着包括我在内的农民群众的时候，我真是百思不得其解。但是，更主要的不是这个。生活不允许一个人永远处于彷徨之中。我不断地读书、学习、思考（所幸的是，在"文革"十年之中，我是一个真正的"逍遥"派，既没有如何被人整，也从不整别人，真正的庄稼人都是这样的，我除了当会计、干农活，就有许多的工夫读书，后期在公社、在区上工作，我的任务是协助抓农业生产，因为当时叫作"一手抓革命、一手抓生产"，抓革命的同志不管生产，而管生产的则可以不过问"革命"，我属于后者，又得到许多时间读书），希望找到一个回答：生活为什么这样？可不可以不至于这样……与此同时，农民群众的生活（当然也包括我自己的生活）以及坚韧不拔的斗争，为求生存、求发展，人们进行着多么艰难而巧妙的斗争呵！庄稼人是不悲观丧气的，尤其是女人们，她们看去软弱一些，而实际是很坚强的，在"抗灾"方面比许多男子汉更具备耐力，不论多么艰苦，那希望之火在她们心里都不熄灭，总是能够直面人生，含辛茹苦地去重建自己的生活。有的人背井离乡，逃荒去了，更多的人留下来辛勤度日，还把应该上交的公粮如数背到国家粮站去。人民是不会绝望的。一个偶然的机会，我看见一个并不认识的妇女带着一个小女孩在田间小路上挖野菜，她们打着赤脚，衣衫破旧，我不知道她们是母女俩，还是姐妹俩。当她们看见山坡上有一丛鲜红的刺梨儿花时，那女人立即放下手中的篮子，爬上山坡去摘下一朵来，插在小女孩的头上，我看见她们黑而瘦的脸上同时绽出一个开心的笑来……偶然的发现，说来也是极平常的小事，却使我想到很多很多的事情，我平时的感受、思考、悲欢、爱憎，一切一切，都涌上心来，那一天，我在笔记本上记下这件事，并写着："人民是不会绝望的。在人生的道路上，人人都可能遭遇到可怕的灾难、打击、艰难和不幸，而重要的是热爱生活，直面人生……"一九五八年，我被认为是犯了"同情右派"的错误，从学校"贬"回家乡当农民，那一刹那间，确曾有一种"牛劲"：不能向命运低头，不能在人生的艰难中沉沦。但我之对于人生的认识、信念，却是后来与群众共同生活以后，才真正确立的。许许多多的经历和见闻，失望和希望，痛苦和欣慰，包括我亲眼见到的那个挖野菜的女人，戴野花的小姑娘……使我懂得了严峻的现实与充满着美好希望的人生。于是，四姑娘，作为艺术形象，在我心中出现了。

四姑娘是一个普通的农家妇女。她悲苦，却并不明白为什么悲苦，她的苦难及其抗争，一开始，仅仅是个人的事，她不能把个人的命运与整个祖国遭受的苦难联系起来思考，因此她曾感到过委屈。写至第十章，她与颜少春有一段对话。颜少春告诉她，由于种种原因，金东水认为目前还不是办喜事的时候，这时她说：

"我能等，这么些年都等过来了。"

颜："秀云，你真是个好女人！……"

到这里，四姑娘的性格大大地发展了一步。四姑娘成长了。和我们许许多多普通人一样，经历了人生种种磨难之后，才懂得了人生，才把个人的命运与党、与祖国的命运联结起来，从今以后，才不至于再是孤苦寂寞的受害者，而是一个战斗者了。

我以发自肺腑的热爱之情，噙着眼泪写四姑娘。我把自己自懂事以来的二十余年艰苦岁月的磨炼所积累起来的感情，二十余年从劳动农民——我的父母兄弟姐妹们——身上感受到的美，大部倾注给了四姑娘这一艺术形象。

写许茂，我则比较冷静一些，理智一些。常常要狠心地使用一把解剖刀。一个曾在合作化时期顺畅地生活过来的庄稼汉，为什么又变得自私了呢？一个正在抖落着身上的历史灰尘、解脱着因袭的重负的农民，为什么又再次背起了那个沉重的负担呢？……我解剖许茂老汉，不是目的，我的目的是解剖历史，为什么历史会在这样的年头停顿不前、甚至倒转？我们这个世界上最大的农业国，农业问题、农民问题究竟是怎么回事？在如何对待农民这样一个重大的方针国策方面，是不是出了点什么问题？"生产关系必须适应生产力发展水平。"这样一个最基本的马克思主义常识，为什么竟然被制定政策的人们忽略？真的是疏忽大意呢，还是有一条早已露头的"左"的路线在阻碍着历史的进程，在给我们的许茂们制造痛苦？……

纵眼望去，葫芦坝是满目疮痍，然而置身于其中，却又使人感到葫芦坝生机蓬勃。葫芦坝真是小得不能再小，但她是中国农村的一角，从这一小小的角落，看看我们伟大祖国在那个特定历史时期中的面貌。

——我是这样想的。也许有点狂妄，而且事实上没有达到"窥斑见豹"的目的。然而，我在写作之初确实是有过这样的"预谋"的。

我的生活、学识，以及驾驭文字的功力都不够，在这之前，我只写过为数不多、质量不高的短篇小说。

自一九七七年十一月二十二日夜到二十三日晨一个通宵里决定了要写这本书以后，人物一下子涌到心中来了，"人物传记"，写得很顺利。我想，只要把这些人物传记"拼"拢来，人物的不同的性格发展历史，一"碰"上必然发生矛盾冲突，有了冲突，不就有了情节、有了故事么？

的确，人物一个个都是非常熟悉的。

可是写起来却是费力了，到了第二年春天快过完了，还没有写出第一章来。

一九七八年春，我参加区委工作组，住在杨家公社的金星大队。我依然是管生产，别的同志管"路线教育"，我从旁看路线教育。在繁忙的大春播种的日子里，白天跑田坎，晚上在大队住房里守着一盏煤油灯苦苦地写作。整整一个春天，写出第一章来了，但是……

四月二十九日的笔记：

> ……现在写成的初稿第一章，几乎全是交代和议论。如果把它们都变成直接描写，那么已足够一个中篇所需要的情节和故事了，它们是几年的历史呵！……

在结构上，落笔竟是如此之难！不仅如此，问题还出在自己的创作思想上。这一点我醒悟得比较快。紧接着四月三十日深夜的笔记里写着：

> 问题还在于出发点。以"问题小说"为出发点，必然导致失败。提出新的问题，是必要的，但这不应是出发点，出发点应是给生活的本质以满腔热情的肯定……

这个第一章，我给工作组的两位青年人看。他们都是小说迷，看过不少小说的。我问他们有何意见，他们只是对我很抱歉地一笑，那意思是：对不起，不行……

失败了。但我也从中摸索到了一点规律。

第一章，介绍人物，展开情节，容易写得枯燥、平直，尤其是出场一个人物，就来一番"过去如何如何"，都得交代一番，这不成了写人头档案了嘛！

七月，工作组回到区上，我有较多的业余时间用来读书和写作了。其间，写了两三个短篇，读了十来本长篇小说，多半是过去读过的，这一次读，就专门研究它们的结构，特别是研究它们第一章为什么要这样写而不那样写。我发觉，长篇第一章有许多种写法，这还是比较容易掌握的，最难处，不是在结构上考虑它与通篇的关系，而是在"基调"上与通篇感情基调的一致性。当第一章、第一节、第一段、第一句落墨之时，全篇的情节细节不一定都布置好了，但通篇的感情基调则早已规定好了。作者写出第一句第一节以后，情绪就必须把握在这个总的基调之中，以后就只能在这个基本调调允许的范围内"变调"。

这第一章，是太重要了。当我把第一章写出来，在地区内部刊物《沱江文艺》发表，以征求农村读者意见的时候，一九七九年的春天已经来临了。接下去就比较的顺利，八月二十六日深夜写到第十章，即现在这个样子。

1982.6.29夜匆此

（《北京师范学院学报》1982年第6期）

说 "竭"

周克芹

有的作者曾经发表过一两篇比较好的作品，后来再难以突破那个水平，甚至一篇比一篇差劲。别人说：此人是"江郎才尽"了。他自己也怀疑自己真的是枯竭了。

古代江淹梦笔生花的故事流传至今，谁也不会真相信它；只不过借个现成的词语罢了。而年轻人一听"才尽"二字，就不免紧张，甚至悲观失望起来。

不必讳言，文学创作是需要一点才华的。既然在一个时期能够写出一两篇较好的作品，那么，就证明作者不是没有具备一定的写作才能和艺术感受的能力。因此，大可不必紧张，需要分析一下，是什么原因阻碍着自己。是因为生活积累不厚实，还是认识生活的能力上不去？是对自己要求过高而又"眼高手低"，还是自身的思想、艺术修养不足？……什么情况都是可能的。

生活在不断发生着变化。这种变化有时是巨大的，有时是十分微妙的。一个作家必须具有这样的本领：艺术的敏感。如果他周围的生活以及他自己的生活发生了某种变化，熟悉的变得不熟悉了，热爱的变得不热爱了，他与人民的生活失去了内在的诗一般的联系，那么，创作激情就必然要受到影响，日复一日，月复一月，时间从他身边流走了，再难以写出新的作品来。

须知，按照唯物主义的观点，变化是绝对的；要求不变，是脱离客观实际的。问题在于我们能否顺应客观变化，顺应变化着的条件，修正自己主观不适应的部分，找出一条新的路子，立于不败之地，使才华得以充分的展示。

的确，遇到写不出的时候，是十分苦闷的，它甚至使人衣带渐宽，形容憔悴。"写不出时不要硬写"，这是鲁迅先生早就教诲过的。碰到这种情况最好是深入生活和读书，从各个方面丰富自己的积累。

高尔基的《小市民》中的人物捷捷列夫说过一句很容易记住的话："生活是行进着的，谁要是赶不上生活，谁就要孤独地落后。"高尔基在这里告诉我们：人与生活之间内在维系的奥秘就在于前进与赶超。我们应该懂得这一奥秘，使艺术生命得以更新，得以长久。

过去了的经验，对于现在和未来有着一定的指导作用，但它不能代替未来。"士隔三日，当刮目相看"，"别君一日，如隔三秋"。一切新的东西需要认真地去获得、去体验、去认识。

当然，否定过去的一切，所谓"从零开始"，并不是我们的态度，那是唯心主义的形而上学。绝对的肯定与否定，曾经造成过严重的坏的效果，人们记忆犹新，无须多说。

我觉得"打深井"或"扎老营"的办法，在一个地方、一个基地长期深入生活，对于中青年作者是比较适合的。不要搞蜻蜓点水，不停地变换生活环境。要变换一下，也得隔个三五年变换一次。至于平时偶尔外出参观访问，那当然是必要的。只有这样，才能做到真正地熟悉不断前进着的生活，与生活保持内在的联系，感受到时代前进的脉搏，使自己保持旺盛的创作激情。

做人是件不容易的事。做一个作家，当然也是一件不容易的事。要有一个正确的思想，正确的世界观，要加强自身修养。

读文学史可以悟出一个真谛：为人不甘淡泊，行文贪恋浮华，是可以使才气消耗殆尽的。

人生于世，应该对社会有一点贡献，贡献的大小是另一回事，但是，应该有所贡献。前段时间，不少的同志写文章、写小说探讨"人的价值"，这无疑是一个有益的探讨，但就我所见到的文章和作品（我所见到的当然不多）看来，是过多地强调了个人应该从社会有所得，而忽略了个人应该给予社会的贡献。这是不对头的，至少可以说是片面的吧。

我们知道，生活中常有这样的现象，由于难以说得清楚的原因，以及某种偶然的因素，个人的贡献与所得并不是都成正比的。例如，有的人，他们的"所得"超过了他们的"贡献"；有的人呢，贡献了，却没有得到或没有全部得到他们应有的东西。这种现象当然是令人遗憾的。但，这没有什么关系，我们宁愿做后者，不要觉得有什么委屈。如果因此而感到委屈，那么会长久地不快活，不舒畅，就很难继续有所贡献了。做人应该淡泊一些，甘于寂寞，潜心于工作和事业。要懂得"有得必有失"的道理，做一个作家，更需要这样。永远保持对生活的热情，保持一颗诚挚的赤子之心。只有把个人对于物质以及虚名的欲望压制到最低标准，精神之花才得以最完美的开放；只有求得内心的平静、纯正，才华方得以熠熠生辉。具有一个无产者的世界观，明净而淡泊的生活态度，是使我们的才华得以充分发挥、发展的极为重要的条件。从事文学创作的人，特别需要具备这样的修养，因为艺术本身需要明净，需要淡泊，需要质朴，需要美，需要给人以温存、体贴、鼓舞、安慰、热情，使人灵魂净化，使人诚实、勇敢、热爱生活，使我们的生活变得更美好。

除了在认识生活的深度方面以外，一个作家的才华也从艺术地再现生活的技巧上表现出来。

七十二行，各行有各行的技巧。写小说，能不能算是"一行"，暂且不去管它，但是，写小说确实需要技巧。"小说作法"一类的东西之所以可笑而不可信，是因为它脱离创作实践，用一些僵死的教条或模式使人误入歧途。但是，不能因此而否定在实践中不断地学习、掌握和创新技巧的重要性。

技巧是活的。写小说的技巧绝无一定之规，我认为，谁要想用写"大众菜谱"那样的办法写一本小说技巧的书，那一定是徒劳的。一个有才华的作者不需要那样的书，他自己能从实践中掌握一定的技巧。精读前人的小说，使用一定的方法，可以领略其中奥妙，而每一本小说，几乎都是一个新的天地。

自叹"江郎才尽"者，是否也可以反省一下自己的艺术表现技巧的问题呢？处于"创作苦闷期"的青年作者，除了考虑自己的生活和思想修养外，是可以注意一下这方面的问题的。

当前，有的青年作者停步不前的原因，有相当一部分是因为自己的生活积累甚少，提笔写作又唯恐不多。但也还有技巧方面的问题。

对于材料的占有和积累，应是越多越好，形成作品时则宜材料越精越好。这似乎是一个很普通的常识，可是在写作时却常常被忘记了。写一个短篇，一两个人物，作者花了许多笔墨，调来许多情节，想从各个侧面去丰富和衬托他的人物，结果是，事与愿违，成了一本流水账，不仅不动人，自己写着也没劲了，一来二去，不免怀疑起自己的才华来了。

须知，即使是一个长篇，也是用不了多少材料的。短篇则更不必说了：一两个情节、细节，写深写细就行了。生活阅历很丰富的作家，都占有许多可供写作的材料，但在写一篇作品时常常只取其千分之一或百分之一；这个"千分之一或百分之一"是指数量而言，而它所包含的思想则是作家所占有的材料的思想的大部分。

一篇作品，什么都想写，结果是什么都没有写。"以一当十"最妙。割舍是一种真正的艺术功力，因为它包含着"开掘"。

我们常常遇到这样的情形：写一个短篇，要走许多弯路。材料一大堆，事件一大串，动起笔来很困难。首先，结构上就很吃力，只好另起炉灶。然而，几易其稿，情形仍然如是。于是感到无路可走了，揪着自己的头发。在这个时候，我们就需要用"我是否贪多"这一问题来检查自己。一检查，说不定就会豁然开朗，就会发现，在那所有的材料中，原来只需其中一点就行了。再次动起笔来，你就会感觉得顺畅多了。看起来，舍去了很多材料好像很可惜，实际上是把那些舍去的材料的"精髓"注入了这个"一点点"之中，这个"一点点"，并非只有一点点。事件、情节都少了，所反映的思想却深刻而清楚了；人物少了，形象却丰满了。

中长篇的构思，也是同一道理。艺术的奥妙在于以少胜多。

所谓"文思敏捷"，不外乎是掌握了"以少胜多"的方法，能够从大量的纷繁的材料中，迅速地清理出一条清晰的线索，选择到最新最适合的表现角度去结构作品，而且写作起来，文字上也不贪多，十分吝惜笔墨。古人咏蜀葵诗中有两句："欲共牡丹争几许，被人嫌处只缘多。"蜀葵花，单看一朵，也是十分精致好看的，但因为太多，遍地皆是，就不如牡丹那么好看了，这是有道理的。写作时，我们不妨时时提醒自己：莫要贪多。

若能注意以上三个方面的问题，对于目前处于"创作苦闷期"的青年作者，我认为，就能够甩掉"江郎才尽"的精神包袱而轻装前进了。

1982.10.24于川东旅次

深情地领受人民的鞭策

——在"茅盾文学奖"首届授奖大会上的发言

周克芹

首先，让我代表首届"茅盾文学奖"的六位获奖作者，向中国作家协会，向评奖委员会全体工作同志，向培养我们的老一辈作家，向帮助和支持我们写作的编辑同志、文学评论工作者以及广大的读者和文学界同行，致以亲切的谢意。

还向"茅盾文学奖"的倡立者、已故的作协主席、我们尊敬的茅盾同志，致以崇高的敬意。在这样的时刻，我们尤其怀念他。他在中国共产党的领导下，为人民的文学事业，贡献了自己毕生的精力。我们将永远学习他。

今天的大会，我们把它视为一次最大的鼓励和鞭策。此情此景将永远长留在我们的记忆里。任重而道远，在未来的文学生涯中，将会鼓舞我们去克服重重困难，不断前进。

获奖，并不足以证明我们的作品已经完好无缺。我们每一个作者都深知自己的作品还有着明显的缺陷，还需要进一步的修改和提高，同时也还需要接受历史和人民的检验。尤其是我自己，各方面的修养都很不够，思想上、政治上都还不成熟，生活功底和艺术功力都还很差，我没有任何值得骄傲或自满的理由。

长篇小说容量大，可以在比较深广的背景下描写丰富复杂的社会生活以及人民的命运，写好了，可以给我们的后代子孙留下一部一部的生动又形象的历史，帮助他们去认识和研究我们这个时代，更直接的，是鼓舞我们同时代的人们热爱生活，帮助人们克服困难，尤其是帮助青年人健康地走向生活。

人民是作家的母亲，生活是文学的沃土。我们要坚定地实践革命现实主义的创作方法，并不断地完善和深化它。我们知道这是极为艰苦的工作。这就需要我们长期坚持深入生活，极大程度地丰富生活阅历，熟悉人民群众的思想。要把自己置身于生活旋涡的中心，即正在从事四化建设的人民斗争生活的中心，使我们的艺术触觉在任何时候都能感受到时代脉搏的跳动，生活前进的声音，甚至能够感受到生活即将发生的某种变化的趋势，以使我们去艺术地展示生活的美好前景，创作出真正的革命现实主义的长篇。

从我们的实际出发，当前我们必须不断地提高自己的政治素质，保持清醒的马克思主义的头脑。我们还必须自觉地，根据自己的不同的情况，千方百计地采取有效的措施，与生活和战斗在基层的人民群众保持亲密的联系，与人民同甘苦，共忧乐，心心相印，风雨同舟。此外，我们还需要加强文学修养，向祖国丰富的文学遗产学习，向老一辈的作家的作品学习，向中外的先进的表现技巧学习，向当代的同行们学习，博采众家之长，以丰富自己的文学表现能力。只有这样，才能写出深刻反映现实揭示矛盾冲突的作品，塑造出感人至深、光彩照人的艺术形象，较好地完成人民交给我们的任务。

党的十二大提出了建设物质文明和精神文明的重大任务。文学，在社会主义精神文明建设中担负着重要的任务。向人民献出更多更好的精神食粮，是当代作家的光荣职责。我们这一代作家是党亲手培养起来的，我们的命运是和党的命运紧密相连的，我们要听党的指挥，在政治上与党中央保持一致。我们做了工作，如果说有了一点成绩，应该归功于党，如果我们工作中有了错误，我们应该自觉地严格地要求我们自己，从中吸取教训，改正错误，继续前进。最后，让我向大会，向到会的全体同志及所有关心这次评奖活动的同志们，再一次表示感谢！

（《四川文学》1983年第2期）

八十年代农村题材展望

周克芹

　　这是一个有趣的题目。对于每一个立志在农村题材创作实践中显显身手的文学作者来说，这又是一个十分严肃和必须认真对待的课题。

　　描绘一幅又一幅变革中的农村真实的生活画面，忠实地追踪这一场历史性变革中的巨人的艰辛足迹，并以饱满的激情去艺术地表现，是我们的职责，是历史赋予我们的光荣使命。

　　在农村这幅大的时代背景下，题材天地异常广阔。

　　也许，正面而又深刻地描绘这场变革（包括它的历史渊源及其走向）还为时尚早，但这是不能回避也不容回避的重大题材。如果在这样的时候还缺乏"敏感"，是说不过去的了。我们的头脑应该清醒，积极做好创作前的准备，是当前迫切的任务。说实在的，我们对于这场正在进行着的改革，就其真实的内容、多样的形式、复杂的矛盾了解多少？粗线条的了解，细微末节的研究，宏观的，微观的，经济的，政治的，道德的，文化的，从政权体制到家庭结构，从人情世态、人与人之间的关系的变化到每个社会地位不同、年龄性别不同、性格经历各异的人们的心理变化的真实历程，我们了解多少？甚少甚少！既然对新的生活了解不多，就很难说认识得深刻与准确。面对错综纷纭的新情况新问题，目前确实有不少认识上的矛盾摆在我们面前，如"道德观"与"历史观"的矛盾，"先富"与"同富"的矛盾，"物质富"与"精神富"的矛盾，等等。肯定地说，我们某些方面的认识没有跟上时代的发展。我们是历史唯物主义者，承认"物质生活的生产方式制约着整个社会生活、政治生活和精神生活的过程"这一马克思主义的基本思想。我们也懂得：社会主义社会的发展，同以往人类社会历史的发展一样，仍然离不开社会生产力的发展，离不开生产力和生产关系、经济基础和上层建筑在一定条件下的矛盾，仍然需要在科学地认识和正确地解决这些矛盾中前进；那么，当我们面对这新旧杂陈、新旧交替、变化急剧的农村生活，当我们发现自己头脑里确已不同程度地产生了"历史观"与"道德观"的冲突时，我们就应该而且必须做到使"感情"统一于理智，对我们某些固有的"道德观"和审美观点作一定程度的调整或修正，以服从于马克思主义的历史唯物主义，从而准确地认识和把握飞速前进着的农村现实。不然，怎么办呢？在"四害"横行的年月里，为农村的贫困、农民的饥寒而忧虑、而痛心疾首，并为之奔走呼号的同志，理应为今天的农村逐渐富裕起来和农民脸上除去了愁容而初露的笑容而感到欢欣鼓舞，我们没有理由、因而也毫无必要担心富裕起来的农民会失去对社会主义的信赖。农民是热爱共产党的，他们深知今天的生活来之不易。什么是符合中国国情的社会主义现代农业？农民正以自己的实践在不停地探索和回答着这个问题，我们需要去了解和熟悉。至于富了以后是不是就解决了一切问题呢？有钱就有一切么？正如有的作品宣传的那样，有了钱的农民个个都如天使般的纯洁，这种作品把过去"高、大、全"的公式套在今天作为先进生产力的代表的那一部分农民身上，当然失之浅薄。另外，有的作品以一种曾经使农民难以起步的旧的说教来警告今天的农民，强调富了必然带来资本主义、修正主义、自私自利、剥削他人等不符合道德原则的东西，似乎平均主义成了一种美好的目标，这是不了解历史，不了解生活，姑且称之为"书生之见"吧。这里，我不想引用调查得来的可靠数字（虽然数字也是足以说明问题的），我只想说，在富裕起来的农民中，有不道德或违法乱纪行为者，是极少数，而且这极少数人的行为多半是属于个人品质的问题，决非因为富裕的缘故。那些问题，不仅富了有，穷也有的。什么才是道德的呢？道德的力量在于有助于推动社会主义物质文明和精神文明的建设，有助于推动生产力发展。"大锅饭"看起来是道德的，人人都有吃，不管是否吃得饱，可是"大锅饭"阻碍了历史的进程，难道不是惨痛的事实么？

触及八十年代农村生活题材，首先横在面前的就是诸如此类的矛盾。然而这种种矛盾只是作者自己的，还不是生活本身的，生活本身还有其更为复杂的矛盾。但是，作者的认识问题不解决，就很难正确地去揭示生活中的诸种矛盾。或者看不见，或者看见了绕道走，或者做出歪曲现实的描写。这不是一般的认识上的问题，解决起来是会有困难的，有反复的，甚至很痛苦：要割掉某些几十年形成的观念，需得从对生活的了解和理论学习两方面来解决。

　　车尔尼雪夫斯基认为：“如果某人满意于现实，他就没有变革的思想。”我们读《怎么办？》时，深深感到作品中渗透着变革现实的思想，虽然那是一种乌托邦的理想。我们今天的现实是，变革现实的理想已成为亿万人民的社会实践了。如果我们远离这一社会实践，或根本没有变革现实的兴趣，那么，我们今天在农村题材这个领域里，将不可能写出“上乘”之作，将无颜以对乡村父老。

　　在变革农村现实这一宏大的斗争环境中，有着异常丰富的写作题材。不应该对“写改革”作简单化的理解，而停止于对生活的表象的描摹。目前就有这样的作品：主张改革的一方与反对改革的一方针锋相对地斗争，唇枪舌剑，豪言壮语，主张改革的一方多半为青年干部或知识分子，反对改革的一方则多半为老年人或工农干部，基本上是过去写“好人与坏人”的翻版。这样的作品不仅不可能真实地反映现实，而且会使人败胃口。我们当然可以正面地写改革与反改革的斗争、前进与保守的斗争、科学与愚昧的斗争，这应成为我们八十年代农村题材的主流。题材是什么？说到底，它是社会生活，但不是“全部”的社会，而是“写进作品”的社会生活。各种各样的社会生活现象所包含的客观意义是不尽相同的，有轻重高低之分，我们的社会主义文学当然要着重选取具有重大意义的题材，表现亿万农民在党的领导下变革现实的斗争。可是，改革是涉及各个方面的，除了我们看得见的经济的、政治的、体制的变化外，还有我们需要努力深入体察和研究才能感受到的人们心灵、思想的变化，而后者，才是文学应当摄取的材料。即便是写“好人与坏人”斗争吧，也必须具有时代的特点、掏出双方心灵深处的秘密，展示出美与丑的斗争来。

　　但是，这场牵动着农村生活各个方面，乃至影响着城市、牵动着全国的政治、经济生活的各方面的改革浪潮，哪里是“好人与坏人的斗争”这样一个古老的画面所能表现的呢！生活中有不少的人，你就很难用"好人"或"坏人"的定义去概括他（她）。试想，如果世界上只留下好人和坏人，那么这个世界不是太寂寞太单调了么？事实上各色人等都在发生变化和移位。过去被认为是好人的，在这场变革中，能够顺应历史的潮流、勇往直前者，有之，落伍或隐退者亦有之。有的则现出了本来的面目，原本就不应属好人之列，仅仅因为历史的阴差阳错，造成一时的误会。原来被认为是"坏人"的，当然有坏的、很坏的，但也不尽然，其中不少的人并不坏，历史洗刷了他们身上的那些人为的污泥之后，不也放射出美好圣洁的光辉么？而大量的、不为人注目、不为人纳入好人坏人范畴的人们，其变化则是那么的不显眼，唯其不显眼，才应为文学作者所关注。社会生活的变革、斗争，从这些人物身上所反映出的复杂状态，更应成为文学反映的对象，那真是五光十色、多姿多彩、气象万千的。

中国是个有几千年历史的农业国，现在正努力从经济结构上改变这个面貌。八十年代的农村题材，应该更加广阔，笔墨应该涉猎城乡上下千丝万缕的关系及其变化，写出高瞻远瞩、气魄宏伟、气势浩荡的作品来。经济结构这个概念还不是作为与上层建筑相对应的经济基础的概念，虽然如此，这种结构过于单一，又过于长久，它在很多人身上形成的偏狭拘谨的惰性，与人们变革现实的自身要求，形成尖锐或不那么尖锐却相当牢固的对立关系，有时在同一个人身上呈现出这一组矛盾。城市的生产和商品流通的方式，以及工人阶级（包括知识分子）及其他市民阶层的生活和思想方式，正在影响农村，这种影响应视为进步，古老幽静的田园牧歌再也不能吸引当今农村的青年一代，自给半自给的农村经济以及长久适应它的那种文化是挽留不住的。写一写这种"挽留不住"，唱一曲挽歌不是不可以的。最美的挽歌不应该仅仅是留恋，而是在告别时，不说"再见"！

在八十年代初，当农村这场变革刚刚以改变生产秩序的初步形式出现在中国大地上的时候，文学不够敏感，没有意识到大规模的商品生产及其新的流通关系将会取代传统的农业生产方式，并以不可阻挡之势向前迈进。我们好多人没有意识到这个，以为这样很好，"千万不要变了"，写农民"怕变"，写"日出而作，日入而息"式的"新的生活"，唱"朝出耘田夜绩麻，村庄儿女各当家"式的"幸福颂"，给人一种宁静感，甚至一种凝固感，反映出我们胸无大志，不了解生活。幸好，那种调子只哼哼了一阵子之后，就停止了。"杨柳岸，晓风残月"不足以反映我们今天的时代，非得有"大江东去"的磅礴气势不可！温柔、贤淑、忍耐、克己，固然是好，是美德，然而，靠具有这些令人尊敬的德行的人们开创新局面，是不大可能的。历史将降大任于农村能人，这些能人将出现在文学人物的画廊中，他们当然不是在各个方面都准备充分以后才登上当今的历史舞台，当然不是"完美无缺"的，但他们代表先进生产力，他们理所当然地要成为文学的主人公。他们的探索、思考和斗争实践，已成为八十年代社会生活的主要方面，也应是农村题材的主要方面，他们思想性格发展的过程，正是八十年代文学要着力描写的。

然而，还有别的方面么？有的。

题材不等同于事件，因而重大题材不等同于重大事件，更非只有正面描写改革中的斗争场面才是重大题材，决不可重蹈"题材决定论"的形而上学的覆辙。题材的"大小"，与思想艺术质量的高低不能等同，这是基本常识问题。我们的题材范围应是十分宽广的。当今的农村天地，本身就是社会人生的大舞台，各行各业、各色人等均有，人们在从事着各种各样的政治、经济、文化、科学等活动，古老的和现代的，陈旧的和新兴的，什么都有。活跃在辽阔农村的文学作者们，将以各自独特的发现和见解，处理好各种式样的题材，奏出时代变革的交响乐，雄壮的，豪放的，浑厚的，清越的，婉约的……

（《当代文坛》1984年第6期）

感受·表达

——农村题材创作琐议

周克芹

《青年作家》的编辑同志，要我回忆整理一下前几天我在一个座谈会上的发言。那天我说了些什么呢？

我说了一个未免偏颇的看法：我们反映转折时期农村现实生活、描写农村变革的作品，其数量、质量，没有前几年出现的反映十年动乱的作品那样多，那样深刻。这样估价，并无否定成绩的意思，而是我作为一个农村题材的作者，多少有些自省之意。同时也是我听了许多农村青年和基层干部中的文学爱好者的呼声之后，才敢于这样说的。我认为他们的意见是公正的。

找原因可以凑上十条八条，主观的、客观的都有。我正在找自己的原因。初步找到的是两条。一条是自以为熟悉农村生活，殊不知这两年农村飞快地变化，在一些重要的方面我成了个"半罐水"了；因为不够熟悉，所以，第二，有时我就不免"打马虎"，无力在塑造人物形象方面用功，吃"主题饭"，写的东西往往不是形象大于思想，或思想融于形象，而是相反。归纳起来，一是生活问题，二是没有遵循艺术规律的问题。

一

"生活"二字怎么解释呢？过去我是学农业的，习惯从自然科学的角度考察问题。"生活"二字在自然科学上意义十分明确，它不过是"生命活动"这一特定概念的简单表述，从来不曾有过什么含混不清的。在社会学上，"生活"二字的内容，就复杂多了。那么，作为文学创作活动这一特定范畴内的专用词，"生活"二字的内涵是什么？

文学创作活动是人类社会活动的一个方面。在这里，生活应是指人类的生命活动。马克思说："有意识的生命活动直接把人跟动物的生命活动区别开来。"有意识的生命活动，是指人类一切社会实践及其由此而产生的各种情感和理念的复杂过程和经验。这些"过程"和"经验"，可以说是我们文学创作所需要的全部"素材"。文学不仅反映和描写这些"过程"和"经验"，而且参与其中，成为其中一个不可分割的组成部分。

文学作者怎样获得这个"素材"——即"生活"呢？

必须参与其中，这是第一；仅仅参与其中还不够，还必须借助于观察而获得某种感受。由此，我们可不可以认为，文学创作所需要的第一要素"生活"，指的就是作者对生活的"感受"呢？我们看到一个虚假的编造的作品，指责作者"没有生活"，这种批评并不能解决问题，因为那位作者的鼻孔还在进气出气，他正在和人们一道从事着一定的社会实践，怎么能说他"没有生活"呢？其实，他不是没有生活，而是没有对于生活的独特的感受。

感受是被作者自己感情上接受、思想上理解了的对客观世界的知觉。它是客观的，因而是可以获得的；它又是主观的，所以是独特的，是任何技巧、方法乃至愿意为你效劳的任何人所无法代替的，只能依靠自己对人们社会实践经验的了解、理解、积累、思考才能获取。

二

那么，我们对于目前农村正在发生和发展的、有亿万农民参加的伟大变革，我们了解多少？进行了一些什么样的思考？理解了没有？一句话，有何感受？

我们不是曾写过这样的作品么：作者满怀热情地通过人物之口诉说着"生产责任制"带来好处，如盖新房、娶新娘、包产地里收割忙，欢欢喜喜卖余粮……作品主题的正确性，作者对政策掌握的准确性，都是无可指责的。山水田园，日月星光，树林子，拖拉机，各种道具无一不突出地表示了时间是当前，地点是农村。但是读者看不出作者的真实而独特的感受。这样的作品再多，也无法使人了解和感受当前农村变革中的各种人情世态、新矛盾和新问题，因而人们依然不爱读。农村里有文化的人看这种作品，完全有理由相信"作家"的水平不如他们高。城里人平日里谈起农村大好形势时，往往眉飞色舞、心情激动，但是读着这些歌颂农村大好形势的作品，却又激动不起来，甚至付之一笑。人们希望从文学作品里得到关于农村的种种感受应比他们从新闻报道中得到的更多、更深刻些，但使他们满意的机会却不是太多。

读者读文学作品，既是为了"长知识"，更多的是情感方面的要求，通过作品得到情感方面的某种满足或启迪，并从这里出发去了解和感受作者暗示给他们的东西。因而，对于文学作者来说，生活问题，说到底，就是一个感受的问题。一篇作品发表了，读者从中看不出作者有什么新的感受，这样的作品是失败的。新的感受促使作者扬弃旧的题材、人物、情节、细节以至表现手法，而选取新的题材、人物、矛盾来表现它。

文学作者的感受来源于客观世界，它的基础是对于客观世界的观察、了解和认识。对于近年来我国农村这一场波澜壮阔的变革，我们了解多少呢？对它的历史渊源、来龙去脉，对它的各种形态、内容、矛盾，对经济、政治、文化、道德伦理关系，以至人们的心理变化，我们观察、了解得都不够，研究得更不够，谈何感受呢？我们写了一些比较肤浅的、表面化和简单化的作品，这些作品的毛病就在于缺少感受；即使有，也多半是肤浅的、一般化的。前面提到的那种简单化的颂歌便是一例。面对以家庭承包为主要形式的农村经济承包制，有的作品唱出了一首又一首古老安宁的田园牧歌，仿佛千百万农民向往的、奋斗的就是那种"日出而作，日没而息，耕田为食，掘井为饮"的古朴沉寂的日子，就是那种"朝出耘田夜绩麻，村庄儿女各当家"的封闭式的小农生涯。这种现象表明作者缺少对于当今农村生活的真实感受。

肤浅尚可鉴谅，曲解则是大不该。我们读到过这样的作品，其作者以他固有的道德观，拒绝接受伟大变革中出现的与先进生产力相适应的新的道德观念，对那些将被变革的浪潮所淘汰的旧事物，唱出了一曲曲缠绵悱恻的挽歌，表现过多过浓的失落感、惆怅感。为什么会发生这种情况呢？为什么面对这场历史性的改革，我们会得到这种感受，写出这种作品呢？

应该明白，作家对生活的"感受"，本是主观与客观的结合。当主观思想感情近乎凝固的时候，变化多端的客观世界往往被认为是任人安排的客体；既然客观变成了"人为的"，那么主观就高于、胜于客观了。这时候，我们的头脑就会僵化半僵化，我们就可能成了瞎子、聋子、无嗅觉者、表皮细胞硬化症患者，对外界的一切失去感觉，唯有一颗亘古不变的心，"痴著如一，恪守终生"，可见，这个带着浓厚情感因素的感受，并不能视为"才华"一类的东西。"鼻子高不过眼睛"，感受，作为主体时，离不开世界观、历史观的支配；而作为客体时，则受着客观世界的制约。比较准确的感受，只能属于具有进步世界观和历史观的文学作者，属于自觉改造与客观现实不相适应的既成观念的文学作者，属于既能历史地对待现实，又能清醒地看待历史，既向历史获得教益，又向未来吸取诗情的文学作者。

三

可惜，我还不属于这样的作者。我对于昨天的农村比较熟悉，对今天的变革不能说一点不了解，但总的来说，我的感受还有些迟钝。我知道，要获得准确感受，除具备马克思主义世界观，还得有比较敏锐的艺术感受的能力。艺术感受能力是一个具有一定认识水平的文学作者打开生活之门的一把钥匙，而我还没有掌握这个钥匙。另外，要把自己的感受传达给读者，还需要掌握一些艺术规律。

艺术的特征首先是形象性，其次才有各种附加语，诸如情感性、典型性、复杂性等等。关于农村人物形象的创造，我们的现实主义文学有着丰富的经验。前辈作家不仅为我们留下了很多的农村题材的优秀作品和众多的生动感人的文学人物，而且，还为我们积累了十分丰富的艺术经验。一是大凡流传至今，还将流传久远的作品，都是着力于紧扣时代，表现只有那个时代才可能有的特殊的人情世态、矛盾冲突、人物心理。二是不需要描写具体政策的外在形态及实施进程，就可以使读者感受到那个时代的一切。这些经验值得我们好好学习。我们写当代农村的历史变革，就应该注意这两个方面：强烈的时代感和时代的形象感。通过形象、性格、矛盾冲突，使人们看到今天农村的特点及其发展的来龙去脉。

文学作品不是某一变革进程的具体过程的档案记录或为人们提供什么使用方法的说明书。

它解决不了具体问题，也不需要解决具体问题。读者要求我们的也不是这个。可是，我们在写作时往往不厌其烦地去写那些人们并不需要的过程。这又何苦呢！这样才有时代感么？不！

时代感，体现在文学作品中，应是烙印着时代特征的人的感觉、感情、情绪、思想之类的抽象的东西。这种抽象的东西一经文学表现出来，则是体现着强烈时代气氛的生动的人与人的关系及人物自身的矛盾冲突。陈奂生这个人物，不消说是新时期文学人物画廊中塑造得很好的一个，在他身上，无处不显现着时代变化发展的踪迹。而这种时代感，绝非凭借贴标签或吊"布景"来实现的，作家主要是通过人物性格与外界环境的一系列的"心的冲闯"而发生的"内心独白"，或者说是靠了人物自身的矛盾着的内心世界与看去又顺理成章的生活方式之间的"对比"，而体现了农村这块"复苏的土地"上鲜明的时代特征。高加林这个人物也很有意思。作家并不直接告诉我们农村怎样地变革，而是让我们从这个人物的充满着悲剧意味的人生历程中看到：中国农村的历史到了这个时刻，必须改革。人们的生活方式与内心失去了平衡。田园牧歌的时代不为当今农村青年所留恋，是因为它限制了年轻人的思想、精力和才智的发挥。物质生产方式的变化是怎样地催促着人们快快前行，道德的力量又是怎样地教导着人们注意脚步稳妥。文化这个东西既来自传统，又冲破传统，一切都是时代的。高加林的生活是充满了时代感的，他受着时代的鼓动和制约。作为文学形象，他除告诉我们一些古老朴素的道德原则外，更主要的是让我们看到时代的特征——躁动不安的、改革前夜的农村画图。我不认识这个艺术形象的创造者，但我猜想，他必定认真研读过《红楼梦》。在《红楼梦》里，一群青年男女的躁动不安的内心世界与动荡、矛盾的生活方式告诉我们，一种经济形态及其上层建筑就要结束，一个新的时代将要开始。后来的红学家从社会发展史和政治经济学的角度研究《红楼梦》的历史背景时，说是当时新兴的手工业、商业已在中国出现，新的资本主义的经济机构要求冲破封建主义的板结土壤，封建社会到了日暮途穷的境地……但是，曹雪芹并未告诉我们这些，他只是现实主义地描写了那样一群人物的生活起居、交往应酬、啼笑争吵，等等。

我们描写当今亿万农民参与的这场由传统农业走向现代化农业的伟大变革，为什么会忽略了过去的艺术经验，离开艺术本身的规律呢？

（《青年作家》1984年第7期）

关于如何反映当前农村生活的通信

周克芹　周　冰

周克芹同志：

　　我是成都郊区一个青年农民，从小酷爱文学，多年来读书、写作未曾懈怠，不仅希望在写作的过程中陶冶情性、锻炼情操，以松弛劳累一天后几乎麻痹了的神经；也希望在文学这条拥挤的小道上有所建树。另外，近年来，对已经起飞的农村经济中的改革问题，进行过一些自以为较深入的思考，也愿用自己笨拙的笔写出农村的大好形势及改革者们感到的坎坷与曲折，描绘出复杂多变的社会场景，写出农民的喜怒哀乐。因此，凡是涉及农村题材的作品，我都要仔细地阅读，尤其是你的作品，我几乎都拜读过。从《许茂和他的女儿们》（说实话，读第一遍时，数次引我潸然泪下）到《山月不知心里事》等等。每读一遍都有不同的想法与体会。在这些活生生的人与事面前，我常激动不已。因为，这些作品不但画出了农民的身影，而且写出了农民最真切的心境，令我倍感亲切。在朋友们的鼓励下，我一次次地提起笔，写队长、写书记、写包产到户、写责任制和长途贩运跑生意，但是，每篇被退回的稿子，老师们的意见不是"落套"、"缺乏新意"，就是"直白，浅露"。现在，拿着一堆作废的稿子彷徨无主，极想找人请教。在我的心目中，最好莫过于你了，因为你写的人物、事件、场景，农村生活气息十分浓厚，人物形象常给人留下鲜明的印象，许多篇目也触及农村的改革大业，反映的问题也十分深刻。但是，从许多作品的描绘角度来看，又似乎都不是从正面去写改革，从题材的选择上也不像是专门去描绘改革中出现的问题，然而都对目前农村的形势把握得那样的准确。因此，不揣冒昧地想请教你谈谈写好农村题材的诀窍，希望知道你是怎样发现人物和处理素材的？看待农村改革应从哪一个角度着手？怎样把握目前的大好形势？如何审视这随时都在变幻着的社会生活？希望你不吝赐教！

顺问

文安

成都东郊　周冰

1984.9.15

周冰同志：

你给我的信由《当代文坛》编辑部转交给我，要我就你提出的问题谈点个人意见。看来，我只好遵命了。

首先，关于"写好农村题材的诀窍"，我认为是没有的。至少，我还没有掌握到什么"诀窍"。因为，我感到自己每写一篇东西，都十分吃力，从酝酿到执笔，往往是几经周折，十之七八是"胎死腹中"，即使是自以为可以动笔了的，从写第一行起到最后一行止，亦如翻过一架大山，经历许多的艰难。若有什么"诀窍"，恐怕不至于如此吧。

信中谈到，你多次向报刊投稿，均被退了回来，这当然是一件憾事。尤其是，在写作方面你并非毫无准备，如你信上说的，"近年来，对已经起飞的农村经济改革的问题进行过一些自以为较深入的思考"。那么，问题出在哪里呢？我未读过你的作品，不敢妄言你写作上存在的毛病在哪里。但编辑同志的退稿信指出的"落套"、"缺乏新意"、"直白浅露"诸多问题，倒实在是写作的大忌。你怎么会每一篇都落入其中呢？颇叫我费解了。

一个对文学写作完全陌生的人，或者一个尚停留在"图解政策"这个水平上的作者，是提不出你信末提到的那些个问题的。我反复捧读你的信，终于悟出这一点来了。"诀窍"二字在这里当然是绝对的外行话，但是你提到的"角度"问题，"审视""变幻着的社会生活"问题，又确乎证明你并非完全外行。既然如此，我的回信就可以省略许多"写作入门"一类的废话，而简捷地谈谈我的想法。

当前，写好农村题材的作品，防止已经露头的一般化、概念化倾向，大致起码应注意两个问题：一是突破老一套的选材框框，最大限度地使题材多样化；二是充分注意"独特性"，即题材主题、人物以及艺术处理方面的独特性。

我们大家都在说：生活丰富复杂、多彩多姿、五光十色……然而，一经写进我们的作品里来，生活的色彩就被"过滤"得单一了，生活的复杂程度也被"简化"得纯而又纯了。就题材问题来讲，农村这个天地里宽广得很，有许许多多的生活领域可以写，而我们常常像有意要挤热闹似的凑在一起，难怪有人要发出"文学这条窄窄的小道"的慨叹。其实，生活有多宽广，现实主义文学的道路就有多宽广，绝非"自古华山一条路"。农村实行责任制以前，是"一大二公"，从生产到生活都由上级"统筹安排"，思想被禁锢着，连风俗习惯也都要"规格化"。举目四顾，那时的日子是多么沉闷、多么寂寞，然而，却也并不单调。你深入到干部们开会的会场里，你钻进低矮的农家茅屋里，你和老奶奶蹲在灶台边，你和老大爷坐在田埂上，你跟青年人一起踩水车，你看妇女们吵架，你看壮年的汉子们在街上卖柴，你看姑娘们神色怅然地从供销社的柜台前走过……哪怕是在那样的年月里，农村的生活依然在流动着，依然有许许多多的"材料"可供写作。那么，责任制以后呢？别的不说，单是农民从事的生产"行当"就比以前多得多了，半数以上的农民从田里走出来，走向工厂，走向作坊，走向城镇，走向商品市场，他们离开他们的家园，离开那属于他们的晨雾、夕阳和袅袅炊烟，告别父母妻儿，出门在外，远走他乡，而被他们留下的土地呢？却一年比一年经营得更好……仅就农民生产活动形式的多种多样，生活环境的扩大这一点，已为文学创作提供了无限丰富和广阔的天地。今天的日子连着昨天的历史，昨天的挣扎与阵痛，是怎样潜生改革的要求；而今天的日子更孕育着明天和未来的时光，历史又是怎样向前迈步的？在历史的"交接处"，有许多的题材有待我们去注意。

目前农村生活的丰富性，决定了农村题材创作的多样化，只要我们在生活中多加留心，思想放开一点，就会发现有许多的题材可以写，这似乎并非太困难的事。比较难的还在于解决另一个多样化的问题——主题、人物的多样化。

主题多样化和人物形象的多种多样，才能形成文学作品的百花齐放、多姿多彩，克服我们目前创作"一般化"和"简单化"的倾向。

我们知道。题材不等同于主题。不同题材的作品可以表现相同或相近的主题；而同一题材的作品又可以表现不同的主题。这两种情形，都是常见的，不乏其例。而我们自己的创作呢，常见的多半是前一种情形。无论写什么，表现出来的主题思想大都一样，人物也都大同小异，别人批评说是"千部一腔，千人一面"。这样的结果，就失去了题材多样化的意义。主题是作品的主旨，体现作者对于生活的见解，一个作者对于自己熟悉的事物或所见所闻的社会生活，没有自己的看法，人云亦云，缺乏独到而又准确的见解，恐怕难以写出较好的作品来。这就要求我们加强思想修养和理论修养，锻炼自己透视生活的能力。作者思想水平的高低，决定作品主题的深浅，高尔基说的"鼻子高不过眼睛"，就是这个道理。那么，如果我们都注意了提高对于生活的认识能力，作品也有了一定的思想深度，依然难以避免主题思想一般化的毛病，又该怎么办呢？

写到这里，似乎已经涉及我想和你讨论的第二点，关于"独特性"的问题了。又是多样化，又是独特性，是不是矛盾呢？是矛盾。古今中外许许多多作家的创作实践说明，大量的优秀作品正是产生于"多样化"与"独特性"的矛盾的统一过程中。每一个时代的作家，都会遇到这个问题，忽视了矛盾的任何一方，都难以使他的作品留传至今，而任何一部留传下来的作品，又莫不是在某一个方面显示出自己的独特性的。

吸取前人的经验，解决我们自己的问题，这里，主要讨论一下人物形象的独特性问题。在人物塑造中，必须充分着意于个性化的努力。以往，在谈塑造典型人物的时候，多半强调了人物的共性，而很少强调个性化。生活中的人是各不相同的，人们的"共性"，总是通过各自的个性表现出来的。你信中问：怎样发现人物？我认为，最好的办法是首先去发现那些足以把他们各自区别开来的特点，从音容笑貌、言谈举止到思想活动，并尽量记住他们各自的特点，然后才说到如何透过个性去把握共性的问题。一位优秀的班主任，可以一口气道出班上几十个学生的各不相同的特点，一是因为熟悉了，二是因为把握住了区分性格的艺术。有些人，一眼看去极相似，比如一对双胞胎，乍看之下很难区分，但做母亲的却决不会弄错，因为只有做母亲的最熟悉他们的"不同点"。所以只有在非常熟悉的前提下才谈得到把握人物的个性特征。在生活中观察和发现人物从独特性方面入手，那么，在创作中，表现人物也应从这方面着墨。你必须尽量地把一篇作品中各个人物"区别"开来，还必须把这篇作品的人物同你以往作品中出现过的人物"区别"开来，当然，更必须与别的作家笔下的人物"区别"开来。这依靠什么呢？就是依靠把握"区分性格"的艺术。

我们讨论"独特性"问题，是针对"一般化"、"概念化"而言的。在我们创作的时候怎样才能写好"独特"的个性化的人物？这既是一个理论问题，又是一个实践的问题。我想，至少有三点是应该研究的。第一，真实。越真实的越独特，或者说真实就是独特。不要把"创作"二字看得那么玄乎，现实主义最基本的要求就是真实。我们有的农村作者，本来对身边的一些农民就很熟悉，可以讲得很生动，可是提笔写作时，却只想如何"提高"他的人物，写在纸上就离开真实很远了，甚至受着别人作品的影响，去写"类型化"人物，当然就失去了独特性。第二，写出内心世界的特点来。或者说，让灵魂袒露出来。外貌方面的特点比较容易写，而描摹心灵方面特点就不大容易了，可是，只有写出独特的思想性格及其内心冲突，才能够反映出独特而有卓见的主题。这就要求我们在一篇作品里要着重地表现人物在特定的环境里的独特的内心活动——当然不是抽象的介绍或大概的心理描写，而最好是在矛盾冲突中让人物自己去"暴露"。第三，防止"恶劣的个性化"。恩格斯曾经批评过那种脱离时代本质，缺乏时代内涵的"恶劣的个性化"。记住这个，有助于我们更好把握和表现独特的个性化的人物形象，这又是一个现实主义的理论和实践的问题。现实主义对于文学人物的一个比较高的要求，是要塑造典型。什么是典型呢？历来有许多关于典型的定义，诸如"本质说"、"时代说"、"共性说"，还有"加法说"等等，相当吓唬人的。其实哪有那么玄乎。有一个简明扼要的概括："一种普遍社会意义的生动的个性描写。"这就比较好理解了。这里我无意讨论典型在理论上的界说，只是想强调一点，我们表现"独特性"时，不要忘了对于发生这一切"独特性"的背景和条件，尽可能地通过对于独特性的事件、情节、细节、人物的描写反映出某一时代的情绪、生活本质的轨迹以及历史的来龙去脉。

文学是反映生活的。生活里有的，文学里都应该有。然而事实上不可能做得到，也没有必要去做到；而且，我们对生活中的主要的、重要的东西，尚未做出很深刻的反映。改革是我们当今生活的主要内容，我们的创作应该在这方面下很大的功夫，做出历史性的深刻的反映。然而必须从生活出发写改革中的各种各样人物，不宜从"改革"的主题出发去套生活，使丰富多彩的生活从形式到内容都变成简单的模式。目前似乎已有这种倾向露头，不知你注意到没有？深刻反映改革的作品，并不仅仅取决于它描写了怎样重大的事件，更不能靠作者给它硬贴上去几条醒目标签，而在于作品写出了几个具有时代特点和个性特征的人物，具体说，写出人物的思考和行动，人与人的关系的细微变化以及他们的命运、悲欢离合、成败沉浮、人的社会价值的转移等。

至于"如何审视这随时在变幻着的社会生活"的问题，周冰同志，我只能告诉你两点，很重要的两点：坚持长期的社会实践和加强理论研究。在目前，认真学习和思考党中央提出的"建设具有中国特色的社会主义"在理论上和实践中的重大意义，就一定能帮助我们更准确地把握现实。

让我们共勉吧！

祝你

一切顺心

周克芹

1984.11.11

（《当代文坛》1985年第1期）

"创作自由"二题

周克芹

长期以来，由于"左"的思想影响，我们在讲话或写文章的时候，都不提"创作自由"这几个字，生怕被别人误解为"鼓吹资产阶级自由化"。其实，我们的宪法已有明文规定："中华人民共和国的公民有进行科学研究、文学艺术创作和其他文化活动的自由。"讳言创作自由，是既不符合文艺创作自身的规律，不利于社会主义文学的繁荣，也不符合宪法精神的。因此，科学地、全面地理解它的意义，并切实地付诸实施，在目前仍是十分必要的。最近学习《周恩来选集》下卷，第一次读到敬爱的周总理一九六一年的《在文艺工作座谈会和故事片创作会议上的讲话》，很有一些感想。

我的理解，周总理这篇讲话，是针对当时文艺工作方面出现的"民主作风不够"，"五子登科"等等问题，进行严厉的批评，号召各级文艺工作的领导同志以至全社会鼓励和保护文艺创作，为改善和繁荣文艺创作提供物质的、精神的、政治的和政策的保证。对整个文艺工作，他指出："为谁服务是个政治标准，任何文艺都有个为谁服务的问题……政治标准不等于一切，还有文艺标准，还有个如何服务的问题。服务是用文艺去服务，要通过文艺的形式。文艺的形式是多种多样的，不能框起来……"对文艺领导，他说："第一，要负责任；第二，要干涉少些。负责任主要指政治上，不要放任毒草……"

回顾六十年代初期的文艺工作，正是因为周总理的讲话，才给当时寂寞消沉的文艺界带来了生机，出现了不少好的作品。但是，好景不长，以后的情形，大家都很清楚了。

党的十一届三中全会以后，创作空前活跃起来，社会主义的文学队伍（包括编辑、作家和众多的文学组织工作者）不断壮大，素质不断提高，文学刊物如雨后春笋，佳作如林。这些，都是有目共睹的。出现这样大好局面的重要原因之一，就是十一届三中全会路线给作家们带来了真正自由的创作天地，在发扬社会主义民主、人心思治、人心思四化这样一个健康明朗的政治局面下，作家创作才能的自由发挥得到了相当多的保证，创作的路子越走越宽。

在这样大好的文学形势下，提出和议论"创作自由"问题，当然不是从总体上说现在的创作都"不自由"。但是，我们却不能否认，在继续认真清除"左"的流毒，进一步解放文艺生产力，真正地信任作家、帮助作家，使他们的社会主义积极性和文学创作的才能得以充分发挥和发展等等方面，还有许多工作要做。必须充分地发扬艺术民主，"五子登科"不允许，"一子登科"也不准！除此之外，文艺领导还应关注和引导文艺创作竞赛。我看在竞赛中，至少得有两条规矩：一、不嫉妒，不害红眼病；二、必须以刻苦努力，提高自己作品质量去争得个人荣誉，而不准采用诬陷和打击别人、把别人"压下去"使自己"显出来"的卑劣手段。文艺领导有保护无权无势的文学人才的职责。

作家要取得充分的创作自由，除了靠全社会提供的各项创作保证外，也还有一个作家自身的建设问题。作家在创作活动中，在艺术地把握世界的活动中，是否能有效地利用客观上提供的条件，发挥主观能动性，使自己进入创作的自由状态，在很大程度上取决于自身建设和自身修养。这几年来，有时候，我们并未充分利用社会提供的现有条件，努力去发挥自己的主观能动性；有时候，甚至仅仅强调客观条件不好，而忽略了自身建设。我们自己观念里就有"左"的思想影响，阻碍着自己提高认识新时期人民生活的能力；我们学识不够，而又疏于学习、懒于钻研，认识和表现生活的能力都难以达到自由的境界。真正的创作自由，应是作家主观上完全掌握表现对象时达到的那种"由必然王国进入自由王国"的精神飞跃。

我们从这两个方面——客观的、社会的和主观的、自己的——来研讨创作自由问题，那么，可望逐渐真正取得创作的自由。

（《现代作家》1985年第2期）

袖手于前，疾书于后

——给一位青年作者的信

周克芹

　　来信收到很久了。你提到的一些问题，如怎样从生活中提炼小说素材；有了"材料"以后怎样"组织"成一篇小说；先有故事还是先有人物；写着写着，写不下去了怎么办，等等。在我收到的许多来信中，几乎都有这一类的问题要我回答。

　　我没有回信，是因为我感到这些问题不好回答，凭着我这一点学识和创作实践，是难以把这些问题回答得很清楚的。据我所知，每一个作家在写作的时候都有着一套与别人不同的程序；同一个作家，在不同的时期，对不同的生活素材，又有着不同的处理过程，是绝对不可一概而论的。这里，我只能举出一些实际例子来谈谈，供你参考。请你切勿以为这是什么"小说作法"，如果产生这样的误解，将对你的写作有害而无益。

　　两年前，我写过一个短篇，叫作《落选》。叙述的是一件很平常的事情：在一次民主选举干部的大会上，一个平时工作勤勤恳恳、任劳任怨的大队长落选了。以前，我没有想到我会写这样一篇小说。那时，我正在写别的东西。一天我到一个公社去，偶然间听说一位大队长落选了，而这位大队长的工作和为人，我都是十分熟悉的，我曾在他的大队蹲点两个年头。

　　这个同志原则性很强，不贪不占，两袖清风，生活过得十分拮据，工作态度没啥谈头，就是缺少文化，记不住那许多科学种田的新名词。他在指挥生产上并不保守，上面咋说他咋干，却常常要出些错，生产上受些损失，群众有意见，他自己也觉得过意不去。生活中的这位大队长的落选，引起了我的深思。但我并未想到这件事能写出一篇小说来。是另外一个人促使我写了这篇小说，有一位年纪很轻的公社干部被他的领导批了一顿，主要是批评他不安心工作。我和他谈话时了解到，他不是不安心工作，而是感觉到自己文化水平不高，又不懂得农业生产和经营管理的知识，成天只是跑跑跳跳，他担心将来自己难以适应农业现代化建设的工作需要，因而要求改行或离职学习进修。像这位年轻同志的担心和要求，据我所知，是比较普遍的。而且这种要求也合情合理，正反映出今天我们这个时代的某些特点。于是我决定写个东西，为这些青年人呼吁一下。

可是，仅仅是"呼吁"，当然不成其为一篇小说的，必须有更为深刻的思想内涵。我想起了那位落选的大队长。如果以那位勤勤恳恳的大队长的落选为一面镜子，让人们从中感受到农村前进的步伐，看到培养和提高干部水平已成为今天十分紧迫的任务，那么就可以使得作品的思想性更为丰富一些了。从生活中得来的"材料"，经过认识和深化以后，感到非写不可了，结构成篇并不是太困难的事。这个题材当然还有别的结构方法，而我没有太多地去考虑，只采取了从一个青年干部的心中对大队长落选一事的反应来结构作品。先打腹稿，在"肚子"里反复修改，而后动笔。

写小说我认为是先有人物，后有事件的。因为我首先是熟悉那个大队长以及那位年轻的公社干部。在结构的过程中将他们二位"拉"拢来，有了熟悉的人物，人与人的接触自然产生情节，并连接为故事。如果对人物不熟悉，却把力量花在编织故事上，那往往是不易成功的。我们常常听见批评家说"事件湮没了人物"，多半就是指的那种人物形象不鲜明的作品。初学写作者往往更注重故事而不注重人物性格的研究。

一篇小说，写着写着突然写不下去了怎么办？最好的办法是别再往下写，搁到抽屉里去。写不下去的原因很多，或是生活不足，需要补充生活；或是酝酿尚未成熟，下笔千言，离题万里；或是根本就不可能写成一篇小说，仅仅是一时"冲动"而已。放在抽屉里的"半成品"，并不是废品，以后还可以写成。

如果不能，那些材料则可转移到另外一篇作品中去使用。总之，写不下去就不必勉为其难，不必硬写。文章总以自然流畅为好，疙里疙瘩的，写着吃力，叫人读着也受苦。如果在酝酿的过程中多多花些工夫研究人物、结构作品、选取角度、确定基调，找准最有表现力的语言……那么，一气呵成最好。所谓"袖手于前，疾书于后"，就是这个道理。说来说去，还是生活的积累最重要。

努力深入生活，勤奋学习思考，是当务之急。让我们共勉吧！

（《中国青年报》1985年5月13日）

一点感想

周克芹

　　现在似乎没有必要过于强调文学"区域性"特征。然而文学作品又确实有着它们各自的抹不掉的地方色彩，从生活出发，写人、状物、叙事，总是要流露出作家长期生活于其中的那个环境特征，想不流露，也是难以办到的。这方面，还是以顺乎自然为好。常常有这样的情况，过分要求一个青年作者在写作时"加强"作品的地方特色，往往会限制了他对于历史和现实的宏观的概括，限制了作品思想开拓。

　　有一个前辈作家叫罗淑，青年时期离家去国，从国外学习归来后久居上海，开始写作《生人妻》《鱼儿坳》等小说。她的小说中出现的生活环境，山光水色，风俗民情，却依然是家乡的。我有幸作为这位前辈女作家的同乡，这一点最清楚不过了，我曾惊异于此。后来我自己也写小说了，无论何时，无论何地，提起笔来，故事背景总是我熟悉的家乡。我明白了：地方色彩是自然流注笔端，乡土气息绝非刻意追求。

　　因此，不必担心西南地区作家的作品会没有西南地区的特色。而应该引起注意的倒是假如我们仅止于满足自己能够逼真地画出一种地方特色，忽略了对于文学来说更为重要的东西：中华民族的文化历史感，社会主义中国社会生活的当代性。

　　历史感和当代性两两不足，使我们的作品常属于当代全国水平（如果确有一个水平的话）之下，当然，这是指"平均值"而言。

那么，怎么办呢？

也不难。我们既需要坚实地立足于自己这块文学土地上，又需要宏观地考察和思索这块土地上的一切。由于历史的原因，西南的经济发展稍落后于全国，文学亦然。我们当然可以指出古代和近代历史上有众多的文学家出生于云贵川三省，但，那是过去的事了，先人的成绩，不应记在我们的功劳簿上。经济的暂时的不发达，也不能视为文学落后的当然理由。经济发展缓慢的原因是什么？漫长的民族历史都沉淀了一些什么东西，滞留在这偏远的西南一隅的穷乡僻壤以及相当一部分乡亲父老的心上？而近几年的巨大的时代波涛又是怎样地冲击着这块古老贫穷的土地？生活在发生着可喜的变化，变化的过程中有过什么样的欢乐与痛苦？文学应该关注着这些。从这些意义上去探索，从这样的探索出发往前走，我们将有可能捧出最优秀的文学作品，奉献在全国读者面前。

我坚信这个，并为之祝福。《大西南文学》必将成为一只大花篮，这只花篮将因为盛满着大西南的文学百花而举世瞩目！

（《大西南文学》1985年第11期）

丙寅说文

周克芹

　　文学界有识之士认为，过去一年的文学创作表现为多样化、多元化的繁荣势态，创作和理论批评的实践进一步突破单一和僵化的文学观念，带来了观念的更新。文学的功能，以及内容、形式、表现手法等，各个方面的探索和创新，呈现出复杂万象，百态千姿。一句话：文学正在回到文学自身的宽广和特定的意义上来。文学作为一门社会科学，作为"历史的生动再现"，它只听命于前进着的人类历史的呼唤，不再仅仅作为配合某项"中心工作"而存在。"工具论"的观念，在这多样化、多元化的探索和实践面前经受着考验。人们对于文学的功利概念的理解，愈来愈宽泛了。

　　无论是创作或理论的探索与创新，或文学观念的变更，都是因我国社会生活的变革所促成的。党的十一届三中全会以来，对外开放，对内搞活的方针，亿万人民在这个正确方针指引下的经济体制改革的伟大实践，带来的不仅仅是我国科技水准的提高，经济建设的发展以及人民物质生活的改善，还有更加重要的是全民族的视野的开阔，思维的活跃，精神振奋、智慧和才气的飞扬。正是这些，给新时期文学的繁荣提供了历史的条件和良好的发展环境，使以探索、创新和突破等为其内容的创作自由得到充分的保证。

　　从这样的认识出发，我深信，在新的一年里，随着我国社会生活的进一步调整变化、体制改革的不断深入，文学将呈现这样的大好局面：一方面是种种探索的势头向着更加开阔的生活天地与艺术领域深入进行；另一方面，在多样化的文学实践中，在百音交响的鸣奏里，反映祖国四化建设、体制改革的作品，作为社会主义文学主旋律的声音，将更加响亮悦耳。

历来所谓文学观念的更新，大都主要围绕着"什么是文学？文学的本质是什么？功能是什么？"等重大问题展开。而且，无论哪一次的文学观念的变更都是因当时的时代、社会的变更、新的思潮的兴起而发生的。同时，我们还看到，时代的变化与文学观念的更新又是一种双向的运动，时代的发展要求一切观念，包括文学观念与之相适应，而文学观念的移位又常常以其特殊的作用推动时代的发展。不能说是绝对平行的，但可以认为是相互促进的。这一社会史和文学史的规律说明什么呢？

我想，至少给我们这样一些启示：一切有益于文学发展的新的探索，同时也应是有益于时代、社会发展的。文学在不断地充分地显示自身的价值和完成自身的探索中，不能不比较多地注视自身生存着的这个时代，使探索的实践尽可能地与亿万人民的社会实践合拍。从改革的实践中吸取文学探索的力量，也将文学的实践去帮助和推动社会的改革。

我热切地企盼着，在新开始的年月里，我们这多样化的发展势头继续保持，我们这姹紫嫣红、千姿百态的文学大花园中，作为社会主义文学主流的，反映四化、描写改革的作品，更加醒目，更加挺拔刚劲。

当然，我作为一名创作人员，也当努力为之。

写于1986年

"双百"方针与文学批评

周克芹

　　十一届三中全会以来，文学事业的发展，其广度和深度，都是过去不曾有过的。这与"双百"方针的逐步恢复、重申和正确贯彻有不可分割的关系。过去的教训太多了，在"左"的影响下，文学的路越走越窄，究其原因，正是由于在那样的环境气氛中，"双百"方针无法得以正确贯彻，因此，可以说，在我国，文学的命运是连接在"双百"方针上的。

　　只有百家的争鸣，才会出现百花的齐放。而争鸣是需要一定条件的。第一，要有一个团结、和谐、信任、理解的环境和气氛；如果多数的人被弄得思想上紧紧张张，有如惊弓之鸟，那是争鸣不起来的。第二，争鸣的各家须互相持平等的态度、民主的态度和实事求是的作风，一家之言就是一家之言，不可强加于人。第三，要克服习惯势力的影响。过去无休止的运动给社会上不少人留下的后遗症是神经过敏，心有余悸，时至今日还影响着文学方面正常地开展争鸣。对于作品，表扬则罢，吹捧亦可，如果稍加批评，立即有人紧张，于是交头接耳，打听"背景"，于是小道消息满天飞；更有甚者，被批评者所在的单位领导不问青红皂白，不是告批评者的状，压制批评，便是对被批评者"另眼相看"，使被批评者在入党、提干、调资等方面受到影响。听说有的作者只能听赞扬之辞，而不愿听取批评意见。这就是个人修养的问题了。艺术无止境，各种意见都听听，总是有好处的。对于在艺术上有探索、创新的作品，社会应给予充分的支持鼓励。但这并不意味着只可赞扬，不可发表不同意见。谁要批评一下，就视为"打击新生事物"，那又是一种"文革遗风"了。文学评论工作者面对这种情况当然是不好写文章开展争鸣的。而理论的沉默绝不会有创作的繁荣的。

在一个民主的良好环境中，在互相理解、相互信任的气氛中，倡导并开展一种健康的、正常的文学批评，必将促进社会主义文学的发展，带来创作园地里的百花竞开，争奇斗艳。

（《四川日报》1986年7月20日）

写在菊花时节

——改革文学漫笔

周克芹

文学描绘改革、反映改革以至推动改革，这不仅是历史赋予文学的使命，也是文学自身的规律、属性和功能所决定的。

文学是什么？

文学是活生生的历史。

人们对于历史的了解，不仅依靠史书典籍，还需要依靠文学。为什么？就因为文学对于某一特定历史时期的人的生动描绘，和对于人生活于其间的社会的政治经济形态及其文化哲学思想的深刻反映。

文学又是一部"人心史"。文学对于人类处境的描写和人性的开掘，对于人的性格的塑造和灵魂的解剖，使我们深刻了解历史，更使我们惊讶地认识我们自身。且不说人类在历史长河中一代又一代的奋斗、生与死、爱与恨，其间悲欢离合、哀乐喜怒，打动我们的心，使我们激动，使我们沉思。有时候，历史的某些具体事件可以被人淡忘，而人物却深深地长留在我们心中。

每一个时代有每一个时代的文学。一个时代为下一个时代留下的文学遗产必定是那个时代的最强音或主旋律，足以真实而深刻地反映那个时代的历史气氛、历史情绪和人的心理历程的作品。不难理解，为什么二百年来一部《红楼梦》的欣赏与研究不衰，到今天仍出现热潮，出现"人人竞相说红楼"的盛况。

《红楼梦》是一个高峰，是中国文学史上一座不朽的丰碑。它使与之同时代的大量文学作品失色，使几代作家望尘莫及、为之气短。它的光彩，它作为长篇小说艺术上的美处、妙处，可以道出千种万种（前人已经道出的和后人还将道出的）。但我以为作为文学的历史功绩便是生动而真切地描绘了那个特定时代的人们的现实处境、情绪、追求、不满、失望和抗争，从而在总体上反映了一种历史情绪——一种改革现实处境的强烈要求。

艺术可以使一部文学作品完美，只有思想才可使文学伟大。体现历史发展规律和时代主潮的思想是文学的灵魂，是一部文学作品得以"站立"起来的内在因素。具有强烈的思想力度的作品必是最能体现时代精神的作品，古往今来莫不如是。车尔尼雪夫斯基曾在《俄国文学的果戈里时代概况》中写道："在人类活动的所有方面，只有那些和社会要求保持活的联系的倾向，才能获得辉煌的发展。……艺术中的每一种，只有当它的发展是以时代的普遍要求为条件的时候，才会得到辉煌的发展。"

在我国，近十年文学发展的实绩有目共睹，成就是多方面的。而取得成绩的主要原因我认为便是我们的文学与时代的紧密结合，历史地反映了"时代的普遍要求"。评论界在论及新时期文学发展过程与流向时，把短短十年这一"历史的瞬间"划割为多个阶段或几个"浪潮"，纵观之下，可以说，从新时期开始，文学就反映了人民心中改革现状的愿望和要求，发出了或弱或强的对于改革的呼声。"伤痕文学"对极"左"路线的控诉，"反思文学"对于刚刚过去的历史的苦苦思索，乃至"寻根文学"的关于民族文化积淀的久远的追寻，等等，不应认为它们都是所谓"向后看"的文学，而应认为是对过去的沉痛的回顾与批判中饱含着对未来的呼唤，对改革中国社会的呼喊，是一种真实的历史情绪，是改革前夕的沉重乐章，也可说是改革的舆论准备的一个方面吧。及至"乔厂长"问世以后，称之为"改革文学"的作品便贴近现实生活的正面或侧面，紧追着时代的脚步，与改革的时代同步前行了。

党的十三大在总结了十一届三中全会以来九年改革的成就之后，进一步肯定地指出"改革是振兴中国的唯一出路"。在将要结束一个世纪迈向一个新世纪的历史时刻，做出了对于中国前途命运的正确的选择和历史性的决定。在未来的岁月中，改革开放的大潮将进一步席卷中国大地，深入到社会生活的各个方面，这是时代的主旋律，历史的最强音。亿万人民参与的伟大的历史活动，必将给文学提供广阔的天地。改革开放又是一个复杂的历史过程，既充满艰辛、矛盾和困难，更饱含着进取的锐气与生动的活力，这可以说就是我们时代的特征。它给文学以丰富的滋养，文学将从中获取最牵动人心的主题，创造出最具时代特征的、无愧于前人和后人的皇皇巨制。

反映改革，就是反映时代，就是抒写"活生生的历史"。这是文学的神圣职责。在改革开放的旋律响彻中国大地，深入到民心、党心、社会生活的每一角落的今天和今后长长的历史时期的这样一个伟大现实面前，我们的文学，作为我们整个社会主义事业的组成部分，理所当然地离不开改革开放和建设的时代大趋势，更离不开时代前进的步伐。

不能把文学反映改革这样的历史任务，误解为"配合中心运动"。近来在某些场合曾有这种误解，如果真是误解的话，那实在是大不应该。也许是过去曾出现过、曾严重损害过文学发展的"配合论"的阴影，还笼罩在一些同志的心上？说不定。似乎这种误解或担心并不难以排除。

首先，我们知道，改革是当今世界潮流，尤其在社会主义各国，改革开放已成为社会发展的大趋势。改革不是一场"运动"。如果是，那么便可认为是早已开始，不知何时终止的伟大的历史运动。而绝不是我们曾经历过那个短暂而错误的时期的人为的"政治运动"。历史是向前运动的，时而快，时而慢，但总是运动着，像长长的河流，有时平静有时急湍，有时直走，有时曲行。如果可以这样比喻的话，那么我们正处于历史河流绕过了弯道之后的急流之中。我们的生活，便是历史的一部分，我们这个时代，便是历史的重要一环，无数的环，连成无尽的历史链条，虽是一环，却上下连着整个历史……在这样一个伟大时代，我们每日所见所闻所受的一切，无不充满着庄严神圣、令人肃然的历史感，对过去记忆犹新，看未来已遥遥在望。改革开放的艰巨性、复杂性，也是因为历史的缘故。它需要修正某些历史遗留的误差，寻找新的适合中国国情的路，它调整着当代社会生活的各个方面的秩序，它改变着当代人的观念和心理，它创造着这个时代最激动人心的事件，它组织着最使人感情沸扬的纠葛，它塑造着将要跨入下个世纪的最具现代意识的一代新的人物……改革开放的时代生活为它自己的文学提供着深刻的主题和取之不尽的源泉。

于是，在这个意义上说，"改革文学"、"反映改革的文学"，或称之为"改革题材的文学"，无论怎么称呼它，总而言之，它是一个十分宽泛的概念。如果视之为简单的"配合"什么的，就未免庸俗了。

文学怎样反映改革的时代生活？

首先，应是文学地反映。即按照文学自身的规律，通过艺术的手段去实现。文学不必、也不可能代替社会学、经济学等社会学科对于改革开放作评判。

这几年不少作品在描绘改革方面取得了一些成就。为我们提供了一些经验。如张洁的《沉重的翅膀》，蒋子龙的一系列中篇，张炜的《古船》等，从历史的观点和美学的尺度去看，均属上乘之作。此外还有许多好作品，尤其是报告文学，佳作如林。

虽然如此，也必须指出：概念化的危险依然存在。"非文学"的反映败坏读者的胃口。

小说背着过重的观念的负担，对某种新观念进行演绎或说教，缺乏形象和细节的可感性，缺乏生活环境与时代氛围的展示及人物命运性格的充分展示。看来，仅有"观念的更新"，仅仅以新的观念去评判生活，并不够的，还有一个尊重文学自身规律，形象化反映生活的问题。更何况，某些观念在作者头脑中还仅仅是一些教条而已，它们从书本上被搬运到小说中，这种直接的所谓"观念横移"或"意识横移"，是造成新的概念化的重要原因。

需要从生活吸取更多的营养，熟悉和了解并取得更多的发生在现实中的生活信息、思想信息和性格信息，并通过筛选，注视其新颖度、价值含量。为了与发展着的生活取得"对话"的权利，除更新价值观念和审美观念以外，十分需要懂得一点经济学、政治学、社会学。不具备现代经济学的一些初步的知识，不熟悉一些具体的经济政治的过程，确实无从了解生活在商品经济的大波大浪中的人，更无法给予文学的表现。现在的问题不是观念不新，而是"观念"太多，理论与创作的不协调，意念的拥塞与生活具象的不协调。一个观点还没有很好消化，又来一个，无法使认识在生活中验证而使之发展成熟，也就无法进行选择，只好摇摆于各种观念旗帜之间，如漂浮于水面的无根之草，向四处去求取认同。有人说："把西方一百年的文学哲学思潮拿过来在短短三五年间一锅煮，什么味道也不知道了，说不定还会因各种'思想佐料'的配合不当而产生毒素……"这种说法固然有些夸张，但其担心不是没有道理的，尤其是对一些缺乏历史修养和生活功底的作者，或一些缺乏清醒的价值判断的头脑，也许真会得不偿失呢。前一个时候，那种动不动就高喊"进入世界文学"的浮躁劲儿，其空洞和浮夸，只能说是一种志大才疏缺乏务实精神和不愿足踏实地而希图侥幸成功的表现。

小说背着过重的"事件"或史实的负担，是目前反映改革生活的另一问题。这也是小说的又一个"非文学"的负担。

熟悉、占有丰富的史实、事件、细节，这是每一个创作者的最基本的功夫，有了这种亲身的体察和真切的感受，可以多少克服那种以观念取代形象，以哲学的说教取代文学的动情力量的新概念化倾向或伪现代派装饰。这本来是众所周知，不应成为问题的。

读者常常埋怨某些作品，堆砌生活细节，详细描述某一事件（如某一改革方案的制定、争吵、斗争、实施、意外灾祸、成功）的整个过程。看去处处都真实无误，读来却仍感不足。因为任何这样的过程陈述都是单调乏味的，都远没有读者自己经历着的具体生活那般丰富。读者对于作品中描述的他们熟悉的事件过程，有时也会有一种亲切感，但这种亲切感产生是有条件的：只有当他从这些自己熟悉的生活描写中感受到一种新的体验时，他虽然亲身经历着却没有体验过这种思想的或情感的震颤，于是他感受到自己身边的生活的一种新的意义，亲切感油然而生。如果不是这样，你的事件陈述或陈述中透露出来的思想或情感的信息新颖度不足，没有超过他已知道的，他便顿感乏味了。

事件细节塞得太满，近乎生活知识的卖弄，作品会失败的。艺术的魅力并不产生在描写和叙述本身，而是发生在它们之间的空白处，发生在叙述过程之中某些空间的停顿。（惜乎，有的人又过于夸大地宣扬这一艺术奥秘，片面强调作品的空灵感的美学价值，视空灵为通向艺术殿堂的捷径，结果是让读者看到一些缺乏现实依托和性格展示的轻飘空洞含糊的印刷品——这是题外话了。）

文学与改革生活的同步发展，是应该做到的。但这一要求是指文学对于现实的总体把握而言，是一种很高的要求。由于我们对文学参与生活的方式的理解受比较顽固的传统思想的束缚，往往只追求具象世界的琐碎的设置、故事情节、结构支架与正发生、发展着的生活同步。这种"非文学"的同步，这种对于现实生活的过多的依赖性，恰好正是文学难以很好地反映改革的原因，是作品缺乏历史感，思想苍白，形象无力的原因。

改革开放对于文学来说，是主题，一个充满历史感和当代感的大主题。当然，也是文学所依靠的大背景。在这大的背景下，文学的素材很多很多。我们每一个人都不可能是全才，我们只能写我们熟悉和了解的。但是，我们熟悉和了解的东西不多，面对改革开放大潮的汹涌澎湃，新的事物新的人，新的问题和矛盾层出不穷，可以说我们知之太少。那么，就需要我们自觉地去熟悉、去了解，去思索新的生活，开拓我们的视野。泰戈尔说："……各自在自家的园里种自己的庄稼。"道出了艺术生产的某些真谛，这句话至今被人引用，可见从中仍可得到一种文学领悟。但我觉得，思路不妨开阔一些，"园子"也不宜那么封闭，对自给自足的"题材观"也应采取一种开放的态势，过于的安闲自得，在题材上沉睡不醒，恐怕是不美妙的。就说种庄稼，也须引用新的耕作技术和良种吧。

不必担心许多的作者都来写改革，会产生某种"共生效应"，而出现作品的雷同化、模式化问题。不必担心，"模式"倾向的确已出现，一个得到社会好评的作品出现之后的确有那么一些东施之作紧跟而上，这是一种消极现象，东施无才又无貌，只会留下笑柄，时间会将其淘汰。文学这个圈子是这么大，什么事情不会发生呢？大可不必听模式而色变。有志的作者是不满于拾人之言的。每一个作者都有自身优势和局限。感知生活的方式都不尽相同，选择自己不同于他人的锲入角度，写出的作品自是千姿百态。不同的角度和不同的叙述方式，即使是相同的题材，也可生产出各具风韵的文学，这方面的情形，文学史上累见不鲜。

我有一个预感，四川的某几个地方，有几位青年，他们正勇敢而又清醒地投入改革开放的时代激流之中，因为勇敢，因为冷静，再加之他们各具的才华，他们将不会辜负了这个产生文学史诗的伟大时代。

（《当代文坛》1988年第1期）

面对乡土的文学

周克芹

如果说文学的"民族性"问题，仅仅是指形式、表现手法而言，是指文体而言，那么，显而易见，人们已经讨论过很长时间了。不是么，每当我们这个社会孕育着改革的要求，或呈现出开放的势态的时候，文学的"民族化"问题随即被提出被强调，作家们亦随之被告知"民族化"的重要性。如果说"民族性"问题还包括着内容（文学的表现对象以及作家的主体意识），那么，这似乎又是不言而喻的。

我们面对着现实世界，而灵魂深处长存着一部悠长的民族历史。有时甚至会感到这历史过于沉重。但正是这个沉重，使我们的文学从形式到内容都不可能不具有鲜明而独特的民族性。

文学只能在民族的和乡土的根基上去接近世界。一个作品要是试图包罗万象，便可能实际一无所有。作家只能从自己立足的土地上去听取宇宙歌唱的隐约的声音，也只能在自己扎根的某一地点去倾听人类的诉说。

我们的生命有限，而这个世界太大。作家需要知道的事情太多，读书和旅行可以多少弥补其不足。中国有句古话："读万卷书，行万里路。"但这并不能取代作家自己的感觉。

常有这样的情形：某种瞬间的一瞥，或一突然的声响，便可以唤起对过往的穷困而朴素的生活的回忆，这些回忆足以使身边的一切顿时变得索然无味，足以摇撼我的灵魂，使我不安、躁动，想拔脚而去，远离城市的人际关系。这种情形多了，就再也难以克服那种对于城市生活的飘零感，决不涉事太深，以便随时抽身而远行，回到我深深眷恋着的乡土人情中去。那里的一段小路，一棵老树，都是那样亲切而生动，而那些小路、那些树，无不记载着历史的沧桑，那种村落和人情中还埋藏着人类历史的宝藏。如果你细心地以灵魂去感受的话，你还会发现那平静朴素的生活中正在培育着人类对于未来的某种特别的期待，这种难以言传的期待，使你兴奋，也使你惆怅，使你想回避一切社交，操起小说写作的本行。

但愿我们的文学不至于消失了乡土的人情观念。我们的社会正在顺着历史的道路进行着变革，需要发展经济以消除贫困。当经济发展这根弦绷得太紧的时候，人们行色匆匆。文学能够做到什么呢？也许可以使人从容，使人越过身边琐事去感受一种平和。

面对世界或面对自己的民族，都是不易的，为什么我们不面对自己的乡土呢？

（《当代文坛》1988年第4期）

题外之谈

周克芹

有一天，生活在我们这块古老土地上的人们突然发现自己正在伺候着两个主人：金钱物质和道德良心，因而从未像今天这样的感到两难。同时，他们又发现自己事实上无法对两个主人都做到忠心耿耿。

一个古老的主题。这个主题被西方文学重复了几百年，至今不衰。只要人类还存在，这一主题怕是还得重复下去。如生与死、爱与怨、悲与喜这样一些主题的千万次被重复一样，成为对人类生存境况呈示的无可避免的一种方式或指向。

但是，文学的自身要求是不断出新。与一切观念比较起来，生活才是常新的。各种哲学都是生活的解释，只是由于各自的角度不同，便有不同的走向与归宿而已。

十年前，当我们举国上下一致认识到中国必须改革，必须开放，从而认真地科学地把中国看作世界的一部分时，生活就以前所未有的复杂性呈现在我们面前，兴奋与困惑，成就与危机，光明与阴影，振作与沉沦……几乎是同时出现、同台演出。

面对这一切的一切，作家有幸。文学的固有作用，诚如研究世界文化史的英国学者汤因比认为的，是描写和评论人类生活的各种事实和问题。那么，面对当代中国人生活的各种事实和问题，面对常新的生活，作家的"幸运"在于有话可说，有事可做。重要的是有事可做。

个人的生活之于文学是十分重要的，但却难以取代社会众多的人的生活，正如个人的经验不足以替代历史的经验一样。作家需要了解得更多些，熟悉得更多些，体验得更多些；还需要具有对普通平民百姓的诚挚和关心。汤因比甚至这样肯定地说："我认为，文学也好，或者科学或者学问也好，如果只为少数人所有，才是真正的不幸，并且是社会弊病的兆候。"

文化问题的研究和议论，是好事。对于作家来说，似乎难以胜任这个学术研究的重担。作家对文化学的重视和自觉，使之在认识研究生活时多了一个角度，这倒是应该做到，也可以做到的。一些被称为"文化小说"的作品之受到读者青睐，便证明了这一点。然而，认识和表现社会生活，并非仅此一种角度。广泛概念的文化可以涵盖一切，包罗万象，但它终究是涵盖。文学得自己从头做起，不能从某种观念上生根发芽。文学终究得独自面对现实生活的一切，把自己的根扎在大地上。

很难想象，看不见，或假装看不见社会前进中的阻力、艰难和危机的人，可以是一个真正有生活信仰的人。作家应是人类肌体上的最敏感的"器官"，可以最先感觉到社会这个大环境中某些微细的征兆，并用自己的声音向人们预告出来。社会不应该要求这种预告每一条都准确无误。事实上，对于人类来说，最主要的经验通常都带有普遍性，生存的困扰与艰辛、奋斗的成功与失败、爱与死，这样一些人生的重大体验，都是具有普遍性的——无论是知识分子、作家，还是生活在穷乡僻壤的农家男女，大家同样都是人，便都具有同样的人生体验。

对我过去的一些小说，有人问我："农民的情感体验能有如此的精细吗？"

我说："是的。为什么不能呢？"

一方小小的乡村，同样是地球的一部分，生活在那里的人，同样是人类的一部分。在这里同样可以感觉到地球的脉搏跳动，同样可以听到人类的诉说。至于我们国家的整个经济、政治的运转，国情、民心的动向，从这里细心地倾听和感受到的往往更为真实。

信笔写下这篇小文，没有言及作品本身。我想，读者自有高见。对《秋之惑》这个中篇的创作情况只有一点需要说明的是：它既是一个独立的中篇小说，又是我在四年前发表的另一中篇《果园的主人》的续篇。

（《小说选刊》1989年第5期）

再论深入生活的重要性

周克芹

　　如果记忆不错，大约是自"文学向内转"的理论被提出之时，关于作家深入生活的重要性就被忽视，甚至遭到一些人嘲笑和指责。几年过去，情形又怎样呢？

　　提出"向内转"的理论家们的用意是强调注重和研究创作的自身规律，这本身并不错，对文学艺术自身的特点和规律的探讨研究，也是推动社会主义文艺繁荣发展的一个重要课题，但论者们在这同时却指责或否定深入生活这一号召，认为它"只在一定的时期曾有过好的作用"，"在文学向内转的今天并无多少包含性和概括性，并不触及任何创作中的内部规律"。

　　似乎是作家深入生活便会阻碍文学的"向内转"，妨碍文学"回到文学自身"。在创作理论上，忽视生活、轻视生活的倾向，直接影响到创作实践，尤其是影响到我们的一部分初试写作的青年作者，使他们误认为不需要认真地深入到人民群众改革建设第一线的生活和斗争实践中去，进行艰苦的学习研究和观察体验，只要坐在家里读几本"新潮小说"或"西方新潮理论"，凭着自己极其肤浅的"感觉"，便可以写出好的作品来；不仅如此，还影响到一些已有一定成绩的青年作家，放弃了自己比较熟悉的扎实的生活基础，关起门来"向内转"、"向自我的灵魂扣问"，写出一些谁也读不懂的作品来。有相当数量的作品是内容贫乏，思想苍白，程度不同地患着"生活贫血症"，还有的甚至靠胡编乱造、故弄玄虚、卖弄技巧来勉强维持其架子，仿佛存心要叫读者失望似的。

　　这里需要首先弄清楚的是，提倡作家深入生活，不仅不与文学创作规律相抵触，它正是文学创作规律中不可缺少的根本一环。我们知道，文学是对现实世界的形象反映，是反映生活的，那么离开了被反映的生活，便没有文学的产生，更何谈规律呢？一个浅显的说法："巧妇难为无米之炊。"古今中外一切有成就的作家，无不强调创作对生活的依附，是生活推动他们拿起笔来。严肃的作家并不迷信自己的天才和技巧，而是把对生活的占有视为创作的前提。屠格涅夫在他的全集序言中说："我现在所有的相当不坏的东西，是生活赐给我的，而完全不是我自己创造出来的，一般说来，生活就是'一切艺术的永恒的源泉'。"

　　毛泽东同志曾强调指出："人类社会生活是文艺的唯一源泉。""唯一"，就是说再没有另一个源泉。理解这一点十分重要，因为这个"源泉"的意义，不仅意味着生活为创作提供素材，而且意味着生活是作家全面成长和成熟的战场。作家要了解生活，固然要到人民群众的生活中去，作家要正确认识生活，也应到人民群众的生活中去。生活可以校正作家的某些主观偏见。在恩格斯关于巴尔扎克世界观与创作实践的著名论述中，有力地说明了在一个社会大动荡的时代中，现实生活怎样校正着巴尔扎克的主观偏见。高尔基认为诗人是世界的回声，而不仅仅是自己灵魂的保姆。当主观倾向和客观生活暂时发生矛盾的时候，一个忠于生活的作家总是能调整自己的主观倾向，校正自己的主观意图和偏见，使之更准确地反映生活。

　　"生活对于作家是恩泽广厚的。"一位评论家曾这样说。

　　对于生活阅历并不深广的青年作家和身体尚健的中年作家，不应拒绝生活的恩赐，不应长期地脱离群众的生活。作家个人的生活之于创作是十分重要的，但却无法代替社会众多的人的生活，正如个人的经验不足以替代历史的经验一样。社会主义文学的神圣使命是要表现人民群众的奋斗和愿望，反映我们这个波澜壮阔的时代，因此，作家需要了解得更多些，熟悉得更多些，体验得更多些。早几年，在文学圈子里曾有"背向生活，面向内心"的口号颇为流行，提出古已有之的"性灵"说，扬言"不屑于表现自我感情以外的客观世界"。这种主张作为"向内转"的文学实践，并未拿出什么真正的货色。因为无论作家的内心或自我，这些属于主观意识的东西归根结蒂是现实生活的曲折反映。离开了对客观世界作正确的历史的把握，脱离了生活的主潮和人民的愿望，"自我"就难免不是偏狭、虚幻、浅薄、病态的，如此，作品又怎么可能真正地反映时代呢？解决的办法，是把"自我"解放一下，使之汇入人民生活的洪流。

有的同志认为，深入生活固然重要，但那是专业作家的事，与广大的业余作家无关。其理由是：业余作家本来就生活在工业农业科研教学等各种各样的岗位上，不存在需要深入生活的问题，这话有一定道理，但不尽然。深入生活的全部意义不只是搜集写作的材料、丰富自己的"生活库存"，还包括着对生活中一切人和事的观察分析、体验和研究，以及筛选和提炼。生活虽然是创作的唯一源泉，但不是生活中的一切都能变成文学作品。一个成功的作家，是在熟悉和占有丰富生活的基础上，像杰克·伦敦笔下的淘金者那样不惜辛劳地进行沙里淘金。筛选提炼的过程实际上是作家运用自己所掌握的马克思主义哲学对现实生活进行观照和鉴别的过程。这是对作家思想水平的测验。作家的世界观、文学观以及审美趣味在这里起着决定性作用。有着相同生活经历的作家，写相同的题材，为什么作品的思想艺术水平不相同、甚至高低差距很大，便是由思想水平决定的，而不仅仅是什么"灵气"或技巧的问题（有的作品生活稀薄、思想苍白，在技巧上玩花样以掩盖其生活和思想之不足，有眼力的读者一眼便可看出来）。所以说深入生活的过程应是一个学习的过程，学习人民群众的语言、思想，学会用马克思主义的立场、观点和方法去认识生活、开掘生活的矿藏。这一任务，无论专业作家还是业余作家都是一样不可回避，一样重要的。

忽视深入生活，忽视马列文艺思想的学习，这种现象不能不说是文学界近年来的一个突出问题。面对纷纭复杂的生活现象，缺乏认真的了解，面对各种西方文艺思潮，缺少鉴别和分析的能力，致使资产阶级自由化的思潮得以滋生泛滥，给社会主义的文学事业造成不应有的损害，这个教训是很深刻的。在当前学习党的十三届四中全会公报和邓小平同志重要讲话时，反思过去，把失误的纠正过来，把不足的补上去，是十分重要的、刻不容缓的任务。

那种把生活与创作割裂开来，片面强调"向内转"，认为这才是创作的规律，把其他一切视为"非规律的外在的"东西，这种理论实际上正是违背文学创作规律的。

什么叫规律呢？规律，是事物发展过程中的本质的联系。文学与生活的关系，就是一种最本质的联系，割断了这种联系，文学就成了无源之水、无根之木，还谈什么文学呢？所以，深入生活，正确地准确地认识和表现生活，正是文学创作的规律所赋予作家的重任。在过去战争年代，老一辈作家深入生活，写出了无愧于时代的好作品；在今天改革开放新的时代，作家也只有深入生活，把根扎在大地上，才能写出属于这个时代的好作品。而且新的时代发展迅速，生活丰富复杂，在对外开放的条件下发展我们的社会主义文学，更需要保持清醒头脑，坚持四项基本原则，切实地与新的时代及广大的人民群众生活相结合。邓小平同志对此早就强调指出："自觉地在人民的生活中吸取题材、主题、情节、语言、诗情和画意，用人民创造历史的奋发精神来哺育自己，这就是我们社会主义文艺事业兴旺发达的根本道路。"今天重温这段话，对于我们全面认识文学创作的规律、强化深入生活的观念，有着特别重要的意义。

（《四川日报》1989年7月16日）

创作终究得从头做起

——答评论家邓仪中问

周克芹　邓仪中

问：据我所知，近几年来你是把主要精力放在了写一部长篇小说上，同时也发表了《上行车，下行车》等表现城乡接壤地区知识分子生活的系列短篇小说和作为《果园的主人》续篇的中篇小说《秋之惑》，可是仍有人认为你是难产作家，你也是因为眼花缭乱的文学思潮、文学观念而陷入了惶惑与窘困，不知你以为如何？

答：我写的作品是少了些。不过我还是发表了一些作品。这说明我并没有举步不前。几年来文学思潮迭起、文学观念激变，我是十分注意的。可是我觉得并未迷乱。只要联系我的作品来考察，就可以看出我没有六神无主、东偏西倒。我始终认为，文化学、心理学、当代美学、各种哲学的研究，可以开阔思维视野，可以在认识生活时多一些角度，但是文学创作终究得按照文学规律，特别是文学与生活的辩证规律从头做起。文学创作不能从某种观念、某种学说上生根发芽。文学创作得把根扎在生活的土地上。

问：作家必须坚持独立的文化精神，创作必须有牢固的根基。但这与封闭和保守是绝缘的。事实上，你的近作在取材角度、审美方位、表现方式、艺术思维方面都有某种调整、丰富和发展。例如你在《绿肥红瘦》中写了小青本能的青春期的躁动，在《人生一站》中表现了小城优雅的闲散的文化气氛以及它的销蚀作用，在《秋之惑》中探索了二丫等人物复杂的内心世界，等等。所有这些，都明显地受了有关思潮和观念的影响，而且于你真切地表现生活也有裨益，难道你没有自觉到这一点吗？

答：我是注意吸取新思潮、新观念中有益的东西的。但是我觉得我是根扎在自己的土地上来进行鉴别、择取、借鉴的。我不主张保守和封闭，但我也不主张盲目认同，更不主张本末倒置。我的借鉴是为了增加认识生活的角度，丰富艺术表现的手段。我始终立足于我那片生活领地，关注着领地里人的命运。譬如刚才谈到的《秋之惑》就是怀着对果园兄弟姐妹命运的关心而提笔的。从《果园的主人》发表以后的四年里，我一直对农村改革的现实和进展、农民情绪以及命运的沉浮隐隐感到忧虑。我在《秋之惑》中融入了这种隐忧。文艺界的"黑马"刘晓波鄙弃中华民族的这一片热土，认为西方文化所表现的迷惘感、荒诞感、困惑感、无家可归感这类危机意识才是人类"伟大觉醒的标志"。试设想，假如离开本国民族的生活感受，离开民族的文化心理去追求那种"觉醒的标志"会产生什么样的文学呢？我作为农民奶汁养大的中国作家，我能离开我的乡土，离开对我的父老乡亲、兄弟姐妹命运的关注，离开对他们的文化心理的探索去表现那种"觉醒的标志"吗？值得注意的是，近几年来有些青年作者热衷于那些东西，还认为那才是"现代意识"。那不是现代意识！现代意识应当是推动社会历史前进的意识。

问：《秋之惑》无疑是地地道道的中式艺术建筑。不过现在也有两种意见：一种是认为它融入了忧思而更有深沉感；一种却认为它渲染了困惑，给人以压抑感。你的自我感觉如何？

答：作品中的"惑"是一种表层形态。它所传达的是改革的艰难，而艰难中又透露着理想。不知你注意到华良玉这个人物没有？华良玉就是我心目中的理想人物。当然这不是过去那一类头上有光圈、不食人间烟火的理想化的人物。但他确乎又是农村中先进生产力的代表。他在农村波浪式的前进中时沉时浮，但终究没有沉没。他在改变尤家山面貌中遇到阻力，内心充满了矛盾，可是并没有丧失信心。他体现着尤家山的希望和未来，寄托着作家的理想和愿望。后来他不是同尤金菊分手了吗？不就在感情上和事业上与二丫结合了吗？

问：华良玉这个人物也引起了争议。对华良玉在婚恋上的"朝尤暮丫（二丫）"，对他在离土问题上的"恋土情结"，有的人认为这是人物性格发展的必然，有的人则认为这表现了一种保守的文化心理，一种落后的农业文明，你怎么认识？

答：能不能不加分析地认为与尤金菊结合、离土进城才是进步，否则就是落后？能不能笼统地以城市与农村地域的区别来划分文化和文明的先进与保守？恐怕不能。这些年我一直对农村知识青年盲目流入城市的不合理的离土现象有一种忧虑。我并不一概反对农民离土进城。可是我不赞成在农村整个文化水平较低的情况下，让有文化的青年纷纷离开乡土，流入城市。我注重的不是空道理，我关心的是事实。所以我怀着深情写了华良玉与二丫"剪不断、理还乱"的情感，通过华良玉的内心独白抒发了对土地的依恋。华良玉是一个回乡知识青年，一个果树农技员，他的事业在果园，他的感情在尤家山。他的经历、性格、心理决定了终究会同二丫走在一起。

问：这也许可以说是你坚持"独自面对现实生活的一切"获得的独有的情感体验，是你通过艺术形象发出的又一个"预告"。可是这种体验和"预告"能否真正成为一种启迪，还有待于实践来检验是否正确。

答：不过我充满信心。我始终认为：作家应是人类肌体上的最敏感的"器官"，可以最先感觉到社会这个大环境中某些细微的征兆，并用自己的声音向人们预告出来。社会不应该要求这种预告每一条都准确无误。但也毋庸置疑，对于人类来说，最主要的经验通常都带有普遍性。生存的困扰与艰辛，奋斗的成功与失败，爱与死，这样一些人生的重大体验，都是具有普遍性的——无论是知识分子、作家，还是生活在穷乡僻壤的农家男女，大家同样都是人，便都具有同样的人生体验。

问：这里还想问问，尤金菊这个人物怎样？她在《果园的主人》里，显然是农村中的现代女青年，可是在《秋之惑》中却似乎很难用几句话说清楚。令人不解的是，何以《中篇小说选刊》在选载时，将着重表现尤金菊遭遇的章节删掉了？

答：也许你已注意到了，从《绿肥红瘦》开始，我就尝试着努力从生活的丰富、复杂的本来面目出发，表现人物性格的丰富性。《果园的主人》里的尤金菊显然单调了些。在《秋之惑》中，她的生活道路就坎坷多了，内心的矛盾也多了。她在城里长大，可是又是农村户口，受到种种歧视。她卷入经商的大潮，但她毕竟来自农村，付出了许多浪漫而又沉重的代价。她痛苦地诉说着农村姐妹们要改变自己的生存状态之难。至于《中篇小说选刊》选载时删了一些章节，而《小说选刊》选载时只字未改，两种版本，孰优孰劣，请读者评判，我个人并不计较。

问：说来说去，看得出来，你仍然是坚持主要从社会学的角度认识生活，坚持文学与社会生活密切联系的价值取向，强调文学要自觉地承担时代使命，作家要有独立的参与意识与批判精神的。这种概括是否恰当？

答：作家怎样看待生活各得其便。但"文学是人学"这一点恐怕无太大的歧义。我喜欢更逼近地看取现实生活，偏重于对人作社会学的研究和评判。我既不劝告别人都这样，也不在被人视"社会学评判"为"非文学"时而动摇。人人皆有局限。小说是各式各样的。作家也不过"在自己的园子里种自己的庄稼"。可是我却认为，研究、评判人生的各种各样的角度中，社会学是最重要的角度，它会影响甚至左右别的文化的、心理学的角度。近几年来有些作者完全离开社会的、政治的、历史的正确观点，不断地向"内宇宙"倾斜，写出一些非社会化、非现实化、非理性化、非历史化的作品。这些作品恐怕与正在艰苦中建设四化的人民群众格格不入。

问：从你的谈话还看得出来，你仍然是坚持"直面人生，开拓未来"的现实主义精神的，坚持现实主义所具有的引导群众关注当代现实生活的品格的。这种认识是否符合实际？

答：我是现实主义者。现实主义首先是一种精神。它要求尊重现实，能动地反映现实，从现实的角度反思历史和展望未来。作家都生活在一个具体的现实环境中，每个时代的作家都受他生活于其中的诸多现实环境的恩赐，从中获得构成文学的各项要求（主题、人物、语言等），同时还受到制约。时代的恩赐与制约同时作用于一个或一群作家。如果他在创作实践中承认这种恩赐与制约，那么作品就会是具有时代精神的，作家本人便是属于现实主义的。我们现在面临的现实环境是：中国共产党领导全国人民经历长期浴血奋战，牺牲了无数先烈建立起社会主义政治制度，现在群众正在克服各种艰难险阻进行经济建设和改革开放，使社会主义制度的优越性得以充分发挥——我们生活在这样一个时代，我们的文学不能忽视这一重要的现实。现实主义作家应该自觉地强化社会主义文学这一具有历史意义和现实意义的观念，遵循文学的"二为"方向。近几年来有些作者或者蔑视现实主义，远离现实，致力于写太古洪荒，玩弄各种没有内容、光怪陆离的形式，或者歪曲现实主义，客观主义地展示"原生态的生活"，还称之为"新写实主义"。所有这些倾向都是背离现实生活环境的，忘掉了社会主义文学的历史使命。

问：现实主义正在为自身的完全的价值实现而走着自己的路，正在多元竞进状态中生命不息、战斗不止。可是现在"现实主义过时"的论调，贬损现实主义文学史的论调也叫得很响，你当然有自己的看法？

答：现实主义仍将是文学的主流。现实主义文学的历史过程也不能抹杀。现在最值得注意的是"重修文学史"的口号和实践。"重修文学史"的提法本身并非不可。事实上每个时期的文学史家在回顾和研究前人留下的浩如烟海的文学作品时，都会有新的感受和新的理性判断，因而伴有一部新的文学史面世。然而有的人在"重修文学史"的口号下所进行的工作却是不严肃、不科学的。至少他们对赵树理、柳青等现实主义作家的否定、挖苦，不是一种严肃的理论态度。正如夏衍所说："勇则勇矣，智则未必。"赵树理、柳青生活的时代以及那个时代赋予作家的使命，有它鲜明的历史特点。如果今天的人稍有一点历史的眼光，便会承认他们和他们那个时代的作家们的确是很好地完成了他们的时代使命。要是没有他们的作品留在那里，后来的人们将会遗憾地发现我国文学史少了一个环节，少了那么重要的一页。我们对待文学的历史，正像对待人类的历史一样，既要有丰富的学识和科学求实的精神，更要有历史主义的态度。轻薄狂妄地否定一切，是史家所不取的。当然，想否定也是否定不了的。文学史是有继承性的，难以割断。对四十年代、五十年代一些优秀的现实主义作品一概否定的这股思潮，显然是近年来理论界出现的"马克思主义过时论"以及对马列文论中关于辩证唯物论的反映论进行否定这种思潮在文学界的余波。这并不奇怪。因为现实主义文学所依凭的哲学正是辩证唯物论的反映论。

问：末了，还想问问你今后创作的打算？

答：年岁不饶人。今后我想以写长篇为主。我有一些准备，但还不够。还需要生活和思索。当然在写长篇的同时，我会不断地写些短篇和中篇。《人生一站》《雨中的愉悦》《上行车，下行车》等短篇就是近年来打算写的系列短篇中的一小部分，主要写县城的知识分子的生活，一种"半城半乡"的文化环境。我想陆续写出一二十篇之后出一本书。何时完成现在不好说。总之，我觉得这很有意义，我会努力去完成它。至于长篇，我认为自己的优势还是在写农村生活，写我熟悉的、热爱的乡亲父老们。我希望这样的长篇不仅农民喜欢读，生活在城市的人们也喜欢读。当然，这比较难，我要努力去实现这一愿望。

问：你的《饥饿平原》怎样了？

答：暂名为《饥饿平原》的长篇小说早在两年前创作冲动之后就进入写作。可是后来才感到冲动并不等于能力。冲动与能力往往存在很大差距。我正在反复修改，缩短这之间的距离。我希望在思想上有新的突破。可是这非常之难。

问：祝你在克服困难中前进，祝你新年创作丰收。

答：谢谢。

1990年

第二辑　忆克芹

悼周克芹同志

马识途

克芹同志，你走了，你悄悄地走了。带着对未竟事业的遗憾和同志们的痛惜，你永远地走了。

我以一足之失，自贻终身之恨；一趾之疾，几毁七尺之躯；忧思百集，身心交困，接受了医生的告诫和朋友的劝导，我到青衣江畔一个疗养院里来疗养，才知道四川有这般清静的地方，平生有这般散淡的时光。正吟诵诗词，自得其乐，忽然宿疾痛风复发，痛不可耐，偏偏在这时，我连续收到你病危和病逝的长途电话。我的确感到青衣江畔一声巨雷，脱口而出叫了一声："苍天竟不佑斯才！"

你正当英年，大有可为，艺海寻珠，丰收在望，却忽然撒手而去，抱恨终天。真如艾芜老慨叹的："这是无法弥补的损失。"

我对你的成长，没有出过一点力，认识你也是在"文革"之后了。这十年中我们有较多的接触，在交往中，我看出你是一个诚实和谦虚的人，从来没见你有口是心非，张牙舞爪的表演；

我看出你是一个勤奋写作的人，孜孜不倦，常有作品问世，从来没有想躺在一本书上过一辈子；

我看出你是一个强调深入生活而又身体力行的人。二十年在农村观察和思考，不计困顿生活，所以有一鸣惊人的作品出世（当然，也是由于生活艰苦，搞坏了身体，才酿成最后的不治之症）；

我看你是一个在创作中坚持现实主义而又不故步自封、抱残守缺的人，你在五花八门的新潮中，从不人云亦云，却用敏锐眼光，细察文学流变，努力创新；

我看你是一个关心后学的人，和青年作家平等讨论，交流思想，谆谆教诲，不辞辛苦，甘为人梯；

我还看你是一个勇于担担子的人。组织上要你挑行政领导担子，你虽觉力有不及，还是勇敢地挑起来；

我以为你是一个想努力做到"鞠躬尽瘁，死而后已"的人。虽然许多讣文用这句话，真能当得起的人不多，而你盖棺论定，也许是当得起这八个字的吧，虽然你并非完人，还有弱点缺点，也犯错误，且有时很烦恼。

因此之故，我决心把我挑的担子交给你挑下去，你也勉力接过去了，但是谁知苍天不佑，把你夺走，我这匹老马昏庸驽钝，不堪重任，该怎么办呢？你说。

我现在寂然身在江畔松林里的小亭上，凝望峨眉山上，浮云霭霭，青衣江中，洪波滔滔，天曷有极。情何以堪？我因病没有回来参加对你的告别仪式，也没有答应红文同志要求为报纸写篇悼文，拙文怎敢上大块之版？我只希望作协内部报刊上给我巴掌大一块版面，让我刊出我急就的七绝悼诗，一抒悼念克芹之情：

> 青衣江畔起惊雷，
> 巴蜀文坛噩耗来。
> 叵奈英年遭殂拆，
> 苍天竟不佑斯才！

（《当代文坛》1990年第6期）

怀念克芹

《现代作家》编辑部全体同志

　　每天爬上七楼，路过第一间办公室，头仍要习惯地微微左侧：克芹可来了？小会议室，人人皆有自己的老位子，克芹常坐迎门靠左，话语嘈嘈中不禁还朝那里看，却空着。死亡，太沉重太严峻了，巨大的真实反给人不真实的感觉。处处有君在，处处不见君……克芹你真的走了？那么匆忙、那么突然？克芹，你真的走了。那么突然，那么匆忙。若有问，什么是生死契阔，什么是天人路隔，请上作协层楼，再登最高七楼。七层楼上，伤感最多。

　　克芹任我们的主编时间并不长。可谁又不知，谁又不识全国政协委员、中国作家协会理事、作协四川分会党组副书记、常务副主席、著名作家、首届茅盾文学奖得主周克芹呢？何况他原本就在我们七楼占一间办公室，略微伛着的高大身影和我们晃荡在同一条走廊。于是我们就看他怎样来我们编辑部，怎样当我们主编。先是看到走廊小黑板上贴了盖有党组大印的任命书。大家走过去，看一看；走过来，看一看。过两天却看不见了，原来克芹知道后，叫赶快取下。他对仪中说："我是来工作的，不是来张扬的。"是的，要张扬，前面那一串桂冠，既可闻达于诸侯，也能饮誉于翰林，又何须张扬文学月刊主编的头衔！

　　克芹说，我对这个刊物很有感情，当初她培养过我，如今我应该通过她，去培养更多的新人。提起往事他神情憬然，说友欣主持期刊工作时，这个杂志就对他有关照、知遇之恩。"记得有一年何世泰专程到简阳乡坝头来看我。那路，既不好找又不好走。当年的何世泰，风度翩翩，足蹬一双甩尖子皮鞋，不知吃了好多苦才找到我。那时我不过是个无名业余作者呀。"——只这一件事，克芹就念叨了不止一次。以至于我们完全相信，不久他也会为了一棵文学新苗而不辞劳苦爬山涉水。

却原来，克芹来编辑部，既是组织的安排，文学事业的需要，也是知恩图报，了却一个抱朴见素的乡愿。人生坎坷，文人多磨，回首克芹来时路，已历经了多少欢笑忧伤，见识了多少爱恨痴狂，却仍然留得这份拳拳之忱、殷殷之心。难怪同心眼见此情、油然回想起彼景——克芹在茅盾文学奖颁奖会上发言的一幕。与众不同的是他有一段专门揿及和感谢编辑的话……

果然克芹初展槃槃大才，似有宰辅之量。他也算受命于危难之际了。经历了去年那场政治风波，一些对党的文艺政策了解不深的作者草绳自惊、犹豫彷徨、踆踆若不敢先。在这种情况下，刊物该怎么办？克芹审时度势提出尽快让作家们"亮相"、展示政治风波后我省创作的良好势头的主张深得人心。于是时贤纷纷而上，叶石、履冰、高缨、克非、李累、化石、丁隆炎、崔桦……一展新姿。与此同时，他又将眼光转到了扶持新人、津逮后学上。他关注着他们的来稿和选用：张放、阿来、高旭帆、莫怀戚，这些名字和他们的作品给刊物增添了许多生气。克芹还有多少玉想琼思、待将来细说的隆中之策？只知他还准备作者笔会上讲学授课，只见他率我们开读者座谈会记取意见。同人们也就执鞭随镫，下渝州，上德阳，去什邡，赴富顺……或组稿，或纳谏。龙首昂扬，龙身龙尾怎能不跟着摆动！

克芹并不认为这是他工作热情的感染力，是他自身所备的向心力和大家对他的拥立。来了不久，他就满脸悦色地说："编辑部这班人马很好嘛，团结、齐心，一个顶一个。原本打算给你们调剂补充，现在我看不必了，你们都很不错的嘛。"

克芹，或许我们确实都很不错，确实不错其中有一个原因：常在君侧。

当克芹以他固有的谦谦之貌，尊重和逊地对老编辑说："我没干过编辑，所以我还得从头向你们学起，向你们学习"时，老编辑能不感动于心？于是便常见了他和建群、同心抵掌而谈。建群献策说：提高刊物质量，首先要提高编辑的素质。要增强编辑、特别是年轻编辑的事业心和责任感，也要关心编辑的社会地位。又说，办好刊物，最重要的要团结全省的作家、作者……你是主编又是党组负责人，又是作家，做这方面的工作有你的优势。克芹深以为是，对这番话念兹在兹。

待见了年轻编辑，他却不像一般的政治思想工作者那样来一番望闻切问，只是感慨，发自肺腑地感慨：人生在世，不可老是忧虑个人的功名利禄，不然会太苦太虚。年轻人问那你说什么才乐才实呢？他吐一口青烟，在袅袅烟云中慢慢道，走廊深处，几个整日伏案的老编辑给他的启示是，获得心灵的平衡与宁静，是最实的。他们日复一日、年复一年埋头于稿件，图名？编辑工作最是无名英雄；图利？根本无利可言。靠什么支撑着这样天长日久地干呢？就是他们的工作使他们得到了一份内心的满足和愉悦的体验。听话的人也不傻，听出了什么：原来你是在说职业道德？宣传敬业精神？要求对工作的责任心？克芹领首：是这样，又不止这些。职业道德也好责任心也好，都是从外在的要求着眼，而对这些老同志而言，所有外在的要求都已内化为一种自律、一种价值观念……

在林林总总的思想工作方法中，这也算是一枝独秀了。

克芹对编辑部的年轻一代投入了那么多的注视与关切——编辑部年轻人确实也越来越多了。除克芹他们那一茬五十岁以上的几位外，全是三十多岁、二十几岁的"新生代"，整整齐齐断了四十至五十的"中间代"，少了一种承先启后，是不是少了一道理解的桥梁呢？不，克芹默默地，常常并不为"新生代"所知地构筑着这道桥梁。他注意年轻编辑荐来的稿件，哪怕不用的稿件。看他（她）为何荐这篇而不荐那篇，看他（她）由此而流露的审美情趣——克芹通过稿件在看他们的"看"。他注意文学思潮的迭起，文学观念的激变，说到乔伊斯、马尔克斯、萨特、加缪、卡夫卡一点也不陌生。其实从本质上说，他距离萨特、卡夫卡更远一些，他是和十九世纪俄罗斯文学乃至以后的艾特玛托夫有更多的关联，更和传统文学中《红楼梦》那样的精品有着先天的亲和力。那种对不幸的温存抚慰和对苦难人的默默祝福，那种对现实中具体人物命运的热忱关注和感情投入，乃至他在日常生活中的待人接物，也可说是庸常人生中的一种宽厚温情了。

说到杨泥，他总是说："杨泥在休产假，孩子还小……"

说到冉云飞："小冉是土家族后代，又下放在艰苦地区，该怎么关心才好呢……"

说到脚印："她晋京赴考还不忘刊物，组回汪老汪曾祺的一篇散文……"

编辑部几个年轻编辑的职称评定未能解决，他为此深感不安，不止一次地说，他要把此作为主编工作大事来抓。而这又并非他一人能力所及，于是这就像块沉石般令他久久系心。上半年，调整工资消息在编辑们的盼望和对这种盼望的自嘲中到来，据说将和职称挂钩，他变脸变色地往人事部门跑，当确知几个"无编辑职称的编辑"也可以凭其他条件工资上调后，才笑模笑样地爬上楼来。

当他见了年轻编辑领取月薪，手揣着明显菲薄的一叠钞票时，他要过工资单逐项细细过目，然后抬起双眼说："对不起了，工作和报酬不相称呵，实在对不起了。"年轻编辑能不酸楚而又欣慰吗？恶语伤人三伏寒，良言一句数九暖呵！而且克芹，怎么也轮不上你来说对不起呵，更而且，须知你在八十年代都过了几个年头时，也不过是一个月薪几十元的名作家。克芹，我们对你的感激，是骨髓在喉、却永远无法还愿的感激。

我们知道，在克芹那一长串头衔的最后，才是《现代作家》文学月刊主编，前面还搭配了一个"兼任"。可总得让大车装个够呵，于是，我们给他订下了六条"主编岗位责任制"。诸如制定刊物大政方针、主持编委会、终审有难点的稿件，尤为重要的是：负责落实办刊经费、决定人事问题。在一次会上朗声笑语向他展读六条，克芹略微思索，以素有的谦恭提议略改几字，然后慨然应诺，并不含糊。于是大家高兴，命他为"周老板"并当场叫开。克芹半天没反应过来，明白叫的就是他后，说老板这种称谓好像我不能适应。基亮忙解释，这为的是增加你的商品经济意识，时时想到在座诸位月月向你讨饭票。

听了这话，克芹若有所动，又加了几句："大家安心编好刊物，一些棘手的事我去办，比如钱的问题，就请诸位不要操心了，你们把心用在办好刊物上。"小语春风、顿扫云翳。要知道这阿堵物正是令办刊人好不尴尬的一大事端。一时之间，我们感觉仿佛躬逢盛世，疗疮痍、苏民气，男耕女织，歌舞升平。

可克芹却苦了、累了，越来越喘不过气了。他是作家，手中一部名声已在外、亟待修改杀青的长篇《饥饿平原》，上海文艺出版社也有一位老编辑，情真意切表述心愿：希望在离休之前能出版这部长篇。克芹面慈心软又重情，哪经得住这番情感追逼，况且他自己也有时不我待的紧迫感了。他还有一个秘不示人的小本，拿出给仪中看，上面记载了二十多个中短篇题材，一提一串溜，个个珠玉般闪闪发光，颗颗都是饱满结实的良种呵，只待和风、细雨、沃土、季节，便是秀林一片、硕果满仓，但是不能。他又是党组副书记，日常工作、党员登记、千头万绪都从他和红文重合成的那一个针眼里穿过。然后是主编，又干不来大名虚悬的事，无论多忙，对刊物的事丢不下，解不开。他对仪中说：当主编，精神上的压力甚至大过当副书记的压力。又屡屡告诫：刊物不能出事，千万不能出事。于是常见了他找仪中要稿子看。时而又感慨：我死了后，人家是以我写了多少好作品来对我下定论，不会看我做了多少行政工作、编了好多本刊物哟！感慨未毕，知道谭力、雁宁的稿子来了，忙要去看。一些个大巴山上的青年作家据说在商品经济大潮中充当了一回弄潮儿，是反被潮水弄了还是呛了几口浑水喝了几口黄汤，前些日子编辑部有杂文稿投来针砭此事，克芹叫压住，说年轻人要看主流。他们的稿件来了，他忙第一个要去看。阿来、莫怀戚、张放的稿子来，也忙着要去看。看见好稿就欣慰，就笑。刊物差好稿，便愁，愁肠百结。

分身乏术，不堪重负，以至于病魔早已悄悄袭来他也没有时间精力来察觉。克芹一生的最后日子里，克尽厥责的责任感和情有独钟的创作欲的双重变奏，成了他生命的主旋律吧？而对于一个作家，毕竟艺术才是永在的丽日。"为了给灵魂前进，一切都应该让路。"（惠特曼）克芹也知欲有所为，必有所不为了。

简阳之行便透出了端倪。

那时克芹身体日渐羸弱，误当作萎缩性胃炎拖着。早已联系好的读者座谈会他去不去呢？及至在新南门汽车站见他蜡黄着脸赶来，我们又是高兴又是歉疚，简阳是克芹故乡，他当然算一流名人了，简阳之行有他没他，当然大不一样。归乡路上克芹谈笑风生，为我们引路开道介绍风土，我们窃笑"许茂"老头儿踏上故土好不精神，冲他走得太快的背影口哼"老许"，当然他又不懂。倒是仪中的晕车和迟到引去了我们的担心和关切，及至吃饭时，面对满桌酒菜，克芹箸不动三，后来一餐又悄悄叫来服务员小姑娘，请给煮一碗烂面条，他的病情才又被充分意识到。于是大家又不安又感激，又不知如何表达这种不安和感激，一片惶惑。简阳的座谈会使我们很感动。读者朋友是那么热情认真、那么爱护我们的刊物。当一老者用精确到小数点后二位数的统计剖析、归类《现代作家》诗文时，克芹禁不住带头鼓起了掌。他一贯凝重安静，如此动容，当然是深深被感动了。我们和读者，又为他的感动而感动，一时会场掌声雷动、经久不息。

第二天我们泛舟三岔湖。湖光山色、水波潋滟，我们继续沉浸在不尽的愉悦中。这是一群只知耕耘不问收获的农夫，终年埋头苦干，冷不丁知道了自己已结出了很大的果子，吓了一跳，又喜不自禁。看看这群耕耘者吧：清癯的克芹、儒雅的仪中、年迈的茜子、温文的同心、敦厚的建群、形若干柴的基亮和小毛，然后是刚当上母亲便即上岗的汤泥和瘦弱得自惭形秽的高虹，唯一的"国防身体"继安很自豪，横扫众人一遍，突然说倘若这条船翻了，《现代作家》就只好停刊，只是停刊原因不好向读者交代。话未说完兀自笑个不住，大家只好跟他一起笑。

不知是不是这话触动了克芹。在如世外桃源一般的湖面上，玩笑的欢愉也引发了他入世的婆心。他突然说，透露一个消息：我最多还当你们三个月的主编。那是六月上旬，距他八月上旬逝世刚好两个月。

当时全体默然。心情复杂得分不清哪是山哪是水。知他重负，知他矛盾，不该留他，不能留他。却又白赖地想：反正你说了还不算，还得经过组织批准。谁也不曾想到，克芹，你用这种方式，勿需任何人的批准就去了。在你坎坷一生中，党组织、领导、社会都重视你，关照着你，关心你的创作、你的思想、你的生活、你的家庭。你从来就听党的话，连你最后住院也是服从党组的决定。这一次，恐怕是你一生中唯一没有听从组织安排，违背组织愿望的行为了。克芹，知你者，谁不是感慨良多而又默默无言。虽有箫心吹不得呀，虽有箫心吹不得。

真的没有巫术能够预见？抑或是没有宗教能够宽慰。克芹的遽然去世，令我们不禁回想检点起当初与他交往的种种来。基亮四月份发表了一篇克芹近作的评论，文中颇有指陈之处，蒙克芹不弃，以他的泱泱大度对基亮说："你也有你的道理。"可是，"评小说就评小说，我为什么要加上最后那一句话？"基亮疑疑惑惑地自问。那文中最后一句是"愿他（克芹）已拯救了他的灵魂"。克芹，基亮以为，这句话是一颗不吉利的星。高虹也后悔。她不止一次地拿了被你否定的稿子找你说，和你争，叫来仪中做评判。不知你的为难，不知你的苦衷，不知你的压力和顾忌似的，现在悔之不及。

若将这种情绪作三隅之反，面对这震撼人心之死，这偌大的、良知未泯的世界，该有多少个地方、多少种声音在深思、在自省、在追悔呢——"我虽不杀伯仁，伯仁因我而死。"我们总是过迟地意识到奇迹曾经就在我们身旁，只有面对死亡，才对每个生命的价值及其无可挽回性深信不疑。平时在这个方面，我们总是那么轻易犯下错误甚至，罪行。

听之光说一故事。他为克芹守灵时，曾有一青衫老者前来吊唁，并不搭理旁人，径自到克芹灵前，垂首默哀，神色戚然。之光见其容貌古异，忙上前招呼看座，方知老者乃一中医，曾经为克芹把脉问疾。老者哀其没能留住克芹，"庸医呵、庸医……"仰面长啸而去。还有多少人在心中长叹"庸人呵、庸人……"而去呢。

我们是为克芹之死幽咽不平。天生万物，三界六道原有它本来的寿元，只要天数已尽，人也尽可赫万物、等生死的超然观，去者心平气和，生者哀也堪慰。可克芹，他去得太早、死得太不应该呵！他留给人的憾恨太多太多啊！五十三岁，正是一个作家的有为之年。走过了热烈的内心的激荡，渐渐凝定：将早年的歌哭悲笑沉淀静化，澄若止水，思想艺术已臻成熟丰厚，正是产生优秀作品的黄金岁月呵，却英年早逝。

克芹自己，也仍在构画心中的蓝图吧？记得那是他离家住院的前一天（从此他再也没有回到家），仪中和高虹前去探望暨送行。那天他情绪很好，蜡黄清瘦的脸上满是愉悦。见面后忙问长问短，话题不断。说美编小路快生产了。要找个人顶替；说编辑部的财政，要交到作协财务科；说刊物登了一篇两投稿……话题此伏彼起，生怕客人走了似的。终于说到了自己。因为明天将进的是干疗院，仪中便说那里如何如何好，有病治病无病养身，待住上三两月，身心得以大调整，"嗨，不管写作还是干什么，精力充沛干劲十足，换了个人似的"克芹闻之憬然。那份对健康的憧憬，那份对生命的渴望，石人也会为之心碎！他床边有一大摞书，是收拾了准备带着住院去的？有李敖的《传统下的独白》等等，只一部《梁实秋文集》就是尺许厚。不像去住院倒像去进修似的。

他和来人谈笑风生。最后请两位给全体同志带个口信：大家辛苦了。刊物不要出问题。他要不了多久就回来了。

这恐怕是克芹给我们留下的最后的话了。他绝没想到，斯人一去不复归。他是抱了愿望，如仪中所描述的那样，去调理休养，然后回来，然后工作，然后写作……

"春蚕到死丝方尽"也算一个衍发着悲烈的古老意象，而丝尚未尽却身先死呢！

克芹视人太重视己太无情。这是他的美德呢抑或是他的不幸？也许少一些美德也就少一些不幸，多一些事业的建树和生活的轻松愉快。

克芹曾说：我这辈子，在物质上，没吃过好的没穿过好的，但时常有点好烟抽。很知足的样子。可是那烟从形式到实质——青烟袅袅随风而尽——怕也只能算是精神上的享受吧？记得那是三月上旬，作协组织我们全面体检，都去了，就克芹没去。他才开完全国政协会回来，案头的文件和手头的工作，如积雪般沉甸，他连一天体检时间都舍不得。

以后据医院检查，克芹已有几年的肝病史，而他自己浑然不觉。他上医院享受"特约门诊"，这个门诊的医生视他为异类——因为他们在这个门诊见惯的是小病大医、无病进补的人物。

仪中总也忘不了克芹病发的一些场景。那天下午，一个月减了十三斤体重、只能卧床休息的克芹突然爬上七楼，到仪中办公室一坐就是半天，都六点过了还没有走的意思。仪中知道他常出虚汗，突然之间额头可能冒出黄豆大汗，十分骇人。就说不再谈了，你快回家躺着。克芹说不要紧，因为中午吃了好东西。仪中想他那至今未置冰箱的厨房饭厅、想他那在当今城市人生活中少见的粗茶淡饭，表情含蓄，笑而不答。克芹认真了，说真的，老婆今天想通了，买了只鸡炖，中午喝了一碗多鸡汤，"这玩意儿是对，看我现在还没事。"仪中笑中伏恸——吃一只鸡，还需"想通"，才知道"对"——"不行，还是不行，我要锁门了，我们走。"克芹无奈，只好起身。电梯工人早已下班，步行至五楼，见红文办公室还开着门，忙说我还有事，我去一下。轮到仪中无奈，看他偻着背又进了他另一重工作的天地……

终于住进医院，终于出现了腹水，肝脾为苦也为酸，克芹，你的肝病，为的是哪件、起于何端……

过去了，都过去了。这一切都在一九九〇年八月五日凌晨二时五分这一刹那结束。原来生与死并非隔着一道又沉又厚的门墙，薄薄的眼帘一旦垂下，即分隔出阴间与阳世，便彻底地遮断了所有的一切！

九边烂熟等雕虫，远志真看小草同！

克芹，你现在可以释去重负了，不必谨慎宽厚了，不必朝忧夕虑了。你所去的天国，用不着这些了。

我们遥拜那个天国的国主：不要让克芹去极乐世界。他不穿好的不吃好的，不打牌不跳舞，极乐世界他怎么过得惯？也不要让克芹去君子国，他在人世就一辈子待在君子国，待得太久、待得太累了。

给他一片净土吧，他会植一片果园。他和土地、阳光、田园、山水有着天然的血缘。他是最当然的"果园的主人"。

（《现代作家》1990年）

我哭克芹

雁　宁

克芹一殁，八方唏嘘，诸多稿纸报刊都在噙泪。

迟至初冬，我依然静默如石，仿佛未从八月寒冰的封冻中苏醒。

那朵极小的白色纸花，仍在粗糙胸际绽开。只有哀思，没有生命，唯那质朴纯洁，是永久安慰。

对克芹，我有太多的话要说。而在他弥留之际，跨越几百里青色铁道，风尘仆仆赶到蓉城，执那干枯若岩藤的手掌，看那浮白如巨茧的脚板，全身血液气流通通阻塞，更莫说话语了。

顽强生命，回光返照。克芹双眸吐射精芒，小而硬的泪滴悬在眼角，欲坠不坠。一口鲜艳的冷血，坚毅地含了很久，直到那朵小小红花在刚直的唇线上灿烂开放……

我想象中的最后形象：一块黑枯的峭石，独立于炎夏的风中，静静俯视苍黄的原野。

没有山月，也无水星，只有白炽无形的太阳，构成一个生命的永恒背景。

我总在回忆——

一支价廉物劣的香烟。一碗清淡如水的稀饭。微笑也带一点善良的忧郁。人已入秋却说着春天的语言。内心苦闷情感冲突都付诸小说。一个善良温厚的农民。一个能用自己的眼和心看世界的农民。

这就是周克芹。

可以说，他是二十世纪八十年代，四川最好的小说家。偌大中国，也未必不是。

亿人大省，独领风骚整整十载，也够风采的了。

绚烂之极，忽归宁谧。如彗星，亦如樱花，生命之辉，炫耀于巴山蜀水。

有时玄想，他也许是神？既而淡笑：毕竟是人。一个真人。一个好人。一个令许多人久久回想的人。

克芹的忧郁是著名的。那是他一生的感情基调。

哲人说：忧郁，是整个人类永恒的一种情调。

它贯穿于他的梦想和现实，产生出智慧之果。同时，也在淤积顽疾，强夺他的生命。

我极愿回想他开朗的时候，笑起来如劳作后看到金秋的山民。开心荡怀，还有那么一点俏皮的孩子气，让人感到无拘无束的天真。

可惜，那样的时候，对克芹来说太少，太短。即使有，也是末屑小事，偶然触动。比如在城郊农家，看到一群活蹦乱跳的猪崽。或者一个朋友，从他手里夺走一支香烟……

在杂乱而浮躁的四川作家群里，几乎没有令他真正开心的事。尤其近几年，在众多羁绊中挣扎，他连笑容也沉重。

然而，克芹对巴蜀文学花费的心血，苍天可鉴。对他自己来说，失多于得，是有目共睹的事实。

惜乎！四川之大，曾为两国。前辈文豪，若日若月，文相辉映；洋洋大著，国内国外川内川外莫不心热。而至当代，倒下一个作家克芹，便文坛倾斜，众星惶惶。如克芹重返人间，再睹这等现状，定会感伤不已。

长江嘉陵，巴山峨眉，无不滋养文才。昔年沫若放歌，巴金奋笔，何等豪迈！如今山水依旧灵气仍在，而川中文坛空有高台，缺将少帅。当然也不乏沾沾自喜者，自视文星，以为蜀都大，天下小。这种怪状，纠缠不清，许多巴蜀能人，也百思不解。

罢了，面对克芹亡灵，一切苍白。

一位政治家曾经预言：四川很有希望。

真诚祝愿，四川文坛也有希望。

这希望，应该来自于自信。全川作家的自信。

我一直坚信克芹是自信的，对自己热爱的事业，以及担负的重任，他都非常自信。至少内心是这样。因为他的外表，总给人温良恭俭与世无争的印象，他自己也乐于保持那种印象。唇角带点农民的慧黠。

对于自己开创的领域，他是有一点傲然的。换句话说，对国内文坛，他总站在一个高度，眯缝着温和的眼睛，俯视每一个新潮，每一个变化。

相当一段时间，他读得多，写得少，更多是点着烟眺望窗外灰蒙蒙的天空，静静地思考。床头椅上，堆满中外典籍，不少翻开的书上，留下铅笔思索的红蓝痕迹。

对一篇轰动一时的小说，他兴奋读过，然后平和地说：假象迷人，实质却很一般；

对一个大受捧场的新锐作家，他认真研究之后，淡淡地说：他很会取巧，把洋人的东西中国化了；

他对自己发掘和喜爱的文学新人，总是大言不惭：他的小说，一点不比得全国奖的娇子们差。

可以断言，在一个较高的文学层次里，克芹已获得自由。而得到这自由，人已耗尽心血。

花正开放，偏遇炎风吹扫，未结出他满意的果实。遗憾之深，克芹无话，亲朋好友相对，也默然无言。

一个有希望给四川文坛带来机运的人，在那机运到来之前，竟然撒手而去。只有留下的温情，博大宽厚……

初冬之夜，巴山冷风掠我面颊。而心仍在盛夏八月，冷酷成都。

在克芹的灵前，佩着那朵白花。

冰封的心底，燃烧着一句话：

克芹，如果生命可以赠送，我宁肯送你十年。

十年里，他必将精心锻造不朽之作。

悲夫！运命不济，天杀良才！

眼眶发热发潮，却没有泪。

成都已不相信眼泪。何况一座硬朗的巴山呢？

1990年11月17日深夜记于大巴山麓七级居

（《文学自由淡》1991年第1期）

苦笑沉没

贺星寒

克芹去世两年多了。一九九〇年六月下旬，在一个会上，我与他闲说，说自己因咳嗽而临时戒烟。他则说他还能抽烟，只是不能喝茶了，他苦笑着指指胃部，说有胃炎，一喝茶就难受。

谁知一月之后，他的亲属来告诉我，说周克芹没有胃病，而是肝部有肿块。又与我商议，如果克芹一旦症状稳定，大家想办法找气功师之类，或许可以造成奇迹。我当时很震惊，但愿肿块是良性而已。至于气功师之类，我却颇为怀疑克芹会不会配合。我担心他只会苦笑一下，嘴唇微动，说：气功？

从一九七九年认识克芹以来，在我记忆中，他未曾有开怀大笑的时候。他属于那种性格内向沉默寡言的人。一九五八年，我与他在同一次运动中被开除团籍。我们不同属一学校，自然互不相识。以我后来所受到的各种歧视，能想象他回乡后蒙受的屈辱。他在农村度过三年天灾人祸时期，不仅自己要受饥寒交迫之苦，要目睹乡亲填身沟壑，而且要强制自己那颗敏感的心灵，保持平衡，在信仰与感情中挣扎，的确不容易。对他的克制，我能理解但又不能理解。

一九八〇年，也就是《勿忘草》得奖，《许茂和他的女儿们》震动文坛之时，在全省自学成才会上，克芹讲了他的奋斗历程：离校后回农村当技术员，创作得到区乡领导重视，后来还入了党。我听了很疑惑，会后问他，开除团籍之后怎么能入党呢？这是不合我国国情的。他避开我目光，喃喃地说，农村的情况不一样……当时找他谈话的人很多，使我未能再问下去。这在我心中一直是个疑难。我的直觉是，他不愿谈这件事。

一九八二年开乐山笔会，克芹、吴因易和我在大佛寺藏经楼同住一室。因易是个散淡的人，穿破衣，着布鞋，在屋里常赤脚，席地而坐。那几天因易一直鼓吹我，要我合作把周克芹捆起来，胳肢他，让他笑个痛快。克芹则斜倚在被盖上，微笑着说，我的笑神经没有你俩那么敏感。你们也不必费事捆我，我不动，你搔我腋窝，搔我脚心，我都不会笑的。他说得沉着，神态极有把握。那段时期他心情颇好，《山月不知心里事》得奖。他已调作协任专业作家，谈起创作十分轻松。他全身充满一个作家创作高峰来临的征兆。一夜，大佛寺细雨霏霏，克芹因感冒去看病，回来后皱着眉头，思绪沉重。他说，想不到这么偏僻的地方，一个普通的医生，都知道《许茂》。他感叹着，仿佛欠了谁的情一般。我与吴因易只能面面相觑。

接着又是三峡笔会。时值仲秋，《许茂和他的女儿们》获茅盾小说奖榜首的消息已经传来，只不过未公布而已。克芹面对祝贺，无喜形于色之态，照样沉默寡言，偶尔微笑。在宜昌与大家一起住过道睡通铺，毫无怨言。记得游览大宁河那天，清晨在巫溪上船，天色微明中，克芹在河滩与主人话别，久久不移步。后来起锚了，他站在小舟中，挥手良久。有人跟他开了一句玩笑。我朝河滩望去，人群中果然有个青年女子。克芹当时阴沉着脸，玩笑自然也开不下去。大宁河滩险流急，克芹一直少说话。直到下午船过一道长峡时，我才听到他一声长叹。他说：

这种美，美得令人忧伤。

回成都后少有见面。后来便有了传闻，说是家庭有了危机。克芹已经是名人，且又是上面要培养的对象，自然会得到很多指导和教诲。社会上也有人出来当仁不让地敲警钟。供选择的路不多，但毕竟有了选择的余地。克芹选作表率的道路，亦是很不容易的。数年之后，他在《秋之惑》中叙述了一个故事。一个男青年抛弃恋人与第三者结合，后来悔恨不已。他指出，这就是浪漫的代价。我看小说感到他为自己描绘一幅可怕的图画。他还在努力地说服自己。

克芹后来负责分会的小说创作，扶持了一批新人。记得他刚上任不久，便约林文询、周永严等到我家，漫谈四川小说状况、寻找突破的契机等等。谈得高兴，错过了午餐时间，大家便去了小馆，结果他只嚼了几口白饭。原来他牙痛，一般都在家里喝稀粥的。后来，每次开作品讨论会。散会时便见他左手抚腮，右手指腮，说不能吃饭，很遗憾。

说出来的是牙痛很遗憾，说不出来的是身为文艺领导与个人创作产生矛盾的遗憾。克芹是个很认真的人，一心想把四川的小说突上去，开会，看稿子，讲话，推荐作品，邀请外地作家，还有琐碎的行政事务。再没有乐山笔会三峡笔会那种放松的心情了。一部长篇拖了几年都未完成。他有一次说，真想在门口挂一块谢绝参观的牌子。牌子没挂成，职务更重更多更大，最后到办公室坐班，公开展览。

一九八九年春夏之交，我与文询去看望流沙河先生，商谈当时大家关心的事。克芹也正在沙河家中闲坐。我们与沙河先生谈话时，克芹在旁一直默默不言，显得很沉静。后来，当沙河先生为我们修改文稿时，克芹对我说，由于他现在的职务关系，有些事希望下面的同志能理解。他又说，今天北京有朋友已经与他通了话，云云。说得语重心长，余音袅袅。我觉得那是他最亲近最可爱的时刻。

此后，由于众所周知的原因，我约一年未曾与克芹见面。只听传闻说他事务更忙，操心更多。我注意报刊，未看到有他的表态文章，但下面却流传着微词。一九九〇年六月，民间社团川西小说促进会成立五周年之际，他却欣然应允参加纪念活动。首先他说他不是以组织名义而是以个人名义来的，接着便放松了，随便谈了不少。那天他兴致很高，谈起有人教他写科幻小说，觉得也能写了，很激动了一阵。但隔了两天，又忘记了写法。看来，与五千美元的奖金无缘。边说边笑，随即归于沉默。会后，我们劝他卸些担子，他苦笑着说：身不由己呀！

谁知过了一月，便有不幸消息传来。本想立刻前往医院，却被有关人士劝阻。想想也有道理，让克芹安静治病。即写了一封慰问信。信刚到家属之手，便得知情况不妙。八月四日午后与文询等赶至医院。克芹已时时陷入昏迷状态。为不打扰他，只是远远地望了一阵。走廊外阳光强烈刺眼，病室昏暗而不祥。后来家属告知，克芹的呓语中，多是开会、请假之类。就在那天子夜后，他去了。

去灵堂送挽联那天，遇见作协分会原党组负责人。我顺便问起克芹入党的时间问题。对方说，六十年代克芹哪里能入党？那是一九七九年，作协准备调他上来时，让地方上先把他组织问题解决了的。我听了，当时便有些茫然。回忆他从前回答我，的确有些含糊其辞。他或许是有意识地卫护心中一个形象，而且卫护得很苦。这只是猜测而已，人应该怎样活，是个永恒的课题。苦笑毕竟是笑，苦笑沉没，真诚的作品将留下来的。

（《文学由自谈》1992年第4期）

周克芹在生命的最后岁月

邓仅中

一九八〇年，来自四川的周克芹的长篇小说《许茂和他的女儿们》赢得了海内外读者的广泛赞誉，并一举夺得了首届"茅盾文学奖"第一名。谁能想到，十年之后的一九九〇年，这位创作力正旺的中年作家却英年早逝，给中国文坛留下了极大的遗憾。

一

造化常常为庸人设计。正当我吃力地跟踪周克芹创作发展的轨迹的时候，我有幸调作他的同事，有机会更全面地认识这个人。只不过令人遗憾的是，那已是他最后的岁月。

当时《现代作家》主编陈进已快到退休年龄，本人也一再请求找人接班。党组推荐了周克芹。经周克芹提议，我任他的助手。

一九九〇年春节前夕，新主编的任命通知发到编辑部。节后上班，编辑部内勤人员出于对周克芹的热忱欢迎，将通知张贴在办公楼走廊的墙壁上。

他上任以后，真是既工作又学习的样子。他到一个个办公室同编辑谈工作、谈心。尤其同老编辑长谈交心。他说他和这个刊物感情很深。老领导、老编辑李累、李友欣、陈之光、陈进、刘元工、何世泰等，都帮助过他。他的成长和他们的培养分不开。他现在来这里工作，也要像他们那样热心扶持作者，发现新人。他毕竟是业余作者出身，从没有办过刊物，希望大家多多指教。他的话诚恳动人。

他在进行思想工作的同时，考虑最多的是编辑部队伍建设。他认为这是办好刊物的关键。他提出了一个充实队伍的计划。一是调四川大学的张放、阿坝州的阿来先当编辑，以后委以重任。二是把罗渝蓉从作协创联部调到编辑部，管理日常编务。三是通知高虹上班，强调说再也不能闲置不用。显然这个计划是早经酝酿，反复斟酌形成的。可是一举步实施就受阻。我到四川大学中文系主任唐正序家里，提出调张放的事，这位先后同过学的老朋友竟一口拒绝：这岂不是挖我们的墙脚。此后周克芹一直感叹开展工作之难。可是这个热心事业、敬重人才的人始终没有灰心。已是重病前夕，他在一次与阿来闲谈之后对我说，一定要下决心把阿来调来，并且还专门记一则日记备忘："今日中午阿来前来，谈了很久……要把他调到编辑部来。"他着手的另一件事是筹备成立编委会。他提出一份名单，一一征求本人意见。提到流沙河，他忽然叫我到沙河家里走一趟。我好生不解，他与流沙河一家楼上、一家楼下，亲密到可以互相取笑取绰号。费翔热时，流沙河就说周克芹从长相、身材上看，天生又一个费翔。我猜想，周克芹深知流沙河已长期不热心作协事务，而且性情直率，一句话不如意，说不干就不干，所以叫我先行试探。出乎意料的是，我向流沙河一说明来意，他满口答应："你放心，周克芹吩咐的事，我都去做。"经过克芹精心策划，编委会顺利成立。四月二十日，他主持召开了第一次编委会。流沙河、高缨、克非、丁隆炎、黄济人、化石、陈进、吴野等热烈发言，就办好刊物各抒己见。周克芹一一记下发言要点。当晚还满怀信心地在日记上写道："按照编委们的意见，稳中求'进'，可以把刊物办好。"

五月初，周克芹派我和袁基亮等赴重庆，征求重庆作家对办好刊物的意见。六月九日，在编辑们的鼓动下，克芹率编辑部全体人员到简阳县召开座谈会，征求办好刊物的意见。简阳的作者闻听克芹"衣锦还乡"，纷纷要求参加座谈。与会者一百多人，会议厅里坐了黑压压一大片。大家争先恐后发言，气氛之热烈，对刊物之关切，对克芹之敬重和信赖，使编辑们深为感动。

次日，克芹兴致勃勃地与编辑们同游附近的三岔湖。中午在湖心小岛包了一桌鱼席。烧鱼、炸鱼、腌鱼、烩鱼、鱼汤，琳琅满目。大家连连举箸，满座谈笑风生。可是克芹忽然厌食。问他是否感冒闷油，他说不是。问他是否大啖之后忌食，他也说不是。他说这段时间胃口不好，是萎缩性胃炎和胆囊萎缩。接着他便岔开话题，说些笑话。说吃饭也有"三字经"："少说话，多点头，不怕烫，舍得丢。"引得席间都背诵"三字经"，分析它的本意、引申义、反义。

在返回成都的大巴上，克芹于谈笑中，忽然对大家说："我不久就不再担任你们的主编了。"他这是在同大家感情最融洽的时候，用伤感的语气说这话的。全车人都为之一愣，接着争问其故。他却笑而不答。

过后一个多月，克芹辞世后，编辑们忆及大巴上的这句话，疑心他早已知道将不久于人世。其实不是这么回事。当时他并没有查出重症，他也不会为自己算命。只有我明白他的心情。

二

周克芹就任主编的那段时间，是编辑们对办好刊物最有信心的时候。那些时日，过去因专业创作从不坐班的克芹，每天一早就到编辑部所在的七楼，坐进楼梯口那为他新设的办公室。编辑们上班经过，都要放慢脚步，向门内投去亲切的目光。有的编辑还不由得轻轻地哼起歌曲："人们走过她的帐篷都要回头留恋地张望。"

然而，大家只看见他工作认真负责的一面，没有看到他的另一面：他的矛盾心情，他的苦恼和烦躁。

他上任之初，明确向我交代，组织上叫他就任主编，只是兼职。他管大政方针，管队伍建设，不管稿件，不管编务。他得写作。他有许多东西要写。可是他的名声大，人们的期望值高。他的招牌一挂，似乎刊物就应该焕然一新。其实刊物形式变化容易，提高稿件质量很难。作协就有人上门批评一篇小说稿质量很低，说你周克芹怎么把这样的赝品都拿出来了！周克芹很是尴尬，脸红一阵青一阵。于是他就不惜花时间和精力审稿。连看两期稿件以后，他又叫苦不迭：一陷进稿件，哪里还有时间创作，尤其看见一些照顾稿件、配搭稿件浅薄平庸，他更是坐卧不安。他是那种传统文化心理很重，很关心别人对自己怎么看的人，哪怕一些似是而非的"小话"，也往心里搁的人。他觉得在多管刊物还是多顾及创作上陷入两难处境，其结果还会腹背受责、两面无光。

当时，编辑部仍沿袭半日坐班制。每到下午，七楼静静悄悄，只有克芹和我的办公室开着。到了四五点钟，克芹就到我的办公桌对面坐下。有时是谈工作，谈创作，谈作协人事关系，有时就谈他的烦恼。来情绪时，就任情发泄。此时的克芹与平时人们心目中言行谨慎的克芹判若两人。看着这个经常意有所郁积而无处倾吐的人，找到了宣泄机会，于他的健康有利，我也就一概顺从他的心意，从不加以打断。

他说他当了主编，牺牲了创作，原来想办好刊物，扶持作者，付出一定代价也值得。可是就有人说文艺界有个怪圈：有的作家写不出作品就搞评论，反过来对创作指手画脚，评论也不能搞了就转而当官，连作家、评论家统统都管。"许茂老汉"也陷入了这个怪圈，创作的路走不下去了，就奔仕途，进了党组，又当主编，还美美地被称为作家主编。真是"山重水复疑无路，柳暗花明又一村"！他非常气愤地说：说这话的人，其实什么都不会，只会混饭吃……

克芹也曾懊恼地说，他过分看重背后议论，看重所谓"面子"，产生不必要的烦恼，也有名位思想作怪。他曾经联系到叶文玲的一篇文章，断断续续地说："今天，我看了叶文玲的散文《只要朴素的白》，突然感到一种冲击，觉得什么都想得开了，烦恼也就不存在了，心灵洗涤得干净多了。"

"这篇散文是写宗璞的。只要像宗璞那样做人做文，就会减少许多烦恼。"

"烦恼多由于'私心'，由于过分看重'功名'。除却这些，不是很好吗？"

"人何必逞强。如不量力而行，超负荷运转，不仅带来烦恼，还会致病毁身！"

克芹进党组，任主编，还升任党组副书记，确实耽误了创作。时间对于人是个常数，工作的时间多了，创作的时间也就少了。而由工作引起的精力的分散，精神的折腾，对创作的扰乱，更是难以估量。他曾经在十分苦恼的时候，提到沙汀对他的劝诫。当年他进党组时，向沙汀汇报说分工抓创作，谁知沙汀幽默地说："简直扯淡！创作，怎么抓，创作靠作家的自觉和本事，你的任务是抓好你的创作!"当他为一些人事纠纷心烦意乱,感到难以静心创作,向沙汀倾吐这种心情时,沙汀感慨说:"你不该进城啦,还是在农村才好啊!"他出任主编以后,就刊物恢复《四川文学》刊名听取沙汀的意见,沙汀谈了他的主张,接着就谆谆告诫:"你不要耽误了创作,创作才是你的根本。主编可以按计划培养,作家不会预期产生。"……他叹息说,所有这些都是金玉良言!可是他已沿着一种轨道滑行,身不由己了。

至于说周克芹在创作上已是"山穷水尽",这才真是扯淡。他的一部初名《乡村强人》,后改名《饥饿平原》的长篇小说已写出初稿,正待修改。我曾向他提出先睹为快。他起身盯住那低矮的竹书架,却又坐下来说:"算了,就好像一个人洗了澡还未穿衣服一样,还不能看!"他的另两部长篇小说,已写了大量创作笔记,写了一些环境、人物素描,到了可以动笔的程度。他还有若干中短篇小说,也已构思成熟,有的已打好腹稿,有的已写出头几页。一九八九年十一月,我将一九九〇年第一期刊物用稿汇齐,叹息缺乏分量,没有称得上头条的作品。此时克芹正准备就任主编,不容他推辞,我要他提供一个短篇小说"救急"。他出示已写出的《青山有幸》的前几页。我看会是一个中篇,希望他另写短篇。他就拿出一个巴掌大的笔记本,就着密密麻麻的记载,一口气讲了七个短篇的人物、情节。我点了两篇:《一段省简的爱情》《笔筒的故事》,约定一个星期交稿。接着天天打电话催他动笔。有一天,他开玩笑地说:"真是估逼下蛋啊!"我说:"本来是一只生蛋的鸡,屁股上有硬硬的一坨,扣在窝里不就下蛋了!"一个星期以后,他果然交卷了。其中的《一段省简的爱情》改名为《写意》。十六开宽大的稿笺上,是出自一个大男人的娟秀的字迹。有一些个别改动,还有个别笔误,例如旁字下面的"方"写成"力"来看,很可能是一挥而就。谈着这篇从人物、意境、情境到叙述语调都充满诗情的小说,不由得想起作家的生活际遇,感到其中的"移情现象"。又由篇名联想到李白的诗句:"开心写意君相知。"当时我就断言,这位作家就创作讲也正当盛年,绝非"山穷水尽"。同时也叹息,将来历史会不会悲叹:可惜!可惜!

三

　　五十多岁的周克芹，与许多同龄人一样，也是下有小、上有老，有家庭生活之累。

　　他家是迁进成都不久的一个都市农家，有着传统的农民家风。家长挣钱养家，家长的意志决定一切。家长也就成了一家的磨心。

　　他的月工资不到二百元。虽有稿费收入，但不固定也不多。工资的五分之三用来吃饭，其余用作日常开支。稿费的一部分用来添置衣物，一部分留作父母医疗费用。每月还抽出五十元钱资助农村的侄子周黎明上学。

　　他是全家的重点保护对象，也只是每天多吃一个煮鸡蛋。有段时间，他见每天老是那些炒素菜，叫张月英让大家吃好点。月英说，就那么多钱，月底还得扯指姆。他说每天平摊四元还少？月英说你不算算，经常是六张嘴吃饭。月英见他白天工作劳累，晚上伏案忙碌，想给他一些特殊照顾。他反而说算了罢，就那么点钱。月英见他的凉鞋很旧，要给他再买一双。他说不必了，穿不烂怎么办？月英想在作协找个临时工作挣钱补贴家用。他说他是作协领导，不能给作协增添麻烦。月英通过流沙河夫人何洁介绍，到作家黄放办的书店打工，干了两个月，他就把月英劝退了。

　　他膝下一男三女。长子周吉昌、长女周惠莲经作协组织上做工作，在工厂就业。他为两个孩子有了交代感到高兴。但每每想到他们自幼缺吃少穿，就感到惭愧。惠莲婚后生了一女。他常常徒步去女儿家看望外孙，抚慰女儿。有一次回家途中，随行的幺女周雪莲惊呼他米色的风衣上糊了一片童便。他却高兴地连连说好，好，是外孙表示对外公的亲热。惠莲背孩子回娘家，骑自行车穿梭于车流。他很不放心，规定必须改乘三轮车，由他给足车费。开始实行时，他怕从来节俭的女儿省钱不用，在女儿背孩子下楼时，迅即走到阳台上观看。眼见女儿走出院门，当街叫了三轮车，这才放心。凉台的观望，在全家的人心目中，成了一幅动人的画面，一个优美的定格，一尊难以消失的雕塑。

　　他的三女周梦莲考高中落榜，待业在家。幺女雪莲刚刚升读高中职业班。

他经常向她们讲自己的人生历程，特别是坎坷的经历。一九八九年夏末，他从成都农校被"处理"回乡三十周年的日子，一大早，他就叫上两个女儿去到东郊母校。眼见学校已变成鸡场，不免十分感叹。一面寻觅旧迹，一面告诉两个孩子当年的艰苦生活。他怎样厌烦老一套的饭菜，以至写大字报叫打倒油菜头，拥护花生米。但是他学习始终很用功，成绩一直优秀，还当过学生会宣传干事，墙报《蜜源》主编。他也如实地告诉孩子们，他怎样因在"鸣放"中写大字报，为农民说实话，写信给报社对文艺界"右派"表示同情，遭到批判，被认为政治思想不及格，"处理"回乡。他特别忆起回乡时的苦闷，后来他怎样立志"直面人生，开拓未来"……当天烈日高照，晒得塘水生烟、树叶流油。他摘来肥硕的芭蕉叶，给两个女儿当草帽遮阴，当折扇扇凉。直到太阳落坡，这才携孩子们踏上归途。

那时梦莲的就业，使他操碎了心。他几经托人介绍孩子打工，大都因贪玩好耍，干不多久，不是不愿干就是被老板炒了。这孩子闲极无聊，有时想入非非，蹲在马桶上涂鸦，老是那一句开头：在一片翠绿的竹林里，有一户农家……幻想她也会像父亲那样以农村生活题材的作品创作奇迹。有时她还随同同样落榜的同学逛大街、转舞厅。父亲为跟踪女儿，在大街小巷留下了不少沉重的足迹，也因此增添了不少白发。他对朋友说：谁能给女儿找个正式的职业，他将永生图报。话语恳切而忧伤。后来经省卫生厅人事处任职的我的妻子的费尽周折，才给梦莲找到一份工作。

雪莲自幼聪明，懂事也早。克芹视为掌上明珠。每次去医院看病，都叫雪莲陪同。觉得有女儿在身边，就有了安慰。有一次，他抱着身材小巧玲珑的雪莲说："你不长才好啊！长大就要嫁人，就走了！"话音带着几分伤感。一旁的月英说："看你！喜欢到了这个样子。这么大的女儿，还抱在怀里！"

最使克芹挂念的是体弱多病的母亲。他说，也奇怪，越是到这个年龄越想念母亲。一九八九年夏天，一夜雷雨，他通宵不眠。他担心母亲住房泥墙的裂缝浸水，甚至会倒塌。一大早，他就吩咐月英带钱下乡，雇泥水匠修补泥墙。一九九〇年四月，从北京开完政协会回来的那几天，他一再对月英说，他要回一趟老家，要陪母亲赶场，给母亲背背篼，母亲想买什么就给她买什么，话音带着几分孩子气。十四日，他被任命为党组副书记。十五日下午，他就搭简阳同乡胡其云的车，回老家看望母亲去了。不过情况并非他想的那样美妙。由于晚间下雨，村路泥泞，母亲不去赶场。于是他就陪母亲闲聊，说些让母亲高兴的话，他也随之高兴。母亲休息时，他出门漫步田间小径，回忆往昔的黎明和黄昏，想过去的甜蜜和辛酸，看眼前豆麦的青葱翠绿，一阵阵莫名的冲动：在乡间多好！在母亲身边多好！他哀叹此生身不由己，觉得眼睛已经湿润了。十六日整天下雨。十七日放晴。他同好友支延明闲聊一阵回家，忽听说母亲又着凉咳嗽，赶紧加快脚步。待走拢时却见大门上锁。问及邻里，说母亲上坡割猪草去了，便沿小径去找。过一个土埂时，猛然间冒出一个依稀的记忆：儿时在屋里醋睡，一觉醒来，见空无一人，顿时产生一种被遗弃的感觉，号啕大哭，夺门而出，到地里去寻找母亲……此情此景，一再往复于心，一一写进日记。他去世后，家属每每提及，都疑心他于自己的辞世有一种预感。其实这不过是一种恋母情结。

四

周克芹的病状，是一九九〇年六月中旬以后逐渐明显的。月初三岔湖鱼席上厌食，已是一种病兆，几天后打B超，仍然诊断为萎缩性胃炎和胆囊萎缩。但他的食量逐渐减少，身体逐渐虚弱，已间或感到上腹胀痛。他只当是胃部问题，胡乱吃些三九胃泰、消炎利胆片、止痛片之类。七月初的一天下午，他同我闲谈到六时许，分手时说："我这一向胃口不好，又吃些稀饭、面条，身体有些虚弱，爱出冷汗。……"晚上七点多钟，他打电话到我家里说："今天炖了一只鸡，加了些药。刚才喝了一大碗鸡汤，忽然觉得精神好多了。看来，鸡汤这东西，是不错！"话音带着几分高兴。不到九点钟，他又打电话来了，声音转为沮丧："哎呀，还是不行啦！鸡汤也不管用，仍然出虚汗。"第三天上午，何洁爬上七楼，气喘吁吁地来到我的办公室，劈头盖脸一阵数说："你们主编气色不对呀！你们天天见面，也许不警觉。我这次从外地回来见了，他的神色不对，问题严重！说不定只能活三五个月……"我打断她的话说："你怎么竟出此言！"何洁走后，我平心静气想她说的话，顿时坐立不安了。我立即下到五楼，向党组的刘传英说："看周克芹身体的状况，是否安排他住院治疗。"刘传英说："已经劝过他，他不以为然。昨天说他体重一个月减轻了十三斤，我们都言辞恳切地叫他住院，他才勉强答应了，但还是说整党告一段落才去。"我建议说："最好党组做个决定，叫他服从组织。"刘传英说："好！我也是这样想的。"七月十二日，党组决定周克芹住院检查治疗。克芹表示服从，但他要求住省干部疗养院，消息传到母亲那里去，听说是疗养，才不会着急。入院前一天下午，我和编辑高虹去看望他。他已收拾好住院必带的用品，心情也很好。还指着马夹上的几本新近出版的五四时期名家散文集，说："让这些书伴我疗养。"接着又说："你们不用担心，我每个星期六下午回家，星期日下午又去。干疗院允许有这个自由。"谁知他这一去，就再也没有回家。入院后例行体检，就发现肝大、肝腹水。七月二十日请省医院消化道内科主任医师沈通良前来会诊，初步结论：呈血性腹水，全身感染加重，多系肝癌晚期。次日上午，由沈主任联系转到省医院。经CT检查确诊，肝癌晚期，脾下扩散。

前来看望克芹的人络绎不绝。贵州的何士光于二十六日下午赶到病房，忍着悲痛俯身向克芹说了许多亲密的话，还约克芹出院后一道去畅游青城山，一转身出病房走到阳台上，就不禁放声大哭："三月中旬在京开会，身体还好好的，还互相勉励学习张贤亮，活得开放些，活得洒脱些，殊不知如今竟卧病不起！这人生究竟有多大意思！又何必那么勤奋，那么克勤克俭。"

七月二十六日，流沙河前来看望克芹。作为近邻，他已由极度悲痛转为伤感，凄凉地对我说："懒惰与健康联系在一起，勤奋与疾病通常是兄弟。与克芹楼上楼下居住十年，只见他佝偻着背苦挣，不见他一次大笑，也不见他一次大怒。现在病已至此，所谓会诊也不过是调和。谁有主意？谁也拿不出主意。像前面屋里有鬼，相约一起去以壮胆。没可奈何了。只有靠精神战胜物质。但这又谈何容易！"

住在一楼病房的艾芜，不听医生劝阻，颤颤巍巍地拄杖上五楼，来看望克芹。他向护理的医生、护士恳切地嘱咐："请你们竭尽全力，抢救这个病人啊！"

由于省医院对治疗束手无策，前来参加会诊的成都军区总医院医生提出了治疗方案，他们中有一位还是克芹作品的热心读者。经他们与克芹商量于二十八日转去总医院住院。但当晚克芹已接连三次淌鼻血。此后病情逐日加重。八月五日凌晨极度衰竭，抢救无效，溘然长逝，年仅五十四岁。

克芹去世后第二年，家属将骨灰移葬在故乡简阳县石桥镇外鄢家湾的半山上，与他的祖父、祖母的坟墓紧挨在一起。墓前柏树亭亭肃立。周围杂树交错、灌木丛生。站在墓前，可以遥望静静的绛溪。登上右侧的山坡，可以俯览如带的溪流，开阔的葫芦坝。

墓碑系流沙河题写。中间大书：小说家周克芹之墓。两边一副对联：重大题材只好带回天上，纯真理想依然留在人间。

年年清明和忌日，都有人前来扫墓。来的人没有不默默看着这副对联，陷入沉思的。

（《北京文学》2002年第8期）

死者长已矣

——怀念克芹

何士光

克芹他先走了，讣告上说，积劳成疾而溘然长逝了。诚如哲人乌纳穆若所说，尽管对于我们来说这就是一切，但对于茫茫寰宇来说，却是无足轻重的；甚至连是否托体同山阿，也尽可以弃之勿复计。而死对于死者又并非不幸，这话由恩格斯在马克思的墓前说出来，则更不会有疑义。克芹不过是先走一步，记得初与克芹相识，不过九年之前，可见能够余下来的日子，又并非总是可以车载斗量的。只是这余下来的日子会更为寂寞了，不仅在月明星稀，或者是风晨雨夕。

在他临走之前，我还得以在病榻旁与他再见一面，算来也属天意。我们平日自不能相见，似乎也无意写信，都落在各自的日子里，湖海相忘似的。但好像又明知聚散自有时，总会有时间来却话巴山夜雨。就在孟春三月，我们还在北京相聚。那时他饮食起居还大抵佳胜，仅以为肠胃原来有些小疾，应该并无大碍，只相约往后要读书养气。五月里我在贵阳街头寻得国学家南怀瑾谈静坐用功的著作一种，觉着比往日得见的更为朴质精义，还又去寻了来，给他和贤亮寄去。克芹是能够枯坐的，这是他自己的措辞，我猜测若能心注一境，于他或许会更有裨益。那时就已经阴影笼罩了。只是我们还不觉察。等到七月，应该说阴影已经迫近了，我们也还是不经意。我须得陪母亲外出治眼疾，之所以选定成都，私心正是去与克芹聊天的。足以让时日得以依附的方式本来不多，能相对以消永夜，当是幸事之一。夜里我给他挂电话，他仅说到诊断下来有萎缩性胃炎了。但要住院治疗却是很麻烦的，实在不愿意。我知道"麻烦"也是克芹惯常的用语，但我们跟着不是就要见到？那就留待那时再说好了。蓉城的夏夜正炎热而漫长，我们会有好些夜晚的。我甚至都看见了他那顶楼上的房间，虽说于满城灯火之中不过一床一桌一椅，但也足够了。一个人本来就不需要更多的东西。我们都不知道，这样的相约着的时候，只是冥冥中的主宰牵引着我们，要让我们最后见上一面而已。等到我确实置身于他的房间之中的时候，窗外虽然正是万家灯火，夜也正潽热而喧哗地展开，克芹却不在其间了。我得赶到医院去，并已感到了要快，无须问从何说起，晚了就会来不及。不是什么胃炎了，而是一时间还讳莫如深的。

七月二十六日下午，我终于在省医院里见到了克芹。他躺在临时加设起来的病床上，已经不堪地消瘦了。刚输过氧气，又正在输液，已经是最后一幕的情景。尽管这情景并非没有想到，心又还是禁不住一沉。时候就这样到了。时候就这样到了，却原来这生命和生活是不会让我们永远地琢磨下去的；我们曾经在一起多少次地琢磨过它呢？既从来不曾了结过，现在也就不用再苦苦地琢磨了。没有想到的是这样的煞尾，但早就应该想到是这样的煞尾。

或者我们的思路是相同的，克芹说话已经很困难了。这时嗫嚅着对我说："没有想到吧……"说完就再没有力气说下去了，或者不再需要说下去。我想选出一两句紧要的话来对他说，但时至今日，没有什么会是紧要的了，末了只是说："这一次很险恶，你要设法挺过去。"不是一次次地挺过来，才挨到今天？不是又要挨到最后一刻，才算得结果？克芹明白我心思，静静地点点头。过后就静默了，默静中我恍惚地想到，眼前这情景，是不是早就有预兆？或者早就是因为三月里在香山的时候，我们自己把话说错了。那时克芹和我正是在房间里枯坐，贤亮过来了，就嚷着说这样也太没劲，记得我就戏言说过，这是虽生犹死。尽管是戏言，却也不无自嘲的意思，这就不幸而言中。

克芹确乎宁愿枯坐。除非不容分说地替他拿定主意，否则是轻易推搡不动的。记得一道去九寨沟，好歹到了诺日朗住下，他就再也不愿挪动。任人再说近旁正有万千好景，他也无动于衷。我们终于是在旅馆里聊了一天，然后回来。这就不要说在乐山，在黄果树，或者别的地方了，如非不得已，他就总是待在房间里。无法不置身人们之中了，则又总是默默地。每逢相见，我们总是先约好房间，这就无异完成了一半，余下的一半则是回去。这又不是我的描述，而正是克芹自己的概括。大厅里不是正在放映名噪一时的《红高粱》？去看一回应是举步之劳。他也仍不为之所动，于是我也跟着没去。我倒是换一个场合看了这部片子，克芹兴许是终了也没看过的，这就不唯独《红高粱》，其他的节目也都一律。若是能够连饭厅也不去，或者他会不胜欣喜。因此晚饭回来之后他就宽慰地说，这就好了，一天的事情算是办完了。于是又聊天，则无论更深夜静。一时间没话题，那便读书。没有合适的书，那便读报。送来的报纸有十来种之多，且又大同小异，是不堪细读的，到后来我就索性不读，因为知道克芹会一一读完，然后相告其中的微言大义。那么窗外的夜晚残了，一天也就过去，不久就渐近归期。日常里能让克芹动容的还有什么呢？他想一想之后对我说，烟卷和好书而已。

这是否过分地紧缩呢？但要判别尺度又大不易。福克纳说，人生如痴人说梦，充满喧哗与骚动，却没有什么意义；但生命之本身没有既定的意义，是不劳相告的。倒是乌纳穆若又说，我在做梦，那就请不要唤醒这个梦，如果这个梦就是我的生命，则这个梦即是这个人生的意义。所在怀着好梦的人们有福了。但一个人如果渐渐也就明白过来，从此不能再委身于梦境，那又如何呢？这里自然说的是克芹。本来流连于梦境者亦必得为梦境所扰困，照克芹平白的表述，实在也是很麻烦的。再三省悟之后，倒宁愿舒弃，而归于孤寂。不是说人各有志、人各有适？这又决不至损伤着谁，又焉可厚非？清静无为，不过是说要合于天地昭示的大道，不妄生邪念，不人为妄为，强为之必获其咎，终了也白费。这正是东方贡献给人类的预言和警告一般的智慧。克芹对此深有领会。若说这不过是农耕文化的精髓，克芹也诺然而不隐讳。智慧本来不比时装，要问是否最新流行。人类早年孕育的智慧，也未见得不是深刻的智慧。至于河山信美，又览物之情得无异乎？若不能稍减其焦虑的内心，亦不过江晚正愁予、深山闻鹧鸪之类。如果克芹正寻息在自己的世界里，对身旁的烟云自无由那样痴迷，诸如《红高粱》种种，也便都尽在其中。而安全感又不单是不被抢劫，还包括自身的人格不受轻慢，既能已所不欲，又能勿施于人，且不用归来时愧悔，孤寂无疑是强有力的手段。或许孤寂的人才是自由的人、完整的人、尊严的人？克芹没有这样说过。但与克芹相处，又确实感到他的自由、尊严和完整，如果我们不仅仅只会以己律人……这样说来，岂不已经言语道断？但克芹又绝不是故步自封之辈，所以又还是苦苦琢磨着，焦虑的思绪不绝如缕，萦绕其心扉，故不惮彻夜长谈，而求交相利于各位。

于是往事沓来，存留于克芹身上的，就只余下责任。一个人也许能够摒弃梦境，却断难委弃责任。即便能委弃，也不大可能心安理得，最终也难免一再权衡。克芹不是担任着杂志的主编，同时还在作家协会里任着职务？对此他是极为惶恐的。他深知这并非自家之所长，诚恐耽误了大家的事情。在香山时他思谋地对我说，他想在刊物上多组织些温馨而向上的作品，也好给读者些许力量和宽慰。若非深味个中甘苦，即难如此用心。后来在为数不多的来信中又说，他还是苦于力不从心，等努力把诸事料理停当之后，就一定要交付与他人。那么还是揣摸着用心写一点小说吧，这在当年或许正是梦境，而今已尽洗其往昔的杂芜了，庶几就是这生命本身。非关名望，不为矫情，更不论荣辱与否、文坛风云。一直没有写出能够令自己宽慰的作品，始终暗暗惭愧着，这一点我们也早早就明于心。而今他这一走，便都终成泡影。但我又敢料定克芹不会引以为遗恨。文学仿佛一个人和他的影子，克芹多次引用丹纳的话说，不过是人生的副产品，写与不写也并全由一己决定，断乎不会顾影自怜。只是他不是那样怕麻烦？一次回成都后却给我寄来一大叠材料，是昆德拉等作家关于长篇小说结构的言论，而今这些材料永远留在我手里了，不能不说是沉重的。

那天从医院出来，又趑行在大街的时候，人丛照样拥挤，街市当然也依旧太平。只是我明白，从今以后，身旁就再也不会有克芹的身影。我们也曾几回回夹杂在人群里，一路地沿着商店的橱窗看过去，想买下一两件东西。阳光炫人眼目，心里也烦躁而焦灼，就连一步也不想往前走了，但又还是一路地走过去。还是为了责任，则却是为儿女。自然不以为儿女私有于自己，养育也不会是什么恩惠，而在上帝和世界的面前，众生本来平等。但他们却是因了你才来到这人世上，这一点你则无论怎样也逃脱不了干系。每次见到，克芹就开始和我商量，总得有一件礼物是不是？难免要去街头一次的。挑选我们本来不在行，克芹更是往往拿不定主意，尽管好歹有一件就行，但过分上当那又何必？

落在熙攘的街头，心灵却是几分漫无依泊的。一次大家去了友谊商店，我和克芹早早地就出来了，在路边等候着抽烟。克芹突然有些苍凉地对我说，等儿女都长大成人了，他也就没有更多的牵念。但儿女们不是渐渐长大了吗？今年春天里，他又还是约了我，在西长安街上踽踽而行。这一回却是给小外孙买衣物了，趁着晚饭前的一点时光，似乎就更难拿定主意。他微微伛偻着，穿一件浅褐色的夹大衣。那时风迎面吹起来了，阳光也正在暗淡下去。

　　人之入世如风之不得不吹，亦不知吹向何方；人之出世如水之不得不流，亦不知流向何许。这是哪一位诗人的诗句？在成都的时候，我知道我是完全无用的。天太热了，枯坐着也难以忍受，更何况克芹已是连翻身也不能够！因想到死也许并不可怕，只要活着健康，死时快意。倘能坐化圆寂，所谓"何立从东来，我向西方去"，当是怎样的幸事呢？以克芹的禀赋，必定能慢条斯理。到我耐不住又去看他的时候，他已经转至天回镇的总医院去了。眼见得又挪远了一程，让人感到他已渐渐远去而再难得见。死亡于克芹来说，就是再不在任何地方出现，不再肩负着，也不再牵念。但我临行又还是拜托了邓仪中同志，希望他能给我一点消息。既然是消息，又还是暗中希冀着事情的未必。

　　但讣告还是来了。八月一日我离开成都，克芹是八月五日去世的。初一接着讣告，又还是诧异。像往常一样是"周克芹同志"就行了，怎么又连着"治丧委员会"呢？这又何等的古怪而累赘？但当然了，事情又无关诧异，那么永诀了，克芹，自古黯然而神伤者，唯别而已，更何况永诀呢？

（《文学界》2010年第4期）

一本书与一个人

阿 来

想当年加入"文学新星丛书"时，那些与我同列这个名单上的大多数人，都是相当有名的青年作家了。而我这颗"新星"还是非常喑哑的。只发表过很少一点作品，而且都是在一些无名的杂志上。不要说在全国，就是在省内，数上十个青年作家的名字，我的名字仍在孙山之外。

二十世纪八十年代的文坛是多么喧哗啊！那时我写诗。诗坛的喧哗是集团性的喧哗，革命和造反的喧哗。革命总跟激情与野心有关。就是在这个时候，我慢慢离开诗歌，悄悄转入小说写作，一来，是不想加入某个团体去拥戴充满领袖欲望的人；二来，喧哗太甚的结果是，主张太多就失去了主张，标准太多就失去了标准，诗歌从看似的繁盛开始失序与凋落。革命的成果如何不重要，革不革命更加重要。新创的标准符不符合根本的诗学原则不重要，重要的是能不能提出几条大胆的标准。我写得不多，都发在很不重要的刊物上。没有参加过像样的文学集会与活动，没有打算去那些文学重镇去认识文坛上的重要人物，就是默默读书、写作。我的写作像是对于文坛的逃离，而不是进入。我想进入吗？也许。真要逃离吗？也许。

偶尔参加一次文学集会，最讨厌正走红或自认走红的新秀大谈文坛逸事，大谈和一些文坛重要人物的交往。无论如何，最后还是进入了。而且是自愿进入。那一年，看到一个四川省作家协会的通知，说是要与北京某杂志开笔会，在全省征集短篇小说，经过初选的作家有机会参加这个笔会。当时手头正有两个短篇。其中一篇是写当时一伙人半夜爬上马尔康镇北面的山头去等待彗星出现。为什么要看彗星呢？所有看彗星的人都不是天文爱好者。之所以要去看，是因为那颗彗星叫作哈雷，每七十六年出现一次。也就是说，下次它再出现时，这伙二十多岁还觉得前程茫然的人都早不在这个世界上了。从某种程度上说，当你身处在像马尔康那样一个僻远的所在，也就跟不存在于这个世界上一样。彗星终于出来了，人们却什么都没看见，没有观测器材。然后，一群人带着一身尘土，或者失望、或者仍然兴奋着回到了山下那日复一日的生活中了。

我把两篇小说寄给四川作协。信是春天寄出的，秋天得到通知去参加这个笔会。寄信人是四川作协的领导之一、当时很有名气的作家周克芹。那时，看过他的小说改编的电影，没有看过他的小说，但知道他的名字。从一个农民到一个名作家，他是媒体上宣传的用文学改变命运的一个传奇。

信写得很平和、很节制，有限度地表扬我很有小说感觉。并且说，如果有机会去成都，希望见面谈谈话，如果不愿意到单位，请到他家里去。后来，我们若干次见，都是在他家里。谈读什么书，读书的大致感觉。我觉得这个朴素的人，给我的好感比他小说给我的好感更多。我也谈一些关于写作的想法。那时，一个少数民族身份的人写作，总被认为有很多优势，但我并不这么认为，我谈用汉语表现非汉语生存与思想的困窘。

参加那次笔会是我和克芹老师第一次见面。北京杂志来的人，自信得有些傲慢。这也阻碍了和他们正常的交往。后来，我被告知，两个短篇都被留用了。散了笔会，坐长途车回家。记得公路经过的大山上已经积雪了。雪下露出未被完全覆盖的秋草，很萧然的样子，心境差不多也是一样。当然，也一直盼着那本杂志发表我的小说。那两篇小说没有在这本杂志上发表。而且，这两篇手写的没有复本的小说再也不会回到我手中来了。编辑部总被受宠的作者描绘成温暖的摇篮，须知很多时候，也可能是座用偏见构建的坟场。我有远不止一篇东西沉没不同的编辑部，再无消息。

有了这次经历，克芹老师再告诉我，他推荐我的小说进入作家出版社的新星丛书时，我不抱什么希望。但为了不拂他的好意，也为了一点不肯熄灭的希望，把当时得以发表的小说汇集起来，寄给了他。没想到，这书真的得到了出版，而且，还意外地看到了他写在书前的序。其间，我们见过一面，但他并没有提起写序的事情。那次，是到西昌市参加一个他主持的省内文学会议，那个晚上，在晃晃荡荡的卧铺车厢里，他说了很多的话。他一直在谈他构思中的短篇小说。这个谈到生活常常会陷入沉默的人，谈到工作时总有些无奈的人，这时却生动起来。直到今天，想起这个真心帮助过我的人，就是两个形象。一个是他在抽烟，再一个就是谈自己小说时顿时生动起来的人。也许，我们的小说是不大一样的，我们对生活与文学的理解也不大一样，但这两个形象，可能也是我容易留给别人的印象。

这个逝于盛年的人，我并不常常想起他。想起他时，曾经想也要像他一样对待和帮助后进的作家，一起谈谈文学，感到无话可说的时候，就一起把脸藏在烟雾后面。但我承认，我没有做到。书里遇到的不算，克芹老师是我青年时代唯一遭逢的著名作家。但我去看他，只是要谈谈小说。他帮我出版了第一本小说，而我从来没有提过这样的要求。他替我写了序，我也没有提过这样的要求。我没有做到像他对待我那样对待后进的文学青年，不是说我没有遇到，我遇到过很多，只是今天的文学青年有些不一样了，如果有人找你，不是要跟你谈谈文学，大多数人都省掉这个环节，直接要你写序言，让你介绍出版。现在更直接了，序那么长的东西都不要了，就要腰封上那句表扬话，那些表扬的话大多是过头的。现在这个社会有一种病，就是怕青年人不高兴。我也染了这种病，所以，我也写一些这类话，真诚的不到两三本，真想表扬的也就这两三本，其余都是扯淡。我不止一次检讨自己，警告自己在这些方面要检点，但是，警告总是不能奏效。即便如此，我在很多人眼中，还是一个很不通人情世故的人。前些日子，收到一个作者责怪我的短信，说从此不喜欢你了，你太骄傲了。其实我就是想对自己稍稍严格一点。一张嘴巴说话多少有人听时，还是稍稍把紧一点。这跟骄傲有什么关系呢？其实，骄傲一点有什么不好呢？这样人至少可以有点自重，有点自尊。所以，今天来回忆自己第一本书的出版，其实就是回忆一个人，回忆一种风范，一种文人之间互相交往的方式：不计功利，回味悠远。

克芹老师逝去后，又过了些年，一次在青城山下一个常开文学会的地方，午睡的时候，我梦见了他。他还是那副有些心事的样子，场所也很真实，就在房间外面的花坛旁边。我醒来，走出屋外，那花坛的青碧与梦中所见一模一样。我燃了一支烟，放在青草之上，一丛栀子花前，我自己也点了一支，烟雾升起来，模糊了视线。如果这算是一次祭奠，那也是唯一的一次。但这并不表示我不在怀念，我只是不愿仪式性地频频显现自己的此时与往事的关联。

（《文学界》2010年第4期）

高　地

谭　谈

　　天气很闷。而此刻，我的心情似乎更闷，迈着沉重的脚步，一步一步地向一个高地走去。要攀上那个高地，要走进那片树荫深处，去见一位心仪已久、却一直不曾谋面的朋友。

　　他叫周克芹。他静静地躺在这里，已经二十年了。

　　二十世纪七十年代末、八十年代初，我在湖南日报文艺部做副刊编辑。那时，文艺界正从沉闷的十年浩劫中走出来不久，春的气息，春的冲动，催生着一朵朵文艺新花绽放。各地停办的文艺刊物也复刊了，还新办了不少的大型丛刊。甚至许多地、市也办起了文艺刊物。我们文艺部，除收到本省各地、市寄来的文艺刊物外，外省不少地、市也将他们出版的文艺刊物寄了过来。

　　记不起是哪一天，我在一大堆各地寄来的刊物中，看到一本厚厚的、与众不同的刊物，那是四川内江地区出版的《沱江文艺》特刊。上面登载的，竟是一部长篇小说。就这样，《许茂和他的女儿们》这部后来在文坛引起强烈反响的、获得首届茅盾文学奖的优秀作品，就进入我的心里了。这部作品的作者周克芹，也就这样进入我的心里了。几十年过去了，当年读这部作品的激动情景，仍然历历在目。不久，我读到了他的《山月不知心里事》《勿忘草》《秋之惑》等一批优秀的中、短篇小说。当时，我也正狂热地爱着文学，也是一个热情极高的青年作者。克芹的这些优秀作品，在无形中激励着我，促使我在文学创作这条艰辛的路上跋涉着、坚持着、奔跑着。大概在一年多以后，我的中篇小说《山道弯弯》在《芙蓉》杂志发表出来，立即获得读者的欢迎，各种选刊、选本选载，被改编为电影、电视、地方戏剧、连环画等，在文坛很是热闹了一阵子。于是，我也走上了全国文学评奖的领奖台。

那时候，各地文学期刊、各地出版社经常举办创作笔会。许多我心仪的作家朋友，就在这样那样的笔会上相见、相识了。而他，我却一直没有见到。后来，我被组织上选拔出来担任湖南省作协党组书记、常务副主席，他也成了四川省作协党组副书记、副主席。我想，以后一定有见面的机会了。因为各地作协的负责人，会经常到中国作协参加工作会议。

人世间的事，常常难如人愿。我们还没有在中国作协召开的工作会议上相见，一个令人心碎的消息就传来了。他告别了亲人、朋友，告别了他心爱的文学事业，去到天国了。

这一年，他刚刚五十四岁，五十四岁啊！

五十四岁，正是一个人生命的鼎盛时期；五十四岁，也正是一个作家炉火纯青的时期啊！许多优秀的作品，还正在他心中孕育啊！

他匆匆地走了。就作品的数量而言，他留给人的字数并不很多。在他逝世十周年的时候，四川文艺出版社为他整理、编辑出版了一百一十多万字的三卷本文集。然而，文学艺术，从来都不是以量取胜的，而是以质取胜的。一个作家，是以他的作品所带到的艺术高度而走进文学史的。克芹同志以他的长篇小说《许茂和他的女儿们》，中短篇小说《秋之惑》《山月不知心里事》等优秀作品，丰富了中国文学的画廊。他被文学界称颂为当代乡土文学的杰出代表、中国新时期文学的一座丰碑，是当之无愧的！他在他不太长的人生历程中，登上了一个高地，一个中国文学的高地！

一身大汗淋漓之后，我们这些来自全国各地的、克芹生前相识和不相识的朋友，终于登上了这个曾经登上了中国文学高地的克芹长卧的高地。浓密的树荫中，有一个镶嵌着白色瓷砖的墓台，墓台一侧，立着克芹半身像雕塑。我捧着一枝黄黄的菊花，缓步走到墓前，献给我心仪已久的朋友。然后，站在雕像前，默默地张望着、打量着这位天府才俊。克芹，没有想到，你的这位湖南朋友，来到你的故乡葫芦坝，是这样与你见面的啊！

克芹，你是立在高地的。立在故乡的高地，立在文学的高地。永远!

（《资阳文艺》2011年第1期）

暮春拜谒周克芹

蒋　蓝

二〇一六年的春季较往年迟滞，梅雨淅沥，阳台上的黄桷兰才努力吐出了绿芽。正午，我来到四川简阳市简城镇升阳村的乡道上，这里是著名作家周克芹故里。我闻到了一股幽香，这里的黄桷兰却已是芬芳馥郁，这也许源自城市与乡村迥异的季候。

今年是获得首届茅盾文学奖的周克芹先生逝世二十六周年，也是他诞辰八十周年。四月三十日，中国作协副主席、文学评论家李敬泽与四川省作协主席、著名作家阿来做客四川省图书馆，畅谈茅盾文学奖背后的文学故事。谈及病逝的路遥、周克芹和陈忠实，李敬泽一度双眼通红。

针对周克芹逐渐被一些人所遗忘的文学现状，李敬泽说："周克芹等人的小说，深刻、有力地表达了我们民族的复杂经验，表达了我们民族的历史以及记忆。小说里的那个中国，就是我们置身的这个中国！路遥、周克芹和陈忠实的小说，就是伟大的中国故事。由此可以看到中国文学持续的创造力，他们的语言开拓了我们民族的语言触觉。"

一条一点五公里的道路通往周克芹墓地。路是四川省作协与当地政府共同出资修筑的，作协还资助了多名本地学生。周边环境尽量保持了多年前的原貌，就是周克芹小说《许茂和他的女儿们》里的那个"葫芦坝"。此地本地人称"二葫芦"，实际是沱江中游右岸一级支流绛溪冲积形成的三个葫芦状丘坝。

大葫芦、二葫芦、三葫芦，在周克芹小说中统称"葫芦坝"。垭口有一棵硕大的黄桷树，如果没有黄桷树旁小卖部和茶馆遮挡，从这里可以俯瞰葫芦坝全貌。弹指一挥四十年，葫芦坝变化太大了，就像原地打旋的葫芦，甩掉了昔日的破败、穷困、荒凉。村舍绿树，水塘碧波，好一派四川丘陵山居图。看着眼前的山水丛林和点缀其间的度假村，与周克芹笔下的乡村场景形成了强烈反差……

来到鄢家湾老鹰岩之下，眼前出现一片开阔的平坝，周克芹墓地到了。这里离山下村落甚近，均是周克芹生前熟稔之地。我第一眼见的，是周克芹弟弟的坟茔，紧挨他胞弟的是周克芹祖父母的合葬墓。再往左，终于看到周克芹的墓碑。

周克芹的墓，离地六阶，高出他的祖父母兄弟三阶。他的墓碑也不是普通平面板材的石碑，而是一米多高的柱体，柱身厚重，顶部收拢成塔状，是一个小型的纪念碑造型。碑的四周围有雕花的矮墙。碑身的瓷砖之间水泥勾抹的深痕，就像他留给这个世界的文学痕迹。这里，不但是四川，也是中国文学的一个地标。

碑身的正面，凹进之地，为作家流沙河题写，金钩铁划的瘦体。上联："重大题材只好带回天上"；下联："纯真理想依然留在人间"。横批："德昭后代"。居中是一行竖体：小说家周克芹之墓。间插有立碑者名字——妻：张月英。女：慧莲；男：吉昌；女：梦莲，雪莲。1992年8月3日同立。均是红字。

纪念碑下部除刻有周克芹生卒年月和简历外，附有周克芹的一段话："做人应该淡泊一些，甘于寂寞……只有把个人对于物质以及虚名的欲望压制到最低标准，精神之花才得以最完美的开放。"

二〇一六年春节，周克芹女儿周雪莲对我回忆："一个农村作者来成都找老师看稿，父亲私人安排他到燕鲁公所街招待所吃住，临别还给他几元钱，叫他去书店买几本书，嘱咐他要多读书。当时我们家子女多，拖累重，父亲的工资和稿费并不多，而这样的作者几乎是隔三岔五就会登门……曾经还有一家企业人员背来一大背篓产品，要请父亲写文章'鼓吹鼓吹'，被婉拒后对方立即背起产品就走……父亲怎么可能为产品写广告词呢？父亲在发现身患恶疾后还参加了简阳三岔湖笔会，认真讲课、改稿……可以说他是为文学鞠躬尽瘁……"

　　周克芹名满文坛之际，家里还没有洗衣机。他说，就是买了，仍然要孩子们自己洗衣服。一次，儿子打着他的牌子在家乡联系买啤酒，他知道后把儿子痛批一顿并约法三章："今后不允许打着我的旗号到外边去办事。"周克芹痛恨腐败，有时又不得不委屈自己。因为不会拉关系，不愿屈身下拜，身为厅局级干部的省作协副主席，竟然连家庭电话都迟迟安装不了，真令人不可思议。他的身份证上，一直标明的是周克勤，就是克勤克俭复克己的人！

　　一九八二年，四十六岁的周克芹以长篇小说《许茂和他的女儿们》获首届茅盾文学奖。葫芦坝就是他的写作环境，超出一般人想象，甚至有点接近严酷。站在周克芹墓地里，我被那样一个沉郁而专注的气场所笼罩，仿佛听见静谧的时间里，到处都是风与水的湍流。在这样的环境里写作，周克芹只能透支体力与精力。为了写作，周克芹陷入穷困境况，一度家徒四壁，将门板拆下卖掉也要写！

　　在我看来，那是饱受精神压抑和经济折磨的一代人，创作是他们认定的生命唯一活路，是命定的事情。基于此，周克芹的写作与命运合二为一，就像路遥，我们不能想象用一切财富可以置换他手中的笔。人在艰难困厄中自守，让渡自己的一切，全副身心去完成对光明、正义、理想、公平的追求，是周克芹和路遥的价值向度；人的不屈和倔强，成为他们最为强健的脚力。

　　这种付出一己生命，反而对民族、局势的命运孜孜以求的人，在一些人看来是不可理喻的。但正因如此，反而体现了周克芹、路遥一代人那一道从脊柱里投射而出的光辉。

　　对于今天的作家来说，要像周克芹、路遥那样，在写作生涯里标举精神刻度，标举文学对于一个时代的确认和预言，在历史节点上继续反思和前进，同样极具挑战性。周克芹其实已经用他五十四年的一生做出了回答，他体察了中国农民和农村三十年中所经历的发展与变化，体现了对中国农民生活与农村问题的极大热情与关注。他找到了一个"热眼向世、鉴往知来"的历史规律。我想，如今的一些写作者常常以抱怨、咒骂生活来展示"个性"，在周克芹面前，就必须扪心自问！

我回头，看到墓地一侧那尊出自无名者之手的周克芹塑像。他略略昂首，云鬓之下，他一脸忧思。在我印象里，思者总是低垂头颅的。也许，他想发出天问……

（《人民日报》2016年7月13日）

把写作视为生命的人

傅　恒

　　一不留神克芹老师就走了二十六年了，今年农历九月是他诞辰八十周年的日子，《四川文学》约我写一篇稿子。我曾经是克芹老师面前的文学青年，如今已是适合写纪念他的文章的老人，时间真是彪悍。当然，也有不在乎时间的：记忆。

　　我有幸和克芹老师一同调到简阳县文化馆。

　　简阳是贴着龙泉山东麓的一个县，后来改称市，今年又被圈进成都市的版图，知道这个县级市的人似乎因此多了许多。其实二十世纪五十年代末简阳就因种植棉花在全国略有影响，克芹老师一九七四年发表在《四川文艺》的一篇小说就叫《棉乡战鼓》，他的绝大部分作品都与简阳这片土地有关。

　　粉碎"四人帮"后，简阳县文化馆获得了全国优秀文化馆称号。那时候各地的文化馆们还是纯粹搞群众文化的，还没发明以文养文。县里决意要把简阳文化馆的品牌做大，允许在全县范围选人，将看中的几位从事美术和文字创作的人调进文化馆。

　　克芹老师当时在红塔区公所做农技专干，他已在《四川文艺》发过多篇小说，其中《李秀满》被《中国文学》英文版转载，已是全省有影响的作家，调去县文化馆的资格绰绰有余。我是顶替当教师的母亲进入体制，原本该去某个乡区学校教书，因为写过一些小戏故事曲艺之类的演唱材料，顶多属于当下什么预备队的角色，大约领导觉得这小子尚可捶打，加之这种要谁调谁的特例很难遇到，顺势搭一个也不犯法，就让我混进了全国优秀县文化馆。幸福从天降的感觉很浓，又和崇敬的克芹老师分在同一个办公室，我的幸福感于是翻倍。那个日子换成谁也不会忘记，是一九七八年夏天。

遗憾的是我和克芹老师在一起上班的时间很短，我被调入文化馆前参加了高考，秋天接到录取通知书。算来和克芹老师同处一屋上班同在隔壁县招待所伙食团打饭的时间也就一个月多，还不如之前和他一起参加省、地、县各种创作会加起来的时间多。我入学一个学期以后克芹老师就调到省作协去了，距离更是拉大。

简阳文化馆的位置优越，泡在公园里，享有若干栋独立而有格调的老式平房，单看这恩宠就知道文化在彼时彼地的分量。克芹老师和我同在的文艺创作组位于进公园大门的左边，是个中间大屋可搞小型演出，两头各有一间三四十平米屋子的横式建筑。文化馆把靠公园里面那间屋子用书柜隔成前后空间，后面两张床，前面面对面两张办公桌，算是克芹老师和我工作生活的地方，任务两大项：自己写作，辅导全县基层的业余作者。

第一天上班我们就面对一大叠基层业余作者送来的稿件，克芹老师主动提出他看小说稿，我很乐意地包揽下其他体裁。由于来稿的水平差距大，看了一会儿我的兴趣逐渐被骚动不安取代，再看克芹老师，一直淡定如初，默默翻阅每一页来稿。小说稿有长有短，那年代正规的稿笺纸还很稀罕，绝大多数作者都用信笺纸学生作业本甚至随意裁成的什么包装纸写，克芹老师读得很仔细，不时拿起笔在本子上记下一些文字，读完一篇后再写出中肯的意见。

克芹老师说，基层的业余作者，写点东西不容易。

他说这不是同情，是深有同感。

说过，又将目光落到稿子上。克芹老师的话很少，即使放下手中的事，也很难说上一两句，几十年过去，定格在我眼前的就是一副带着淡淡忧郁，随时在思索什么的神情。即使和几个熟悉的朋友相处他也不例外，只听，不笑，极少插话，哪怕开口也顶多一句甚至半句。在我印象中，很难见他有过开怀大笑或谈笑风生的情况。

从我认识克芹老师起，到他辞世，都是这样。

调到简阳文化馆的五年前我就认识了克芹老师。是一九七三年。搞了七八年"文化革命"，中央突然号召重学毛泽东的《在延安文艺座谈会上的讲话》，事后有人妄自猜测，可能是想调剂一下全国上下大唱造反歌大跳造反舞的狂热。那些年民众闹得凶其实单纯，一学毛著就万事灵验，简阳城乡迅速掀起自编自演的文艺创作热潮，从公社到区到县，层层当作大事抓，每年县里举行文艺会演，县文化馆为此经常召开创作座谈会，政府管吃管住管差旅费，还给农村作者发误工补贴。我和克芹老师都属于领误工补贴的与会者。

克芹老师在我眼前首次亮相就在简阳文化馆，他露脸时就已经是《四川文艺》的重点作者，《四川文艺》即如今的《四川文学》，那时候绝对是作者读者眼里的权威殿堂。听熟了克芹老师的大名再见到真人，第一印象就是他很低调稳重，脸上始终挂着淡淡的忧郁，总像在思索什么，即使拿着馒头也是一边慢慢咬，一边在咀嚼脑子里的东西。看见我有些拘束，他平和地说我知道你，我俩的家都在红塔区。我一下觉得亲近了许多。

当时参会的作者中，克芹老师的成就是最大的，但他毫不傲慢，寡言谦和，无论会上会下，从不把自己的作品挂在嘴上，也不在背后贬别人。简阳文化馆组织的创作座谈会秉承了老一代文学圈的好风气，不互相瞎吹捧，也不恶意贬低，最友善的是私下单独探讨作品具体的某种不足。现在想来，那种风气越是到利益关系上升的时期，越难能可贵。后来大家熟悉并敬重的简阳文化馆的周中夫、刘中桥两位老师，身上就保留有这样的品格和诚意。克芹老师和别人是否有过单独交流我不知道，但他和我多次谈过创作，话不多，诚恳、实在，有一种很贴心的温馨。

克芹老师不摆谱不自吹，讲的都是切身体会。谈得最多的是两句古人的话，一句是"袖手于前，始能疾书于后"，古文太过精练，他还将两手插进袖筒做了个袖手的姿势。克芹老师说想得相对成熟了再写。后来我也听艾芜老先生讲过这类意思。我上学后查过这话，是清代戏剧家李渔（笠翁）的经验。克芹老师让我听得最多的另一句话我没查过出处，考证不是我的目的，我更希望那种震撼在心里留久一点。那句话是"被人嫌处只为多"，是古诗《咏葵》里的句子。克芹老师一再对我讲这句话时，全社会正盛行一窝蜂现象，别人做啥跟着做啥，即使评价创作作品也要先看看有没有人这样写过，如果没有，就有问题。在那种氛围下听到这样的话，感觉是被人推开了眼前的窗户。

那个时期各级的创作座谈和培训很多，粉碎"四人帮"后全国陡现"文学热"，多少也该与这种普及举措有关。我参加这类会多了，见到克芹老师的机会也多，想写小说的欲望就是在那些时间里膨胀的，仔细想来，除了密集的座谈培训，也和家乡有个小说家不无关系。

然而，一提起克芹老师，脑子里首先跳出的依旧是他的忧郁神情和寡言低调。

只有他参加茅盾文学奖颁奖盛典回来那次听他多说了几句话。那年简阳还隶属内江，加上《许茂和他的女儿们》首发在《沱江文艺》，克芹老师来内江的次数稍多，几乎每次都住行署招待所。八十年代初的行署招待所不及今天的私人旅馆，但那时候的人们更享受心情。我承蒙《沱江文艺》吴远人主编厚爱，课余在《沱江文艺》兼过初审读稿，又参加编辑过因首次全文刊载《许茂和他的女儿们》而小有影响的《建国三十周年内江文学作品选》，毕业后就分配在编辑部。

克芹老师和家乡的作家朋友胡其云、支延民，还有《沱江文艺》的人，我们五六条汉子住一间大屋，老式木床和陈旧的蚊帐不妨碍情绪，都请克芹老师讲领茅奖的见闻。结果，他讲的是拜会孙犁老先生的事。皆因有评论家说克芹老师的作品颇具荷花淀派神韵，荷花淀派"派主"孙犁老先生就点名召见克芹老师。我们都想听他讲多一点，他却面带几分羞涩，说第一次见仰慕已久的大作家，非常紧张，不仅说话木讷，连点烟划火柴，手都一直在抖。

按理说内江是他放心的地方，和他交往多的这几人都知道他过去的苦难，知道他的为人和倾心创作的志向，即使他后来遭遇非议，内江也始终让他有安全感。但就这样，刚获大奖的他依旧毫不张扬。

我曾单独请教过克芹老师为啥不谈自己的作品，他说得很有感触，写小说是拿来读的，不是为了在人前"吹壳子"，那是一辈子的追求。我反复琢磨过克芹老师这句话，是尊敬事业志向？还是谈论见识与眼光？还是传颂民间"闹喳喳的麻雀肉少"的理论？后来我见到艾芜老先生，一提起《南行记》，艾老立即很不好意思地笑着走开了。联想到克芹老师拜会孙犁老先生的心情，我又琢磨克芹老师是秉承了老一辈作家的做人传统。后来才发觉，事情远非那么简单。

克芹老师总共只到过我家一次，是在调入文化馆前，他不是专门来，也不是为文学，是到我所在公社忙他职责内的农技工作，那时他的处境已好转，在区上就职。我老婆不在家，事后一再抱怨我没通知她回来见见很有名气的周作家。那天中午我做了一顿简单但认真的农家饭与他共享。吃饭时我们聊的话多少都与文学有牵连，他谈到最大的愿望是心无旁骛地写小说。他说做这件事才不需要多少条件，有一支笔一叠纸一张桌子一包烟就可以了。他说写好了小说才有可能实实在在而不是一句空话地对得起家人。还说只有写小说，他才会远离烦恼，心里才踏实。

还有一句话：写小说是他这辈子最重要的事。听他这么说过的人不只我一个。

我是在那以后才知道克芹老师为啥说这番话的，我们经常自嘲事后聪明，我们没错。

克芹老师一九五二年考入成都东郊沙河畔的成都农校，读了六年，以优异成绩毕业，却因政治原因不予分配，送回原籍。那年全国都在"反右"，搞运动的人们从他在《西南文艺》等刊、报上发表的文章，从他主编的学校墙报上，他写的电影文学剧本上，他排演过的话剧等等与他有关的文字上发现了"政治运动"需要的东西，克芹老师顺理成章地被摁进了历史苦难的泥淖。六年学业的最现实收获就是回乡后被当作识字的人，安排做了队里的保管员（后来又做会计员）。白天同社员们一道挑粪挖土下地干活，夜里记账。他回乡的第二年就随同全国人民一道陷入饥荒，几乎饿死。这么大的打击也没让他放弃写小说，稍微缓和，又悄悄提起了笔。他说他掂量过，能容许他淋漓尽致发挥长处做得超越普通的，不是他学的农技，是写小说。

他高估了社会的容许度。

他也没意识到学校罩给他的"政治问题"有多大的后遗症，他只在小心翼翼修护被伤害的心灵。他家离简阳县城和石桥镇分别只有几里路，却几乎不上街，怕被人认出当年风光考入成都学府，"犯了错误"送回老家的"秀才"，这种心理伤害持续了好多年。

真正令他绝望的是"政治错误"阻碍他发表小说。一九六三年他把精心打造的小说《井台上》寄给《四川文学》（"文革"前的刊名）。那时候发篇稿子要搞外调，调查函寄到他所在公社，有人回复此人犯过"政治错误"，不能发表他的小说。《四川文学》编辑部在关键时刻起到了更关键的作用，主编李友欣派专人到克芹老师所在公社，澄清克芹老师一九五八年还是学生，不属于"敌我矛盾"，是人民内部的事，达不到"阶级斗争"的高度。不清楚《四川文学》当时的主编和编辑是何动机，也许是保护作者，也许是知识分子的正义感，但实际效果是留住了克芹老师眼中的五彩世界。

只是，世界不仅是《四川文学》和克芹老师构成，"文革"中的《四川文学》也停刊了，到一九七二年才复刊为《四川文艺》。克芹老师以为风浪过去了，重新燃起希望。过两年，他的《李秀满》在《四川文艺》发表，刚被《中国文学》英文版转载，又有人以"高度负责"的革命精神，向《四川文艺》编辑部"揭发"克芹老师的"政治问题"。作品的影响大，也顺带强化了负面舆论的杀伤力，而且，心灵的杀伤远比皮肉的伤刺得深痛得久。我和克芹老师的作家朋友胡其云都听克芹老师讲起过一桩心酸往事：克芹老师的老婆孩子病了，家里没钱，他被迫拆下一道卧室的门，拿到石桥镇上去变卖。到市场上他怕被人认出带来尴尬，坐在离门远远的地方，等到有真要买门的人问价，他才从旁边站过去回应。

值得庆幸的是这些伤害没有让克芹老师终止写作。我离开简阳文化馆的次年，他送了我一本小说集，是他的第一本集子《石家兄妹》，四川人民出版社给他出的。里面收录的七篇作品，绝大部分都是在他身心浸泡在苦难日子里一笔笔、一字字写出来的。

克芹老师无论多低调，无论离夸夸其谈多远，依然难逃人性中某些劣根性的包围。二十世纪八十年代，克芹老师获了茅盾文学奖，又连续获得两届全国短篇小说奖，然后在省作协任职……假如他没有取得那么高的创作成就，可能没人会花工夫在他身上用力，这与他在农校太冒尖而引来大祸有异曲同工的概念。

我不会重复那些流言，帮背后嘀咕的下三烂传播恶言。我谈另一种感受：

好多人都习惯于争论历史创造英雄，还是英雄创造历史，真正有胆识的人才会留意到不让历史毁掉不该毁掉的人。

在克芹老师困居乡下最艰难的时候，红塔区的领导果断把他安排在区里做农技员，并给予宽松的工作环境，让他有条件继续写作。克芹老师调成都后遭遇各种流言时，红塔区没有参与任何助长流言的事，让人联想到农民就是这样爱护自己地里的庄稼。

内江与简阳的文化单位和文化人也没有做扭曲自己人格的事。

值得一提的是，在流言旋涡中心，许多人或者沉默，或者回避，有一人却拍案而起，白纸黑字地著文澄清事实，这人有一个大家熟悉的大号，三个字，不是玉麒麟，不是及时雨，是——流沙河。

最令人佩服的还是克芹老师本人，他不把种种遭遇挂在嘴上，他作为生活阅历保存起来，像经营小本生意似的一点点积累本钱。不一定要把这本钱叫作"生活指南"，或者以此来认清什么人，至少可以帮助自己多一些防范意识，然后，像他常说的那样，在嘴上多加一两个站岗的。目的就一个，努力营造心无旁骛的写作环境。

我去过红星中路他家里拜访他，他送了我一本新出版的《秋之惑》，中国青年出版社一九九〇年二月出版，是克芹老师在流言风雨中完成的。书名带惑字，克芹老师却一点不困惑，若干年以后，谁还记得谁？但如果是优秀的文学作品，想忘记都难。比如我们书架上的名著，好些都是爷爷的爷爷那个年代写的了。

我最后一次和克芹老师交谈是在简阳文化馆，就像故意结构什么作品似的，认识、接近、尾声都在同一个地方。稍微不同的是，这一次见面简阳文化馆已搬进"文革"中修的"敬建展览馆"内，算得上当时当地有代表性的建筑。

克芹老师那时已担任《四川文学》主编，他继承发扬了《四川文学》的传统，带着全编辑部的人到简阳和基层的业余作者们座谈，有点像当初简阳文化馆组织的那种会议。我听到消息专门从内江赶来，见他，也见多年来不断帮助我的《四川文学》的新老编辑。

那一次我和克芹老师没直接聊文学，因为会上聊了。我注意到他的神态有些疲惫（事后还回忆起有些异样），我问及他的健康。他的话依旧不多，说没大问题，就是有点胃病，在吃中药，同时常吃玉米糊在饮食上调养。他特意补充，不妨碍写作。

分手不过一月就传来噩耗。

克芹老师倾心的写作就此遭遇巨大变数，如同流沙河老师留在他墓碑上的说法：重大题材只好带回天上。

（《四川文学》2016年第10期）

矮纸千行写克芹

刘中桥

如果周克芹能活到现在，今年十月二十八日，正好是他的八十生辰，可惜二十六年前，他带着殊荣、留下遗憾走了。那段时间，纪念他的文字很多，没给我留下过深的印象，反而是一篇写于周年忌日的吊文，吸引我读了几遍。吊文开篇就说：克芹一去，倏忽经年。从"无"来，回"无"去，生命原如花开花谢，悲伤大可不必。作者这样看问题，是因为与周克芹比邻而居，知人知心，对他的中年早死，别有感喟，情到深处时，至哀不悲。

我和周克芹是老乡，得知他走的消息那天，本想写点文字，苦于理不顺思路。等心情平静，回想个人之间的往来，毕竟人微言轻，纪念文章还轮不到自己来写。二十六年后，若再来评作品，世有定论；述生平，要靠专著；谈观感，过誉有违本心，求全又不近人情。提笔难下，愧对故人。

我和老周一水之隔，他工作过的简阳文化馆和四川省作协，也是我后来的单位。圈子这样小，凑在一起的机会应该很多，说来奇怪，从一九六五年读《四川文学》，知道家乡有个周克芹，到一九九〇年他辞世，其间将近三十年，我俩的见面仅仅十余次。相交这样少，有多少东西可以回忆？然而友谊之难忘，除去童年伙伴，要数青年结交。我处人际关系，表面比较随和，内心自有标准，一般不会用文字公开发表意见，对老周却有些话总想说一说。我用自己的感情和想法来写，既非过期的悼词，亦非评论文章的归结或摘要。矮纸千行，话有百说百解，自信不会掉入应景窠臼。

我初次拜会老周，大约是一九七八年冬的一天下午。那时他刚进入公众视线，作为人才安置到文化馆当群众文化干部，住在接近公园大门一侧的办公室。窗前黄叶飘零，池水清冷，室内门板作床，画案作书桌，三餐去园内招待所食堂，错过时间就去街边店。他生活得简单、简朴，以至简陋，起居在属于我们共同的天地里，只是一方之士，名声还传得不远。

此前我只在电影里见过不修边幅的作家，还以为人出了名都会改变装束，举止夸张。眼前的老周，与我的想象差别很大：一身老式干部制服，外披军用长棉衣，身材高大，略显佝偻，脸型瘦削，语音低缓，面带笑意，前额的皱纹和微微下垂的嘴角，透出风霜，像个有文化的乡干部。提到"文学"二字，他立即进入状态，言之津津，表情生动，让我见识了一个乡土作家的本色。

通过交谈，我对老周有了初步了解。他出生的地点是简阳石桥镇外的一间磨坊；在镇上念过几年书，辍学后参加过土改运动，做过农活；十六岁进省城一家食糖联营门市当店员，十七岁考入成都农技校。读书期间撞上"大鸣大放"，一九五八年毕业时，被结论为"政治不及格，不予分配工作"，遣返回乡一干二十年。我立身草根阶层，明白"这二十年"的分量。待在农村，当然也能生存和发展，但是同为一撇一捺，人与人大不一样。"政治不及格"，等于脸刻"黄金印"；遣返回乡，无异于枷号放逐，关进牛棚。天风频吹，运动不息，凡事皆可成罪，迫使这类人发烂霉变。人生的严酷，还在当事者觉察不出一点一滴的霉变过程。人抵挡得住一时的风雨，抵挡不了长期的折磨，求生尚且艰难，何暇顾及理想。

老周从未放弃理想。尽管大方向是受时代推移，顺潮流而行止，多坎坷，少坦途，但是他精神充实，个性饱满，风雨对于他，反而起到磨砺和助长的作用。他安处困寂之境，甘走崎岖之路，当过民办教师、农中教师、保管员和会计。他见缝插针的则是读书和写作。尘土衣冠，江湖心量，脚下是黄土，屋外有青山，一条溪水，几片白云，让他感念不尽。他的理想，他的热情，乃至毕生心事，尽在此地，对这方山水，滋生出浓得化不开的感情。这也是中国自有文学始，就在作家血管里流动的基因。对于文学，老周有自己朴素的理解和奋斗目标。他要写的故事近在身边，要写的人物站在眼前，他的所思所想，与左邻右舍声息相通。写作是兴之所至、习惯使然，是生活体验的综合再现。他偏处乡野，没机会接触那些似是而非、"左"得出奇的理论。写作没有干扰，没有外来压力，也未长时间中断，因此才会日积月累，水到渠成。艰难困苦造就了老周。

我离开时，老周讲他正在写出版社约定的一个"中篇"（后来发展成长篇《许茂和他的女儿们》），如果顺手，明年可望正式出版。他拿出一册《石家兄妹》签名相赠，并说明是"文革"后四川文艺出版社的第一套文学书，工农兵作家各占一册。这套书中的工人作家火笛和军队作家邹仲平，此后我也有幸认识。邹仲平后来转业担任《四川文学》副主编，一九八二年秋把我引进这家杂志社的大门实习，十二年后，命运使我脱离故土，寄食省作协，用读书说文的方式打发时光。

文化馆是老周走出茅屋、坐上行车的中转站，第二年春天，他调到四川省文联当专业作家（当时省作协还在文联旗下，几年后才单立门户）。按上面的安排，老周暂留简阳农村挂职体验生活。一九八一年底，我调到文化馆，有条件就近和他交往。我们年龄接近，经历相似，爱好相同，说话还算投机，至今印象深的有几次。

老周的文学梦起于少年。我曾应邀带他转过一回简城南街的两条深巷，说是看院落，其实是重温记忆。二十世纪七十年代末的简城，大拆大建的序幕还没拉开，街面不宽，房屋低矮，不像现在这样密集。民居以院落为主，格局为临街一条窄巷，石板路，风火墙，一进数院，前后贯通。院坝里偶尔可见豆棚瓜架、古井花台，显得古旧而安宁。院落后面是坍圮的城墙，残土已分割成小块菜地。转着转着，老周讲起了少年经历。他念书的石桥镇距离简城八华里，两地的民居同一格局。每天对着爬满青藤的院落，行走在七弯八拐的深巷，听翠竹吟风，看芭蕉滴露，不知不觉就会生出奇想。

老周忙于写作，兴趣不宽，有时为了调剂，才找人喝茶闲聊，话题仍然围绕文学，为一本书、一个细节，勉强坐上一两小时。我记不起他说过什么名言谠论，却记得有一次大家提起搓麻将，他表示极端厌恶，认为年轻人沉溺此道，与古代的"刑废"没有区别。见我默不作声，他以目相示，脱口引了句圣贤语录："内惟省以端操兮，求正气之所由。"我从不摸麻将，于是借小说家言开玩笑："今天下英雄，惟使君与操尔。"老周连连拱手，好像对这类"掉文"很感兴趣。

有一天，我带儿子在公园散步，无意间碰上老周。他头发蓬乱，眼里布满血丝，看上去异常疲倦，说是赶写"中篇"，昨晚通夜未睡，出来松动一下筋骨。见我牵着儿子，他流露出欣羡之情，自责很少带儿女，没享受过这种"幸福"。老周陪着我们父子俩，边走边讲他和孩子的故事，讲得琐琐碎碎，欷歔而动容。事后我想，像他这种突然喜欢倾诉的人，原有某种心结，急切希望解开，平时顾不上，迟早会找机会一吐为快。在讲究实际的人看来，这可能不说明问题，但我认为极富意味。这番谈话，让我看到了一个乡土作家更近乎原生态的一面。老周有许多至情至性，有许多执着深微。

还有一天，老周急急忙忙到我家，一进门就长长地舒了口气，告诉我"中篇"终于写完，这两天锁在箱子里，钥匙交人保管，怕忍不住翻出来再改，要赶紧休整。他瘦了一圈，有气无力地瘫软在靠椅上，眼前情景，让我心里冒出"值不值"的疑问。人寿几何，来日无多，艺术的殿堂里却树立着殉道楷模。他们永恒的精神光芒，已突破因果的推论而独立，吸引文苑学子为理想献身。可是今天回头看，老周头上的光环，未必安慰生者。人已了而事未竟，这缺陷该怎样弥补？

一九七九年初，《许茂和他的女儿们》开始由《沱江文艺》季刊连载，年底由复刊的《红岩》杂志全文推出；一九八〇年五月百花文艺社出版单行本，六月中央人民广播电台开始连播；一九八一年，小说相继被搬上银幕和舞台。"许茂"既是老周心血的结晶，更是时势造英雄的结果。"文革"浩劫，经济崩溃，文化凋零，拨乱反正后百业待兴。伴随着思想解放，一批呼唤改革的作品井喷而出，产生轰动效应。在这股浪潮中，"许茂"如金鸡报晓，为新时期文学开一先声，见重于当时，影响及于后世。

"许茂"的走红，除了恰逢社会亟须转型的天时地利，还应归功于小说自身的思想性和艺术性。"许茂"的故事，贯穿着时代形象和时代感觉，有合情合理的场面氛围做衬托，文风清新明净，结构流畅紧凑。艺术上，它是生活真实与诗意开掘的组合；内容上，它是乡村变革与风云世相的留影。它是一部成熟的作品，所以才会在历经劫难的文坛上，显得分外醒目。

那个年代，作家作品是人们的一个主要兴奋点。作品走红，各方关注，作家如果因此膨胀，失去分寸，夸夸其谈，很容易循迹准声，自我作古。同样处在聚光灯下的老周，却是另一种表现。他被媒体哄抬着供人仰望，也供人寻隙挑剔、指点评说。他给我的印象是退缩回避，感慨多于苦笑。这段时间，我去过一次老周的临时住地。他家在红塔区公所一幢简易楼房的底层，二楼楼梯间是书房，一床一桌，狭小拥塞，床下丢着未开封的邮件，看外形全是书和杂志。老周讲的主要还是文学，无昂扬凌厉之态，无高深莫测之语。他没有一朝成名，忘乎所以。他的中篇和短篇作品，仍然包含着充沛的激情。

一九八四年秋，老周举家迁省文联宿舍。

老周到省城，出自上级领导的厚爱和栽培。沙汀等前辈见多了"移植"的负面作用，对"上调"持保留态度。古人曾说，对于花木"其土欲故"（柳宗元）。根据我后来的体会，这的确是见道之言。老周是地造之才，是土地和乡村之子，接近泥土，空气清新，心灵纯洁，想象才会充分发挥。葫芦坝是他的生根沃土，这里的春种秋收、农家忧乐，这里的山月江柳、竹林松冈，激发过他的才华，被尽情纵意地写进了作品。有什么必要到十里红尘的都市，再用"挂职体验"、"蹲点采访"迂回而寻？文人扎堆，同样是一个三六九小社会，也论资格、讲卑尊、排名次、分座驾级别。会要开，话要说，各种演讲、研讨、笔会要到场亮相，忙着传授心得、讲经说法。读书写作不一定比乡下自由，某些心境，难得再有，迈出的步子，也很难返回了。

形势发展很快。西方的文艺思潮激流涌入，新一代作者跑步登场。

二十世纪七十年代末八十年代初重登文坛的不少作家，已被视为"落伍者"冷在一边。文学上了快车道，盛名之下，各方的希望有增无减，背着"扛旗问鼎"的重任，估计老周活得不轻松。须知文坛如舞台，哪能长演连台本。幕落幕启，各是各的角色，各演各的剧目，各领风骚，新鲜应时。

"许茂"问世，绝非偶然现象。一要出书的气候，二要写书的人才，缺一不可。总的说来，气候——作家——作品，有一种必然联系，并非能够按时按量按产供销关系诞生或制作。人脱胎于历史的印模。每个时代有每个时代的歌手。一代人说一代人的话，一代人写一代人的书。当"时代"成为历史，作品随之"定格"。每个阶段的杰作，都是一个波峰，同时又可能是峰谷。先行者开路，后继者接力，一波推一波。这条规律，在现当代中国文学进程中尤其明显。时间是"存在"的冠军，而作家不过是"存在"的参与者。因为时间有它的优选法，现在的排名，能不能对号入座，不好一概而论。时过境迁，用大浪淘沙的结果印证既往，会发现作品的命运，往往与飘浮难定的人生相似。喧嚣鼓噪者，可能声沉响绝，埋沙的折戟，或许重放光彩。概括起来，这四种情况较为常见：与时俱进，另涌新浪；艰于举步，原地徘徊；好运到头，逐渐退隐；安享成果，坐当老大。即使是文学史上著作等身的作家，代表作也不过一两部，多数还是前期所为。

至于老周本人，并未止步不前。他几乎是终日矻矻，不遑它顾，夜以继日，魂牵梦萦。他的后期小说，题材和手法都有变化，对表现形式的探索越来越执着，精雕细磨，郑重严密，却也拘谨了。言为心声，难道有什么顾虑？据说老周生前有部几易其稿的《饥饿平原》，为何改而不定？我揣测还是盛名之累，唯恐不能尽如人意，瞻前顾后，处处妥帖，把作品成败与荣辱毁誉的关系拉得过紧。老周已矣，这部书稿下落不明。

一九九〇年八月五日凌晨，老周病逝省城，享年不足五十四岁。那一年的二月，他刚出任《现代作家》主编；三月，被任命为省作协党组副书记；六月底，担任省作协常务副主席。六月八日，他率杂志社全体人员回简阳，听取读者对办好刊物的意见。那天是我最后一次见到他，病容明显，还须强打精神，全力以赴。由专业作家到作协党政领导，诚然是靠作品的力量众望所归，合不合适，又当别论。老周体魄不够强健，天性好静，默守古风，不耐烦嚣。当时"市场"已全方位介入社会生活，对文学的影响，对作家的左右，不亚于政治。文学要想改变受市场支配的地位，回归名流之业，已经很艰难。老周拙于炒作，不擅长接待推销，对商品经济的运作过程相当陌生，处理具体事务，其能力远逊于运笔。不管他想如何超脱，有时还是容易感情用事，适时应变的才干究竟有限。世间万物，各有方位，雁排长空，鹤唳九皋，虎啸深山，驼走大漠。一个人最能在哪方面一展长才，大致有个界定。老周原路而行，会不会更好呢？

二〇〇〇年七月，老周辞世十周年之际，四川文艺出版社出版了三卷本《周克芹文集》。封面上的老周侧身回视，欲语无言，是一个儒雅的中年文人形象。这张照片，把他的个性、风采和信念留住了。

老周等一批作家所代表的文学精神，正随着时间的流逝而淡化。市场这个东西一旦形成气候，占据中心位置的已是另一类作品。

二十六年前，老周辞世，世无其人，但有其文；百年之后，也许其文不再风行，但世有其名。中国新时期文学史接纳了他，中国现代文学馆陈列着他的作品，家乡的文化广场给他树了纪念像。文化广场位西向东，朝霞夕晖让老周永葆热度；广场与葫芦坝隔水相望，一代代的父老乡亲，都能够欣赏到老周的存在。

（《四川文学》2016年第10期）

第三辑　论克芹

人生的道路

——评周克芹的长篇小说《许茂和他的女儿们》

洁 泯

一

　　人生的路途大约是不顺意的居多。生活波折的大小有不同，但人在生活中总要经受它，这大概是人生的常事。我们的文学写人生的坎坷，大抵总是会赢得人们的赞叹、眼泪等等最激动的感情的。过去的文学写了旧时代的人生，像《祝福》中的祥林嫂，《春蚕》里的老通宝，《二月》中的文嫂，《石青嫂子》的主人公等等，一想起这些人物的凄惶的身世，总不禁令人热泪盈眶，对旧时代产生出一种绝望的情绪来。旧时代对这些人是不会带来什么希望的，吃人的社会不会让他们活下去。过去的那些文学，在诅咒和葬送旧时代这一点上，实在是给人们带来十分坚实的信念。不妨认为，自有文学创作以来，它与描绘人生的苦难结了不解之缘，因此过去有所谓"穷愁之言易好，欢愉之辞难工"之说。人世间的不公正，人生坎坷的主题，古往今来一直是扣人心弦的艺术奥秘。

　　不过，而今我们的时代不同了，我们的时代是人民自己的，作家写新社会的人生，自然是要写出生活中美好的东西来。但是，历史的前进从来不走直线，有曲折，有崎岖，也有苦难，这就会给人们带来各各不同的命运。我们的文学走了三十年的路程，但是文学作品真正触及人生曲折这个领域的似乎还不多，这几年开始看到了这一点，近三年多来写人生坎坷的作品就有不少。高尔基虽然死得较早，但是他敏锐地看到了在新社会"人们在许多世纪以来所养成的习惯也不是很快就会消失的"，"卑鄙勾当、丑恶行径、恬不知耻、流氓习气和各种肆无忌惮的蛮横，在我国也像在'文明的'欧洲一样根深蒂固"（高尔基《论文学》221页）。卢那察尔斯基做了补充："社会主义悲剧能不能存在呢"？"不仅能够存在，而且应该存在"。"在我们今天，悲剧性的因素也没有消除，因为牺牲不仅依然是可能的，而且是必要的"。（卢那察尔斯基《论文学》67-68页）说得很对，社会主义的人生坎坷就从这里开始，社会主义的天地，还有着人间悲喜的不同故事，而且在特定的历史时期，悲剧又是那么的众多。我们如果没有五十年代末六十年代初和十年浩劫的经历，将不会认识到这一点。生活的教导使人们聪敏起来，人们经历了那些想象不到的人生路程，生活是如此的无情，既然生活昭示着我们人生的道路，那么就应该照生活的本来面目去写。强颜欢笑的不是文学，只有对生活不加粉饰的、真实的描写，才称得起是现实主义文学。

如今谈的长篇小说《许茂和他的女儿们》（《红岩》文学季刊1979年第2期），便是一部值得称道的作品。作者从许茂一家的生活动荡中，写出了这两代人的悲欢离合，写得真切动人，也真的揭示了让人领悟不尽的人生真谛。一个深刻的社会主题并不都需要从大场面中去宣示出来，要观察一株大树茂盛的由来，只有在根部的细茎处才能寻求它繁荣的底蕴。一个农村社员家庭，一家十口人，在生活的道路上走着不同的路，各人对生活也持着各自不同的态度，遭遇着不同的命运。读这部书，可以让人在故事中引起万千思绪，随着小说所开发的生活河流，使你游弋到思考人生的洄流中去。

小说写了十年浩劫期间的农村一角，然而这一角，却是报告了那些年代中变幻起伏的时势。社会主义的农村出现这些光怪陆离的事情，与人民的本意是违反的。合作化以来一直是积极分子的老农许茂，随着十年的浩劫竟漂流得如此潦倒，他孤独，他暴躁，他痛苦，看不见幸福的前景。生活的苦难弄得他无法生存下去，只得在自留地上苦心经营。一个劳动者走上自己不愿意走的路，都是生活所逼出来的。他的儿辈，尽管都是女儿，但有的命运不济，有的在生活的激流下徜徉飘忽，有的在开始摸索自己要走的路。这些都使这个老人操心和忧虑，竟至摆脱不开。特别是四姐秀云的遭际，在人生路上走着崎岖小道，在受人欺侮、诬陷，家人不谅解的空气下，过着孤凄而不能自持的生活。大女婿金东水下台后，一家便从此潦倒。七女许贞入世未深，爱慕虚荣，彷徨于生活的路口。如此等等。大约可看到，农村的生活跟着十年浩劫的冲击，有一种下沉之感。总之，看起来小说的画面似乎阴暗的居多，但是这却是真实的写照。倘若要把这些生活图景硬去同欢快的情绪调和起来，只怕是很滑稽的了。生活既然是这样的，就这样写罢，回避生活的真实，是一个有责任感的作家所不屑为的。作家只有对生活做敏锐的观察，把生活中的万千景象做现实主义的描写，按照生活发展的规律去摹写现实，看出生活中最主要的方面和人们所要追求的东西，那么，大致也就能描画出一个特定历史时期的生动的生活面貌了。

看来作者对纷繁的生活现象有个成竹在胸的布局。从一九七五年那个年代看，金东水那样刚正不阿的基层干部自然会遭到厄运，秀云的悲惨际遇在那时也是合乎事实的，许茂这个中农的孤独、私利、冷酷的性格的造成，也并非与世道无关。但这些人生中的迂回曲折的流水，它并不静止，它总要汇合到浩荡的江河中去。所以，写生活中的阴暗面，并不应该回避，不独过去的年代有，以后也会有。生活中矛盾的存在是永恒的，问题在于作家在看待现实中种种生活现象时，应该具有清醒的现实主义精神。

在五十年代，我们曾因为忌讳生活中的浊流，对艺术的现实主义有过不公正的干涉。无比生动的生活现象，本来都是文学描写的对象，经过艺术的熔铸，更可以显出社会主义文学的生动活泼的精神。但是这时候我们的文学停步了，把丰富的生活几乎设置在一个模型里面，从实质上看，这是一种反现实主义的思潮。突破这一樊篱，是近几年粉碎"四人帮"以后文艺创作中的一大成就。但也要看到，如今出现着另一种与现实主义精神截然不同的创作态度，有的作品塞满了生活中的阴暗事物，看起来是"揭露"，实际上是远离着生活的真实性。因为生活中的丑恶事物和生活中的崇高精神是同时存在的，文学的现实主义精神，总是在揭露生活中的矛盾的同时，探索和追求着崇高的东西。倘以为只是以揭露丑恶为目的，那么文学将丧失它的本来意义，首先将丧失它的美学意义。例如有人批评过的小说《调动》，描写一个干部的工作调动事，以礼物作为"爆破"手段，凡触及的，无一不着，但最后未着的，竟共谋做了一笔最肮脏的交易。集一切丑事秽闻之大成，是违反了生活的真实的。把生活说成全是坏事，这就不真实；说我们生活中有坏事，但这坏事终于要消亡，因为它违反人民的意志和生活发展的规律，这是真实的。将生活看作漆黑一团以至抱着绝望的态度，这种观察之所以不真实，是因为这样的作者看不到我们的生活中还有更重要的一面，它充满着力量，它可以战胜那些为人们所不齿的丑恶事物。文艺既然是属于社会的，它必须虑及社会影响，必须顾及它告诉人们要什么和不要什么，文学的倾向性从来就是现实主义文学的基本精神。

　　《许茂和他的女儿们》自然也写了生活中形形色色的阴暗事物，照出了十年浩劫期中农村的动荡情景；但是它描绘了全部的生活场面，因此在小说中终于传送着一股生活的前进力。人的被压抑的状态终于昂然崛起，邪恶的势力终于为人们所唾弃，悲苦的日子终于要抛到历史的后面去。说到底，我们的人民终究是共产党领导下的人民，这不屈的人民不管经历多少艰辛，终于是要跟着党向前走的。社会主义人生的道路不是旧时代的道路，它尽管也很曲折，但是它富有生命力和充满生活的希望。这就是小说《许茂和他的女儿们》思想力和艺术力上最具有特色的地方。

二

　　人生的图画常从一方细小的泥土画起，一个家庭的动荡也足以探测到时代变幻的脉搏。地处四川一角的小小的连云场葫芦坝，十年浩劫的恶浪也席卷着这个地方。农村变了，人们的思想习性也起了种种前所未有的变幻。在人生的道路上，人的真面目总是在急遽的动乱中才会显露出来。到底是美的，或者是丑的，是正直的还是狰狞的。那种变幻，几乎对每个人都无一幸免，丝毫不爽。

　　小说的纽结集中在四姐许秀云的身上，在许茂的女儿中遭际最不幸的就是她。她曾受人凌辱，被人遗弃，但生活又为她布下了天罗地网。在人生的道路上，她追求正直的生活，却遭到了谣言的诬陷，亲朋的歧视，父亲的不容。这个农村妇女在文学作品中是个少见的形象，她是被损害者，但又是一个濒于绝境中敢于走自己的路的女人。从这一点所显示的，她的形象有着动人的色彩。如果说，过去的文学中的祥林嫂、石青嫂子只是受尽欺凌的弱者，在世道的折磨中消蚀了她们的生命；那么，许秀云除了受欺凌的遭遇是相同的以外，从她身上所生发着为了追求生活的反抗精神，却是刻下了我们时代的印记。

小说为秀云描写的笔墨，倾注着作者至深的感情，也是小说中写得最成功的。这是一个柔情的妇女，她为郑百如遗弃后，父亲许茂要把她远嫁他村，她执着地蛰居在父亲家的一间破屋里。为了生活的希望，为了正直地活下去，小说对这个妇女的内心的精神气质的描写，感人弥深。

　　……那天晚上回到尾里，她便开始避开老子和九妹的眼睛，撕了一件从前姑娘时代穿过、至今压在箱底的衬衣，开始为小长秀缝棉衣。一连几天夜里，都是等九姑娘睡熟以后，她才动手缝，一盏孤灯，一根针线，一边缝，一边想着长秀，想着自己。想着现在，想着未来。有多少回，无边的遐想被她自己有意地涂上一点美丽的颜色，有多少回，泪水模糊了眼睛，针尖刺红了手指。这千针万线真真织进了她的辛酸，织进了她的幻想，织进了她的眼泪。她朦胧地意识到，她的命运，她往后的生活再也和小长秀的命运和生活分不开！是的，分不开，要是分开了，她真不知道生活将是什么样儿，还有什么希望！……这个手板粗糙，面容俊俏的农村妇女，心有针尖那么细，任凭感情的狂涛在胸中澎湃，任凭思想的风暴在胸中汹涌，她总不露半点儿声色。她细心地拾取着那狂涛过后留下的一粒粒美丽的贝壳，认真地拣起暴风给吹刮过来的一颗颗轻巧的种子，把它们积蓄起来，藏在心底，耐心地等待着春天到来，盼望着一场透实的喜雨，贝壳将闪光，种子要发芽。……

秀云的遭遇，与其说是她的一种生之悲哀，毋宁说是她蕴蓄着一种生之希望。在人生的路上，她身历其境地弄清了一件事，像郑百如这类社会的蟊贼，从她认识的那一天起，越来越清楚地看透了这个卑贱者的灵魂。他把金东水打下去，为着自己爬上来。秀云感受到，这一上一下，不是人事变迁，而正是天地的翻覆。郑百如上台，把生产队原来欣欣向荣的生机弄得萧索不堪。她懂得了自己的命运和社会的命运联结在一起，她痛苦的根源都集注在郑百如身上。她对金东水由怜悯而产生的感情，不只是因为她大姊的早天，两个孩子乏人照料，弄得金东水生活上手足无措，更引起秀云关注的，是金东水的下台，他的处境，包容着一个是非颠倒的问题在里面。是非问题上，她是在金东水一边的，她把自己的命运和金东水的命运交织在一起，这是她执着地要活下去的精神支柱。

可是，作为一种社会腐朽势力的郑百如，每个时刻都在想巩固自己既得的一切。工作队进村后，颜少春的大公无私，促使了郑百如必须改换颜色。他的作恶多端的丑事，尽管众目昭彰，但是最隐蔽的坏事，都逃不了秀云的眼睛。郑百如假意要求复婚，借此妄图控制并堵住秀云之口，这是他实行保护自己的一个险恶阴谋。他夜伏秀云的屋内之计未逞，将计就计，散布谣言，把夜伏的人诬为金东水，进而造成舆论，终于迫使秀云走入悬崖绝壁之境。这一段描写，作为小说情节的发展，是个高潮。情节是人物性格的基础，秀云的峭拔而倔强的性格，却也由此而得到了完成。她曾不顾利害，一家一户地去控诉郑百如的罪恶，自然，由于谣言的蒙蔽造成人们的冷淡，终于使她处于呼天抢地而不得申冤的绝境中。不过，这并不能使秀云屈服下来，支持她的精神力量是对金东水的怀念，她一定要把自己的命运交付给他，是为了她从过去的非人生活中解救出来得到苏醒，过一个正直的人的生活。她追求的是爱情，正直的生活——一个劳动妇女的最质朴和值得尊重的生活愿望。她尽管孤立无援，她要活，她要继续地追求下去。但是，当她听到龙庆为金东水说另一项亲事，老金并未反对时，她的精神支柱骤然折断了，她得知生活愿望已经破灭，于是愤而自尽。小说这一情节的发展，使秀云的性格完成并达到了最高点。

生活总是按照自己的发展规律前进的。人民的意志，人们向往革命事业的信念，在十年浩劫中虽然被林彪、"四人帮"的淫威所窒息，但终归是禁锢不住的，即使在那些苦难的年月，被"批斗"、"停职审查"的受难者，他们在极端困难的境况下，以及我们在革命行程中走过来的人民，并没有忘记人民的事业。被打下去的干部金东水是这样对待生活的："老龙呀！还是打起精神来吧。工作还得干，还要争取干！为人民服务这份权力，看来如今是不能丢。大道理不用多说，就说葫芦坝眼面前的事情吧，群众缺吃少穿，生活困难到了这样，难道你忍心看着不管？土地改革，合作化运动，你是亲自参加的，共产党把农民引上社会主义道路，创造美好幸福的生活，如今还没有走到那一步，路上出了点问题，难道你这个拉车的党员丢了这辆车不管啦？"说得多好啊，这是历史车轮向前行进的声音，这个声音也终于导致着葫芦坝的种种随着生活自身发展的行程起着变化。人生不管如何地变幻，生活的发展总是螺旋形地向上的。文艺的描写人生、揭示生活中的浊流并非是目的，总归要以美的情操给人们以鼓舞，在人生曲折的路途中，揭示出吸引人们的并为之锲而不舍地去追求的美的东西。这部小说，在展示人生的图画中，有苦难的阵痛，也有随之生发着的喜悦之情。小说在写到秀云的最后结局时写道：

> 送走了三姐，四姑娘神情恍惚地站在大门口。雪花轻轻地落在她发烫的脸颊上。她深深地吸了一口清凉的空气，仰头拢了拢乌黑的美丽的发髻。她有点不相信眼前的变化是真实的，她心里问："真的么？这一切都在变，在好转，可这是真的么？……我怎么会感到好像不是真的呢？"

然而这是真的。这并非是什么"光明的尾巴"，是合乎生活自身发展的生活的真实，无视这个真实，就无异于无视了生活的全部内容。

现在我们来看看许茂这个人物。这位老农的气质，在若干年前大约要评为"中间人物"的，但是现实生活给予人的思想感情的变化，这种固定的名词加之于人物身上是如此的不合适。许茂是个活生生的人物。先前在生产队是个好把手，自从葫芦坝经受了"史无前例"的一场袭击后，大女婿倒台，大女儿早夭，郑百如上台，秀云的被遗弃，老人的生活随着集体生产的瓦解而潜心于自留地。看起来，他的精神状态是忧郁的，但这些都是由于生活的摆布，一个农民在大的冲击下，自己又能摆布什么呢？小说在描写他某些昧于是非的方面，正是写了一个中农的精神面貌。秀云的境遇为他所不了解；郑百如对他的蒙骗，他一时也看不清；赶场时因倒卖食油起了图利之念；工作组颜少春来他家住生怕吃亏；最后在他患病中把平生积攒的一点菲薄的钱财分给女儿们。这些都刻画出了一个中农的特点和某些特殊的性格。不过，这个毕竟经过了土改、合作化和经受过党的教育的农民，特别是那场"史无前例"的冲击给予他的切身感受，使他终于明白了不少是非。

……他徘徊着，思考着。后来，他终于锁上大门，向着葫芦颈方向走去。

葫芦坝上享有盛望的老农民许茂，如今显得十分的凄惶。他挂着一根扁担，一步一换地走着，时而仰脸看着蓝蓝天空上的流云。

……许茂的眼睛四处搜寻着，老金不在这里，但他看到两个小外孙了。他们也在打量他呢！他跨过去，蹲下身子，张开瘦长的手臂，将小长秀搂在自己胸前。

小女孩不认得这个花白胡须的瘦长老人，"哇"的一声惊叫起来了。

懂事的少年忙对妹妹说："这是外公，这是外公！你不是常想外公么？看，外公这就来了呢！"

小长秀睁大了美丽的眼睛，望着她的陌生的外公。许茂呢，由于一种冷酷的原因，他今天是第一次见到他的大女儿许素云留下的这块骨血。悔恨和羞耻，使这位刚强的老汉洒下了一串泪珠。长生娃说："我们就要搬到生产队的空牛棚去住了。"

老汉说："不，不，你们到外公家去住吧，那儿的房子多呢！全是你们的。"

孩子睁大了惊愕的双眼。

"你们老子在哪儿呀？快去找他来，今天就搬过去吧！"

孩子们依然迟疑着，不敢相信是真的。……

这段文字凝结着深沉的感情。像一泓可以清澈见底的溪流，游动着洁白无瑕的一片生活美和人性美。在它面前，一切污泥浊水将显得如此形秽可憎。许茂和长生娃的对答，又像一支画笔，每一句话都勾画出了生活中已经呈现着的美好的云彩，也刻画出了金东水的忠厚、善良、刚毅的灵魂。这个经得住一切折磨的人，激荡着老人的心灵，冲刷着他过去的冷酷、自私、误解和武断的污垢。……也真的，我们终于看到了许茂身上所没有过的清爽的气质，生活的教导，他到底看清了一点世道，在他面前，拨开了不谙事理的迷雾，这个结尾是清新可喜的。在人生的道路上，这个老人也在向前迈步，开始增长了一点人生中弥足珍贵的见识。

<h1 style="text-align:center">三</h1>

现实主义文学的感人力量，来自它的忠实于生活的描写。忠实于生活，让生活本身形象地向人们传送爱和憎的感情。"倾向最好不要特别地说出"这句名言，无非说明了现实主义的艺术力量的伟大，它本来无须把任何非艺术的说教去塞给读者，它所依赖的只是生活本身，凡是从表现真正的生活中去看出作品的思想倾向的，就是现实主义的。卢那察尔斯基在论述列夫·托尔斯泰的时候，认为这个"伟大的现实主义者"，"你在他的作品里找不到抽象概念或幻想；他的作品表现着真正的生活"。"他不容许自己瞎说，不容许自己粉饰，他愿意做一个无限诚实的人。"（卢那察尔斯基《论文学》284页）诚实于生活，不要外加除此以外的东西，这就是现实主义。托尔斯泰自己也说："福音书里的不要议论一语在艺术中是十分正确的：你叙述，描写，可不要议论。"（《列夫·托尔斯泰日记选》《古典文艺理论译丛》1961年第1期199页）不过，我们不必对此当作金科玉律，文学作品要绝对排斥议论是不必要的，看是什么样的议论和议论什么。但是应该排除那种对于艺术来说，起着败坏作用的议论。

文学作品中有的议论，是表现对生活的感慨，深化着作品的艺术氛围的。例如果戈理的《死魂灵》中不少具有诗意的议论："……俄国呵，你奔到哪里去，给一个回答吧！你一声也不响。"这样的议论当为作品增色而无疑。也还有一种议论，是为作品中情节的叙述增添它的生动性的。例如《水浒传》中就有这类议论，当宋江、宋清离家出奔时，有一段话："但凡客商在路，早晚安歇，有两件事免不得：吃瘿碗，睡死人床。"这自然增加了读者的感受，所以不是闲笔。在《许茂和他的女儿们》这部小说中，议论文字可不少，有好的，例如描绘人物中，作者抒写着情意洋溢的议论性的语句，对渲染人物与情节有着动人的色调。但是也有一些无须有的议论，例如在写四姐秀云时有一段议论："四姐啊！你的悲哀是广阔的，因为它是社会性的；但也是狭窄的——比起我们祖国面临的深重的灾难来。你，这一个葫芦坝的普普通通的农家少妇的个人的苦楚又算得了什么呢？……"这样的议论，我以为和作品中描写的情景并不和谐。对于生活的评判，原来是无须作者在作品中议论的，作品中的人物、情节、环境、故事就已经对生活做出了最有力量的评判了。文艺是以艺术形象的力量来反映对生活的态度，一切唯恐读者不明白而由作者直抒胸臆之论，都应该看作是多余的。艺术的精髓贵在含蓄。思想倾向的直说只能给艺术带来败笔。唐人司空图的"不着一字，尽得风流"之说，谈的是诗，但揆其要旨，对于一切艺术看来都不无有共通之处。

现实主义文学的忠实于生活，包括对生活细节的描写上。细节的不顺会影响情节的失真。有的作品中出现这类失措，不外乎因为作者对生活还不够深入，不够熟悉，但又匆忙下笔。我们现在谈论《许茂和他的女儿们》这部小说的不足之时，不妨举一点这方面的例子。例如，七姐许贞的性格，前后就不甚协调。她羡慕城市生活，虽与小朱的爱情关系结束，但向往城市之心未变，还未看出她有什么变化，却又与扎根于农村搞科研的吴昌全念旧起来。不独是许贞，即使是吴昌全思想脉络的变动，似乎也不甚吻合。又如，三姐许秋云去劝许秀云再嫁，秋云离家后，郑百如来同三姐夫罗祖华做了相当时间的长谈；但三姐刚到秀云住处，告坐甫毕，其夫罗祖华接踵而至，时间上的错差显然影响了情节的真实性。再如对郑百如的描写，写了他家庭关系和生活中的丑恶行径，固然也可以画出他的面貌，但是这个人的丑恶面目没有得到深刻的描绘，特别是他上台前后的结帮营私的种种邪行，在一九七五年那个年代中，这类人物是颇为盛行的，对他的劣迹并未充分的描写，看来是一个疏忽。此外，对许茂，曾经是"爱社如家"的先进人物，如何变得自私起来，作者尽管有一段议论文字："如果问，社会在前进，许茂何以反其道而行，变得自私起来了呢？这不是三言两语所能回答清楚的。不错，许茂自己也不否认他有自私自利的缺点，但他却往往原谅自己。在上市的小菜里多掺一些水，或在市场上买几斤油，又卖掉赚几个小钱，这当然不义；但比起那些干大买卖的，贪污公款的，盗窃公共财物的来，又算得了什么！……"恐怕在许茂这个农民身上，这样的推断未必符合人物本来的思想变化。他原来的身上也并非没有自私的观念，加上环境的逼迫，促使他变得公然的自私起来。应该从他的生活道路中去表现出他的这些思想的逐渐形成，但这方面的表现很不充分。书里面类似这些细节描写上的缺点自然也还有。

这里，不妨引录一段冈察洛夫的很有趣的创作经验的自述。冈察洛夫是最醉心于"自己描绘的能力"的。这种能力，自然必须根植于对人物、情节、环境已经烂熟于心的根底上。他说："我在描绘的那一会儿，很少懂得我的形象、肖像、性格意味着什么；我仅仅看见它活生生站在我面前，我观看我描绘得真实不真实；我看见他与另外一些人一起活动，因而我也看见一些场面，同时也就描写这另外的一些人。有时远远跑在小说计划前面，而仍旧不很清楚，如何把这一切暂时还七零八落地散布在脑子里的整体的各个部分结合在一起。为了不致忘记，我赶紧把一些场面、性格草草涂画在纸片上，而且仿佛是摸索着前进。我起初写得没精打采，笨头笨脑，枯燥无味（像开始描写奥勃洛摩夫和莱斯基的情形那样），我自己都常常没兴趣写了，直到光芒四射，照亮了我应该走的道路。"（冈察洛夫：《迟做总比不做好》《古典文艺理论译丛》1961年第1期17页）看来，一切还在于要观察"活生生地站在我面前"的人，笔下的人物如果游离这一点，就将造成艺术上的损害。因此，下笔时对人物、情节照应不周，归根结底都是对生活的观察力的深度问题。冈察洛夫这段话，尽管是他自己独有的经验，但给我们的启示是，艺术劳动是个艰苦的劳动，要不断地深入和观察生活，对于生活的熟悉，对人物与故事构思的精心琢磨，是一个作家毕生做不完的事。

不过，我们在谈论《许茂和他的女儿们》这部作品中人物、情节的不足之处时，不应该抹杀它的重要的成就。就总体说，我们不能否认这本小说的作者是有着深厚的生活基础并且也表现了他的优秀的艺术才能的，否则，这部小说要写得那样真切动人，就难以想象了。总之这是一部可喜的作品，值得读一读是真的，尤其对于青年人，不论是在农村和在城市的，总可以从里面找到对自己有用的东西。

（《文学评论》1980年第3期）

反映农村生活长篇创作的新收获

胡德培

周克芹同志的新作《许茂和他的女儿们》（《红岩》1979年第2期，以下简称《许茂》），打破了近三年来当代题材长篇小说的沉寂，如一朵耀人眼目的报春花，给我们社会主义文坛带来了一股诱人的春天气息。这是我国农村题材的长篇小说创作的新突破、新收获。

一、题材的选取

选取题材历来是文艺家们十分重视的一个问题。鲁迅先生曾经主张过作家"选材要严"。如何合理地选择好题材，把握好艺术描写的角度，对于开掘生活的底蕴，揭示时代的面貌，深化作品的主题，创造典型的形象，都具有相当重要的意义。《许茂》在题材的选取上颇有特色，其蕴含的意义是十分耐人寻味的。

作品写的是一九七五年冬天，整社工作组从进村到出村那么一二十天时间的四川农村生活。这一年的下半年，是我国历史的转折时期，革命的紧急关头，我们的国家和民族面临光明与黑暗、革命与反革命的激烈搏战。《许茂》反映了两股潮流尖锐复杂的斗争。代表极"左"思潮的那股势力，掀起狂风巨澜，张狂一时，表面上居主导地位，搅浑了柳溪河，翻卷着葫芦坝；代表革命潮流的那股力量，表现异常坚定，顶着狂风，迎战激浪，冲破困难和险阻，抱着必胜的信心。小说借着一九七五年冬天这个矛盾集中、斗争剧烈的重要时刻，在捕捉时机、开掘题材、运用角度等方面，进行了适当地处理和有效地安排，使作品真实地再现出当时在纷乱的环境和背景下各种社会力量，人与人之间关系纵横交错的现实面貌和变化复杂的社会生活。这是小说取得成功的一个重要因素。

小说选取一九七五年冬天这个重要时刻，展示出革命力量与反革命力量之间斗争的起伏，力量的消长。革命力量经过曲曲折折的道路，反反复复的斗争，终于顽强地战斗过来，露出了不可战胜的革命生机，汇集齐朝气蓬勃的革命队伍，奔赴新的革命征程。反革命力量通过淋漓尽致的充分表演，逐渐显露出魑魅魍魉的丑恶嘴脸和卑劣低下的虚伪灵魂，及其必然失败的命运。在这种鲜明的映衬、强烈的对比之中，展示出革命事业美好的未来，光辉的前景；透过作家明显的倾向与态度，从生动、形象的艺术描写中，给人以信心和力量，鼓舞和教育。

小说选取一九七五年冬天这个重要时刻，为我们真实地呈现出各种各样的生活形态，各种各样的现实状况，塑造了多彩多姿的人物形象：不管是下台支书金东水的凄苦生活，还是"维持会长"、代理支书龙庆的艰难处境；不管是四姑娘许秀云的热烈追求，还是许茂老汉的幡然醒悟；不管是风云一时的郑百如的耍滑取巧，还是年轻的工作队员齐明江的糊涂跟风……都是多么真实而生动地描绘出当时的生活情景、当时的社会面貌。尽管小说只是集中抒写了一二十天柳溪河畔的农村生活，但却相当典型地概括出十年浩劫中我国农村的社会面貌；尽管小说只是着重剖析了许茂老汉这个家庭的命运和遭遇，但却十分深刻地刻画出亿万人民的辛酸苦乐和曲折经历。看了《许茂》，犹如看到葫芦坝社会生活的长篇画卷，柳溪河的碧波涟漪，葫芦坝的晨雾春雨，水乡人民的种种生活状况，山村老少的纷繁活动场景，都使我们感到明晰、亲切，社会风光尽收眼底，时代风云历历如在目前。总之，作家借助于对一九七五年冬天四川农村生活和斗争的深入开掘与恰当处理，有效地增强了作品的时代感和现实感，提高了作品的思想价值和社会意义。

二、人物的塑造

人物形象的塑造，是文学创作、特别是小说创作的中心课题和重要任务。或者，换句话说，小说的成败得失，与典型人物塑造的成功与否有着十分紧密的关系。典型，必须具有普遍性和代表性，要反映一定社会生活的某些本质方面，富有鲜明而独特的个性；典型，是有血有肉、生动活跃的个体，是新颖、独创的，与别的任何艺术形象绝无雷同或类似之处，但他身上又不能不染上时代的和阶级的色泽。长篇小说《许茂》里的人物典型，就是这种独具特色的崭新的艺术形象，是值得我们细细琢磨、好好剖析和深入总结的。

首先，小说塑造了两个主要的文学典型——四姑娘许秀云和她的父亲许茂。这是两个崭新的文学典型，不仅在过去的中外文学史上未曾见过，而且在当今众多的文学作品中也似乎是我们最早见到的。他们，不是我们三十年来所常常见到的那类叱咤风云的英雄人物，也不是当今时兴的控诉"四人帮"、带着伤痕的那类艺术形象，不是从落后到转变的所谓"中间人物"，也不是我们屡见不鲜的那类落后人物以至反面人物……总之，这是我们见所未见、闻所未闻的一类崭新的文学形象。然而，这样的人物形象，对于我们并不陌生。他们是在中国大地上泥里生来土里长，带着我们民族的气质和风韵，与我们周围的人民群众有着共同的思想感情的人，也即是别林斯基所称誉的那种"熟悉的陌生人"。

四姑娘许秀云，是被当年那种政治风云所扭曲、受压抑，而又带着农村妇女纯洁、质朴品性的一个独特的女性。少女的纯贞被糟蹋，是纷乱的社会背景下发生的；妙龄的青春受折磨，是动荡的年月里出现的；被离弃，受歧视，是人民遭浩劫所带来的牺牲……她在这样的社会环境和历史条件下生活过来，真是饱经风霜，备受蹂躏。因而，她的性格复杂，充满着种种矛盾：在痛苦中满怀信心，在迷茫里寻找幸福，在混乱时期待着清明，在黑暗里渴求着光明；凄惶与欢乐，忧愁与信念，希望与追求……诸种复杂的性格矛盾，紧紧地交织于一身。她身上无处不是独特的，但又无处不是带着当时社会的和时代的鲜明色彩，无处不是反映着当时的社会生活和时代气氛。

许茂老汉，是带着浓郁的四川农村乡土气息和中国农民的脾性、品格的一个文学形象。他对党对社会主义有深挚的感情，曾经是土地改革和农业合作化时候的积极分子，当过光荣的作业组长。但是，在遭受当年社会风雨的冲击之后，他从迷惘到失望，由本分变自私，在痛苦中含着顽强的固执，相信实际而盼着美好的将来……这是经历长期严酷的现实生活培育起来的农民性格。他处处从实际出发，去观察现实、认识现实、理解现实，是地地道道的"现实主义者"；他永远不忘自己的根基，自己的重担，自己的责任，是朴实而勤恳的庄稼人；他关心自己及自己一家的生活现实，也关心葫芦坝、从上面来的工作组以及整个国家的社会现实；他依靠自己的努力，不忘庄稼人的本分，似也渴望柳溪河的变化、国家修明的政治。他复杂而矛盾的性格，也明显地打着时代和阶级的印迹。看了关于许茂的种种描写，我们真切地感到：这是十年中国的农民性格的典型，也只有在那十年浩劫中，才能产生许茂老汉这种独特的中国农民的性格。

其次，是关于两位党的农村基层干部的艺术形象——金东水和龙庆。如果说，下台而不忘党的神圣职责的前支书金东水，我们在过去的文艺作品中似曾相识（当然，从严格的意义上来说，金东水与过去见过的那类英雄形象相比，气质和个性也有许多的不同），那么，龙庆这位代理支书而被人称为"维持会长"的文学形象，则完全是十年风雨和动荡中的特殊人物（当然，如果追溯到抗日时期等战争年代，维持"两面政权"的基层干部，仿佛与龙庆身上某些表现有所相似，但时代不同，环境各异，龙庆与那些形象相比，也可以算是全新的人物形象）。但是，从总的方面来看，这两位都是我国特定历史时期的特定人物。他们不愧为葫芦坝人民群众的主心骨，我国农民的意愿和利益的光荣代表。作品对他们的描写是成功的，他们身上鲜明的时代特色也是不容忽视的。

再次，是几位不同的年轻人的艺术形象。纯洁、朴实而向往美好未来的九姑娘许琴，脚踏实地、以自己的实际行动改变家乡面貌的吴昌全，受当时风气影响、只知追求个人生活安逸、遭到挫折想要改弦更张的七姑娘许贞，跟风入俗、同时要以极"左"思想强加于人的工作队员齐明江，以及许贞的朋友、招摇撞骗、投机取巧的小朱……这几位个性不同的青年人，从不同的角度代表了当时社会不同的生活侧面，不同的思想状态，不同的生活态度，不同的现实表现。他们是我们这个时代青年的不同典型，不同代表。这些形象，也都是具有相当的普遍意义和现实根据的。

总而言之，刻画人物形象鲜明而独特的不同性格，塑造富有时代特色和民族气质的不同文学典型，对于真实地反映当时的社会生活面貌和时代精神，使作品具有广泛的普遍意义和深刻的思想内容，是具有重要作用的。这是小说取得成功的又一个重要因素。

三、深刻的思想

选择好题材，并且进行深入地开掘；塑造好人物，从而有力地展示社会生活的广阔图景；再进一步，还需要包孕丰富的思想内容和深刻的现实意义……这些方面，是构成一部思想和艺术完美结合的文学作品必不可少的几个重要因素。《许茂》通过反映十年浩劫的四川农村生活，表现出深刻的思想意义和社会内容，这是小说取得成功的再一个重要因素。

一部优秀的文学作品，它的社会意义绝不只要局限于某一地区，它的思想价值也不只是局限于某一方面。像恩格斯对巴尔扎克、列宁对托尔斯泰的高度赞扬，说他们的作品是当时社会的"百科全书"，那当然是不易达到的。但是，《许茂》这部小说高度的概括性和典型意义，那也是不容否认的客观事实。我们说，它有力地概括了十年动荡中的中国农村生活，集中地反映了十年浩劫中亿万群众的命运和遭遇，突出地表现了十年风雨中我国人民的精神风貌和思想意志，并且从许多不同的角度揭示出深广的思想意义和丰富的生活内容，这是毫不过分的。比如，这里有赌棍加流氓郑百如的趁风得势，以及他设阴谋、使诡计的卑劣行径；这里有年轻幼稚的跟风派齐明江极"左"思想面目的种种表现，以及他们身后的林彪、"四人帮"势力和当时广阔的社会背景……这些，有力地表现出那些年魔怪张狂、鬼蜮横行的生活现实，勾画出故事发生的具体环境和历史背景。作品中，有刚毅、忠诚的前支部书记金东水，被迫下台，仍忠实于一个共产党人的职守，坚持斗争，忠贞不渝；也有坚韧、正直的代理支书龙庆，为了群众的利益，甘冒风险，忍气吞声，"维持"（应读作"保证"）着葫芦坝人民最起码的生活水平；还有妇女老党员金顺玉的刚直不阿、心怀赤诚，有话憋不住，有活争着干的高尚品格……这是我们党培养起来的农村的主要骨干，是我们党的忠贞儿女，他们身上任何时候都体现出我们农村现实中的一股正气，是我国农村社会主义建设的依靠力量和中坚分子！在这里，还有许茂老汉那种勤恳、朴实的老农民的典型形象，四姑娘许秀云那样饱经波折和磨难而顽强斗争、热烈追求幸福生活的新一代女性的代表人物，同时，许琴、许贞、吴昌金等一代年轻人种种不同的表现……这些，又从不同侧面反映了多么丰富而宽广的社会生活和现实斗争。这不正是《许茂》的艺术描写中，所描绘的那种"雾茫茫"、"雨潇潇"、"夜深沉"而富有独特特色的社会现实面貌吗?！

小说第七章《雨潇潇》的开头一段环境描写，既是描绘当时的自然景色，又是概括当时中国农村的社会风云，既是描绘人物活动的具体环境和背景，又是点明当年祖国大地的政治气候和气氛，它与小说第一章《雾茫茫》、第九章《夜深沉》等章节以至整部作品一样，其艺术价值和思想意义蕴蓄颇深，寓意丰富。试想想，枯草返青、柳树抽芽、麦苗吐穗、群雁归来、小鸟嬉戏、燕子衔泥……多么鲜活的春天气息，多么诱人，多么清香喷鼻，令人心旷神怡！但是，在目前，"冬天却迟迟不肯离去"，"缠缠绵绵的细雨一直下个不停"……生活的道路仍然曲折，征途上免不了还有艰难险阻、荆棘横生。这是呼唤人们拨开迷雾，扫荡烟云，鼓起继续进军的勇气！从这一段具体的艺术描写，我们足以看出《许茂》这部小说的艺术表现力和概括力、普遍性和典型意义之一斑啊！

特别值得一提的是，作品这些丰富而深刻的思想内容，是作家长期观察生活获得的深湛认识，然后，通过具体而生动的形象描绘表现出来的。正如恩格斯所说的，其政治倾向不是"特别把它指点出来"，而是"从场面和情节中自然而然地流露出来"的，优美的艺术描写与深刻的思想内容是完全融合在一起的。如上所述，小说中一些具体的人物形象的塑造，具体的故事情节的描述，具体的自然景色和社会背景的勾画等，都是"自然而然流露"的有力例证。这是一反"四人帮"从概念出发、从路线出发的创作原则，一扫主观唯心主义的文艺思想的结果，所以，《许茂》不是公式化、概念化的东西，不是单纯的政治传声筒式的作品，而是按照艺术规律行事，认真掌握艺术的特点所创作出来的，一部思想深刻、富有价值的崭新的艺术品。

　　同时，我们也应当不避忌讳地指出：《许茂》这部长篇小说，还存在某些明显的缺陷与不足。也许是作家初次涉足于长篇创作领域的缘故吧，他在驾驭长篇艺术的整体结构上，有不够集中、不够完美的地方；有某些爱情纠葛显得用墨过多，远离了小说围绕四姑娘、金东水与郑百如这个主要矛盾和故事发展的主线，有几处故意追求情节的离奇，离开了人物性格发展的中心脉络，多少显得有点人为的痕迹等等。在哲理性抒情性议论的运用上，有的相当精彩，颇含深意，那是好的、成功的，但也有的议论太直，过于浅露，甚至作家站出来直接对人物或事件评头论足，品评优劣或是非，有关处理似欠斟酌。当然，总的来看，瑕不掩瑜，《许茂》仍不失为一部成功的长篇新作。

（《武汉师范学院学报（哲学社会科学版）》1980年第3期）

探索农村新人的心灵美

——评周克芹近年来的短篇创作

陈朝红

　　作家周克芹正沿着现实主义的文学道路探索前进，不断地有引人注目的新作问世。继长篇小说《许茂和他的女儿们》之后，近年来又陆续发表了《勿忘草》（《四川文学》1980年第4期）、《山月不知心里事》（《四川文学》1981年第8期）等好几个短篇小说，它们继续保持着作家在过去创作中已显露出的生活气息浓郁、文笔朴实清新的艺术特色，而有些篇章，在反映农村的现实矛盾和农村新人的精神境界上，又有某些新的开掘，闪烁着新的光彩。最近，他的《勿忘草》被评为一九八〇年全国优秀短篇小说之一，《山月不知心里事》被《小说选刊》《小说月报》等几个全国性刊物先后选载，表明作家的艺术创造受到读者和文学界的好评，我们为周克芹创作上新的进展感到由衷的高兴。

一

　　现实主义的文学创作，要求作家坚持从生活出发，通过艺术典型化的手段，真实而深刻地反映生活中的矛盾斗争，生动地显示出生活前进和历史发展的趋向。作品中所塑造的艺术形象，往往渗透着作家的鲜明的爱憎以及对生活的思考、评价和追求。周克芹同志在农村生活了二十多年，比较丰富的生活积累和同群众思想感情上的交融，使他在创作中注意从生活出发，真实地反映人民的生活、劳动、感情、愿望。从六十年代的《井台上》到《山月不知心里事》，他坚持在农村题材这个广阔的领域孜孜不倦地进行着有意义的开拓，留下了不断前进的踏实足印。他摒弃了过去创作中曾流行的那种把丰富复杂的农村生活简单化、模式化的倾向，努力反映出农村生活多彩多姿的风貌，探索农民中各种各样人物性格、遭遇和深沉的感情世界。一九七八年出版的他的第一部短篇集《石家兄妹》，正是这种努力所取得的一个初步成果。

党的十一届三中全会以来，随着农村形势的变化和对党的农村政策的学习、领会逐步加深，对许多重大问题在思想认识上有所提高，使得他的艺术探求也不断深化。作家用三中全会的精神对过去的农村工作进行重新认识和评价，指导对生活的艺术提炼和典型塑造，经过艰辛的劳动，带来了创作上新的突破——长篇《许茂和他的女儿们》在一九七九年问世了。对这部优秀作品的思想艺术成就，报刊上已有不少评论，这里不想多谈。使人高兴的是，在《许茂和他的女儿们》之后写的几个短篇中，作家又把热烈探求的目光，转向了当前新旧交替时期农村各方面出现的变化，比较锐敏地触及了现实生活中的新情况、新问题、新矛盾。作家的艺术描写并不停留于就事写事，而是竭力透过现象向生活的纵深开掘，把对人物命运和典型性格的描写，与展示一定的历史背景和探求农村工作的经验教训有机地结合起来。这就使作品突破了一般的赞美新人新事的比较表面的表现，而能提出一些引人深思的问题，具有一定的历史内容和思想深度。

如果把这些新作同《石家兄妹》中某些短篇略加比较，就能明显地看出周克芹创作的这种突破和进展。在他前一时期所写的《李秀满》《灾后》等有代表性的作品里，热情地塑造了集体事业的好当家人形象，歌颂了他们热爱党和社会主义，艰苦奋斗、踏实苦干的精神风貌，作品主人公在同自然灾害的顽强斗争和对困苦生活的咬牙忍受中所显现的高尚品德，是较为生动感人的。但使人感到欠缺的是，作家过分着眼于人与自然因素的矛盾，对于人物所生活的时代环境和社会矛盾，则缺乏有力的开掘，对于远比自然灾害对我国农村的危害严重得多的"左"倾路线的流毒影响，几乎没有触及，这就难免使作品的思想容量受到局限。这种欠缺，主要是由于创作时的具体历史条件的限制造成的，随着近年来拨乱反正工作的深入，思想局限的突破带来了对现实矛盾和历史教训的严肃探求，带来了作品主题思想开掘的深化。比如《落选》（《四川文学》1980年第5期）这篇小说，初步探索了当前农村生活中的一个新矛盾：就是某些干部的思想状态、文化水平不适应四化建设新形势的问题。作品主人公是一个与《李秀满》中的大队支部书记李秀满、《灾后》中的生产队长辛大哥基本上同一类型的农村基层干部。从互助合作年代起就担任过支书的大队长郑洪兴，二十多年辛辛苦苦，任劳任怨，"不贪不占"，"谁也说不出犯过什么错误"。按照过去的观点，这恐怕是一个应当表扬的好干部了。但作家对生活和人物的观察认识跳出了固有的陈旧观念，也就从人物的表面"优点"后面，进一步发现了实际上应当被批评的弱点，发掘出了特定历史环境在人物思想性格上所投下的悲剧性的烙印：这就是多年来在"左"倾思想指导下习惯于"抓运动"、"跟中心"所形成的思想状态、工作方法的僵化。他对来自"上边"的任何指示，不管当地实际情况如何，总是坚决执行，他以"大老粗"为荣，认为党员干部只要掌握"政治原则和阶级斗争就行了"，对农业科学技术"不懂也不会亡党亡国"。就这样，他一片好心地干了一桩桩蠢事，如今年老体弱，成为一个"文也文不得，武也武不得"的人，以致在民主选举中落选了。郑洪兴这种令人同情和惋惜的结局，是深刻复杂的社会历史因素造成的，这个问题在今天无疑是带有一定的普遍性和尖锐性的。它启示人们，只有坚持四项基本原则而又精通本行业务的干部，才是群众所需要的四化的带头人。因此，小说的深刻之处，不仅在于剖析了郑洪兴"落选"的社会历史原因，还在于揭示了某些人至今对逼人的形势仍处于熟视无睹或怨天尤人的迟钝状态中，这一切，岂不发人深省么？

在另一篇小说《甘家塝的甘大爷》（《山花》1980年第11期）里，作家又刻画了一个在过去文学创作中接触不多的"古怪的老头"甘大爷。这个老头满脑袋"穷光荣"思想，整天把"艰苦奋斗"挂在嘴上，动不动骂人"偷懒""变质"，实际上自己不劳动，吃救济。他对拖拉机、缝纫机，甚至对"妇女不做针线，鞋子都买来穿"也十分抵触反感。作家对甘大爷古怪性格的剖析，揭示了长期以来"左"倾思潮给一个保守狭隘农民的灵魂所造成的扭曲和变态。甘大爷种种固执可笑的偏见心理，在生活中并非绝无仅有，从那种信奉"穷社会主义理论"，怕农民"富",谈"富"色变的人身上,不也依稀可见他的影子吗?

这两篇作品都触及了现实生活中有重大意义的矛盾,从不同侧面揭露了"左"倾思想在农村中的危害和流毒。而在对矛盾的处理和取材构思上,周克芹有着自己的特点,他往往并不正面展开矛盾,并不在情节发展中揭示深刻的性格冲突,作品也没有什么曲折复杂的故事情节,而是集中笔力通过人物身世的描绘,剖析"左"倾思想的影响怎样造成了荒唐可笑的性格,并含而不露地揭示这种僵化的性格与生气勃勃的时代潮流是怎样地格格不入,怎样地阻碍着人们前进。在《落选》里,作家带着同情和惋惜的心情描写了郑洪兴的落选和王书记的麻木,通篇没有剑拔弩张的冲突和声严色厉的训诫,但那批评、鞭策、使人惊醒的力量自然地融合在字里行间,它是朴实的,也是强烈的。在《甘家塬的甘大爷》里,作家的笔调渗透着明显的幽默揶揄,那嘲讽是辛辣的,也是善意的,对甘大爷的转变寄托着期望。

农村现实生活中的各种矛盾,常常在青年男女的爱情婚姻问题上突出地反映出来,它们也一直引起周克芹的关心和思索。他的新作《勿忘草》,比起过去反映同类生活内容的《石家兄妹》等篇来,思想开掘更深了。作品已经不停留在单纯赞美农村青年高尚的道德情操上面,而是把这种歌颂新人的可贵热情与对爱情婚姻问题所包含的社会矛盾、时代意义的严肃探索较好地结合起来。作家忠实于生活,并不回避历史在当今农村青年爱情生活中留下的某些创伤甚至悲剧因素,但在描写这些令人痛心的现象时,却不是着意渲染那种缠绵悱恻、生离死别的感伤绝望情调,而总是竭力发掘和歌颂生活中正在蓬勃生长的使人们的爱情更加纯洁美好的社会主义的道德力量。《勿忘草》写一个温柔贤惠的农村姑娘芳儿,同知识青年小余结了婚,正当小夫妻过着恩爱幸福的日子时,小余的父亲病逝,他回城顶替当了工人。不料这件事却给他们的爱情带来不幸和痛苦,小余那颗"纯朴的心"渐渐地"被人偷换了"……有着类似故事情节的作品,我们在报刊上已见过不少,《勿忘草》的独到之处是:它既有别于那类探索爱情与道德的矛盾关系的作品,也不同于一般的谴责喜新厌旧之作,作家透过这个农村中常见的婚姻离异现象,触及了比较深刻的社会历史根源。作品对小余并未表面加以丑化,把他写成是一个品质恶劣的轻薄之徒。小余曾在农村诚实地劳动,他对芳儿的爱情也是真挚的。造成他后来感情变异的，当然有个人道德品质方面的原因，更为主要的是还有种种复杂的社会历史因素：现实中存在的城乡经济文化生活的差别，几千年来剥削阶级轻视农民的陈腐观念，形成一种可怕的习惯势力，对人们的婚姻恋爱观、幸福观、道德观有着强有力的影响。生活中确有为数不少的青年（包括小余这种人）无力抵御传统观念的侵蚀而成为它的俘虏，这是由生活本身的复杂性所决定的。作家应该描写这类生活现象，探究它所由产生的根源，并通过形象的描绘，做出符合社会主义道德原则的审美评价。《勿忘草》鞭挞了轻视农民的剥削阶级思想意识，也包含着对小余这样的负心人的谴责和规劝，它为善良朴实的农村妇女的不幸遭遇鸣不平，也为农村新人的美好心灵热情讴歌。《勿忘草》不仅在思想上具有一定的深度，在艺术上也显得较为和谐完整，全篇诗情浓郁，清新动人。

周克芹并不满足于《勿忘草》取得的一定的成就，他继续随着生活的步伐前进，新作《山月不知心里事》的发表，标志着他的创作又进到了一个新的水平。作家对农村的新生活满怀热情而又冷静地思考，他既描写了实行生产责任制后农民生产积极性的高涨和物质生活的改善，又不局限于将这些变化与过去"左"的摧残下的萧条景象做简单的对比，而是锐敏地捕捉了新形势下的某些新矛盾、新问题。小说着重探索了农村青年的种种"心事"，他们的喜悦、忧虑、苦闷、追求等复杂的思想情绪。容儿们的眼光不是只盯着一家一户，也不仅仅满足于温饱，而是渴望更丰富的精神生活，学习科学技术，追求一种新的思想境界。容儿们的"心事"的产生是不无缘由的，它既反映出对生活中复杂矛盾的某种迷惘，也与在推行生产责任制的过程中某些地方一度出现的工作粗疏有关。小说通过对容儿们从忧虑到舒畅的内心情绪变化的细腻刻画，不仅表现了农村青年一代的美好心灵，塑造了明全这样的青年改革者和实干家的形象；而且触及了一个引人深思的问题：提醒人们在完善生产责任制的过程中必须加强党的领导和思想政治工作，关心青年们的健康成长，才能不断巩固农村的社会主义思想阵地。

二

周克芹在反映农村现实生活中的矛盾斗争时，总是集中笔墨写各种人物的命运、理想和追求，探索他们的心灵世界。我们的人民经历了历史的灾难和无数的痛苦，但即使在最困难的时刻，也仍然对生活满怀着希望和信心。周克芹在创作中总能"在悲壮的泪眼中见出崇高的美来"，着力发掘生活的美，显示人民坚定的信念，满腔热情地塑造闪烁着时代光彩的社会主义新人的形象，以鼓舞人民群众积极治愈伤痕，创造美好的未来，同心同德地为实现四化而斗争。小说《在艰难的日子里》（《红岩》1980年第3期）就在这方面做了可贵的努力。小说中那个常被批斗的县委书记夏明远，对生活从未丧失信心，从未忘记共产党员的职责。他以坚毅乐观、忍辱负重的精神，面对"四人帮"走卒的种种凌辱和迫害，并尽其可能进行着艰难、巧妙而特殊的战斗，想方设法地营救和保护了一个受迫害的农业科学家，并设想将来把他调来搞水稻杂交工作，"我们县几十万亩水田，以后非来一个种子上的革命不可！"在个人的安全毫无保障的情况下，这个共产党人的心中牵挂着的是人民的事业，燃烧着的是革命的理想！小说也生动地表现出老夏的斗争并不孤立，他得到人民的同情和支持，令人信服地显示了邪恶势力只能猖獗于一时，严冬终究挡不住春天的脚步！

周克芹深情地揭示农村妇女的美好心灵和高尚情操。为什么他笔下的众多农村妇女形象是那么真实、深厚、亲切可爱呢？因为他在生活中有深切的感受，他说："勤劳、善良、聪慧、忍耐、坚强、克己等等美德，农民比比皆是。这些植根于深厚的历史土壤的美德，经过党的培植和新时代风雨的洗刷，正在生长出一种新的精神素质——那就是传统的美德和共产主义道德的结合。"（《红旗》1980年第18期《坚持深入群众的斗争生活》）作家就是带着这样的认识和感情，塑造了《许茂》中四姑娘许秀云那样真实丰满的艺术典型。而《勿忘草》中的芳儿，也有着和四姑娘类似的遭遇和性格、品德。芳儿的形象，是凝聚着作家的感情和理想的新一代农村妇女的又一个典型。小说写了她的勤劳、贤惠、忍耐，她坚贞的意志力量和生活信念。在人生的道路上突然遭到打击，她并不灰心丧气，她在"苦闷中发奋"，她说："我不靠哪个。"这是一个掌握着自己的命运，并在革命队伍中找到了自己位置的新女性的质朴的心声！社会主义给予她力量，她不向传统习惯势力屈服，决不亲手拆散自己的家！她咬着牙关，照样劳动，刻苦钻研农业技术，辛勤地哺育着孩子，期待着小余回心转意。小说细腻入微地揭示了芳儿心灵中蕴含的传统美德和社会主义时代所赋予的精神品质，使她的形象显示出圣洁而崇高的美。

和芳儿形象相似的，还有《采采》（《沱江文艺》1980年第2期）中的农村姑娘采采。采采和芳儿一样婚后都遭到某种不幸，也都面临着习惯势力的阻挠和痛苦的抉择，同样都表现出对爱情的执着坚贞。这么一个善良、温厚、细心的女人，丈夫却如一头脾气暴躁的"野牛"，小说着重表现了在"野牛"犯错误后采采对他的关心、规劝和帮助。采采相信人，尊重人，不愿在亲人掉队时嫌弃离开他，而是用真诚的爱去温暖那一度冷漠的心。这种纯洁的爱和同志式的关怀信赖，正是今天人与人之间所需要的呀！

这里还要提一下稍后发表的《风为媒》（《沱江文艺》1981年第1期），小说中塑造的那个倔强、爽朗、乐观的农村妇女段树芬的形象，是栩栩如生，使人难忘的。小段的遭遇，可以说是人间最悲惨的了。在十年浩劫中买卖婚姻的幽灵和贩卖妇女的野蛮现象重新出现在农村时，这个二十岁的大姑娘，以三百元的身价被骗卖到异乡。然而，她却并未被悲痛压倒，像被狂风吹刮到荒漠里的一粒种子，只要还有空气和水分，就要顽强地生长。人间有希望，受苦人的心是相通的，她有幸意外地遇到了老实憨厚的庄稼人小郑，他们在相濡以沫中建立了真挚的感情，并熬过了最艰难的岁月。如今，尽管他们的日子仍然清苦，但生活在他们面前展现了无限的希望，他们满怀着信心向往着幸福的未来。听听小段自信乐观的声音吧："这两年，上边的政策好了，只要展劲，多出工，就不愁吃穿，三年还清了六百多元债，再过三年，我们还想把房子新盖一下呢！""以后，看哪个还能卡我们！"这个昔日被卖身的妇女，如今从屈辱中昂起头来，成了生活的主人，有着何等的气概！这是时代的变化和农民经济地位的改变带来的人格的独立和精神的飞跃！通过这个普通农村妇女的具有时代光彩的形象，人们仿佛看到了我国农民命运深刻变化的缩影，听到了一曲对党的政策和农村大好形势的发自肺腑的赞歌！

为了塑造鲜明生动的人物形象，周克芹在艺术手法上也有一些探索和尝试。近年来他笔下的感情色彩越来越浓重了。这种浓郁的感情，有的是渗透在对人物心理活动的细腻刻画中，近似一种抒情的内心独白。如《勿忘草》中芳儿对小余痛苦的思念、等待的那段描写，那甜蜜而又酸楚的回忆，以及剪不断、理还乱的缠绵而恼人的情感，都很真切感人。这种感情色彩有时也与环境、景物的描写和气氛的烘托渲染结合在一起，为人物的活动提供了一个情景交融的和谐的艺术氛围。如《在艰难的日子里》开头的景物描写：严寒的冬夜，纷飞的大雪，幽冥的灯光，空旷的街道，老夏的妻子秦桂贞怀着忧虑和担心，孤零零地在剧场大门外徘徊，等待着被批斗的丈夫。此情此景，反映出严酷阴冷的政治气氛和秦桂贞沉重、忧愁的心情，而那响亮的锣声传出了春天的讯息，也在她痛苦的心灵中萌生了对明天的希望。

在这些作品中，生动而富于特征的生活细节的选择运用，对于表现人物的感情和心理，也起了一定的作用。如《勿忘草》中几次写到的小余走后留下的那把大山锄。《在艰难的日子里》中秦桂贞在剧场门口等待老夏时腋下夹着的那条围巾，就是颇有表现力的，包含着很深的寓意。而在《风为媒》里，作家又尝试着采用一种新的表现手段，即着重通过人物的对话来刻画人物的音容笑貌和个性特征，收到了较好的艺术效果。

周克芹近年来的短篇创作，在思想艺术上也有某些不足。主要是有的作品对生活素材还缺乏严格的提炼和剪裁，如《落选》《甘家塆的甘大爷》对人物经历、性格特征的片断回忆介绍，显得较零碎、枝蔓，未能使人物内心世界的开掘层层深化，有时一般的叙述又显得多于生动的形象描绘。有的作品对人物心灵世界揭示不够深细。如《两妯娌》（《四川文学》1979年第9期），写的是对越自卫反击战时两个战士的妻子对前方的关心、对亲人的思念，以及自豪中又掺杂着某种隐忧的心情。作品内容是真实而有意义的，可惜人物的感情写得比较平淡，缺乏波澜，对温和腼腆的桂贞在得知丈夫负伤后的激动心情和坚强品德，表现也不够有力。也有的作品中某些情节不大合于情理，经不住推敲，如采采这个深沉、细心的姑娘，在她担任女民兵时为什么对她们监管的"囚犯"杨文林一见钟情？看不出他们有什么共同的理想、信念以促进相互的了解，所以后来杨文林逃跑跳岩生死不明后，她毅然只身到杨家当"上门媳妇"，并发誓等他一辈子，这个行动就有点突然，使人不够信服。

（《四川大学学报（哲学社会科学版）》1982年第1期）

论《许茂和他的女儿们》

张 炯

　　长篇小说《许茂和他的女儿们》的作者周克芹同志，五十年代中期便发表过一些作品，但未为人们所注意。可是，到了一九七九年。他的《许茂和他的女儿们》一问世，便在全国范围获得强烈的反响。周扬同志誉它是"一部引人入胜的书。"沙汀同志认为，"它不只是三年来反映在'四人帮'阵阵妖风横扫下四川农村生活的佳作，就从三十年来反映农村生活的长篇小说，也相当难得。"（《关于〈许茂和他的女儿们〉的通信》）一九八二年，这部小说终于在新时期出版的大量长篇新作中名列前茅，荣获首届茅盾文学奖。这当然不是偶然的。

一

　　周克芹这部长篇所处理的题材有相当的难度。因为第一，"文化大革命"曾被作为"史无前例的"、"伟大的"运动而被捧上云霄。实际上，这场"大革命"却给我国人民和社会主义事业带来深重的灾难。"四人帮"被粉碎了，关于"文化大革命"的"神话"也破灭了。但对于这场漫卷神州、搅得天翻地覆的大动乱，究竟如何认识和评价，党和人民都经历了一个艰难而痛苦的过程。《许茂和他的女儿们》虽然不是正面描写"文化大革命"，却正以它作为背景。作者要对这场"革命"发表自己的看法，在当时无疑要有极大的勇气和洞察力。第二，差不多从农业合作化以来，我国农村生活在文学作品的描写中已成定型：贫农坚定走社会主义道路，中农难免动摇于两条道路中间，富裕中农和富农则是资本主义自发势力的代表。虽然，具体作品随着历史条件的差异而在人物色彩上稍有变化，但二十多年中却大体未脱这个框架。《许茂和他的女儿们》写农村题材，要从这框架中摆脱出来，忠于发展的生活的真实，也非要有对生活的真知灼见和不寻常的勇气不可。

《许茂和他的女儿们》的整个艺术构思向读者表明，周克芹正是一位对生活既有真知灼见，又有勇气忠于生活真实的作家。

这部长篇写的是一九七五年冬四川沱江流域的一个山村在整社工作组进驻前后、围绕许茂老汉一家的故事。它以十年内乱为背景，描写了当时文学还很少写到的这场内乱给农村人物关系带来的投影，特别是描写这种投影在一个本质淳朴而勤劳的农民内心激起的复杂变化。作者全然没有按照当时尚未消失影响的"无产阶级专政下继续革命"的"左"倾理论和一个阶级一种本质的"人物典型"论，去"规范"生活，去构想农村阶级斗争、路线斗争的公式化图像。相反，他把自己的构思建立在对现实生活的真切感受和深沉思考上。而且紧紧抓住文学艺术必须追求真善美统一的这个特点，力图使自己的艺术构思，既反映生活的真，也体现道德伦理思想的善和情节结构的美。

作者没有肤浅地去正面描写一个村庄的所谓"走资派"与"造反派"的斗争。他寻找到一个能够更为深刻地反映生活内涵的剖切面，从一个老农——许茂家中的生活波澜写起，通过与许茂一家有关的几个人物的命运变化，把那个特定历史时期农村社会关系和社会心理的真实而复杂的变动，深切感人地表现出来。他的这种剖切面的可贵还在于，这样一来，作品不但有可能尽量少地去正面写政治斗争，而且也因此才得以把几乎所有人物都放到道德伦理的天平上去衡量估价，用更多的笔墨去表现他们的灵魂、他们的思想情操的美和丑。

《许茂和他的女儿们》之所以引人入胜，跟它的故事情节波澜起伏、曲折有致分不开。许茂的烦恼因为四姑娘许秀云的离婚和她的丈夫郑百如别有用心地要求复婚而伸展开去。复婚不成又引出郑百如对许茂的大女婿、原党支书金东水的诬陷，引出四姑娘跟金东水的为社会舆论所不容的真正爱情，引出工作组长颜大姐的干预，使得伦理婚姻的纠葛又与政治斗争联结起来。再加上其他几个女儿的爱情婚姻的插曲，使人物的几层矛盾和故事的几条线索交织在一起，其发展变化，让读者每感意外。但这种种错综复杂的线索又通过许茂老汉串起来，并从老汉的心灵变化中获得反射；同时，小说所展开的所有人物形象和生活画面，又都指向一个目标，一个突出的思想主题——尽管十年内乱给我国社会主义事业造成巨大损害，给人民的内心也造成严重的创伤，但是，人民为社会主义美好未来奋斗的信心和决心，"人活着不能只为自己"的崇高道德精神，却永远不会泯灭。小说情节结构和布局的上述多样的统一，在形式方面也必然给读者以美的感受。

文学艺术是现实生活在作家头脑中反映的产物。因此，文艺作品虽是生活的反映，又不等同于生活。优秀的文学作品，固然应该把自己放在生活真实的基础上，以富于历史感的真实描写，去帮助读者获得对于现实的正确认识，但至少同样重要的是，它还应该努力表现出作家对善的评价和追求，以及对于美的形式的创造。《许茂和他的女儿们》的艺术构思在这方面所做出的努力，应该说，正是它获得成功的一个非常重要的原因。

二

当然，作为叙事文学的长篇小说，它的最重要的成就还应该在人物形象的塑造。《许茂和他的女儿们》总共不过二十二万字，作为一部长篇，篇幅不算长，但写得活灵活现，入木三分的人物却不少。这不能不说明作者在刻画人物形象方面也具有相当令人羡慕的艺术功力。

这部小说中许多人物都给读者留下鲜明的印象。直率、泼辣的三姑娘，浅薄、虚荣的七姑娘，纯真、单纯的九姑娘，个性都十分突出、生动。许茂的大女婿——丧妻后带着一对小儿女艰难度日而心地光明开阔的金东水，四女婿——阴险狠毒的小野心家、小阴谋家郑百如，都写得有一定的深度。其他如工作组长颜少春、工作组员小齐、代理支书龙庆等，都给读者留下一定的印象。全书写得最成功的人物形象则应数许茂老汉和四姑娘许秀云。这两个人物都不仅个性鲜明，描写生动、真实，而且他们的思想性格和心理情感的变化，都具有深刻的社会普遍意义。他们作为新中国两代农民的典型形象，确为以往的文学作品所未见，因而，无疑丰富了我国当代文学的人物画廊。

有着九个女儿的"女儿国国王"许茂老汉，是个勤劳俭省的地道农民。他面目严厉、心地善良，靠着双手地劳动和精打细算，节俭过日子，终把女儿都拉扯大。他曾积极参加过农业合作社，得到"爱社如家"的奖状，也曾凭自己的姑娘们的劳动，建立过欣欣向荣的小康生活。那时期，他常常发出欢快、明朗的笑声。然而，一九七五年冬出现在我们面前的许茂却完全变了。他不仅苍老，沉默寡言，再也笑不起来，而且变得自私，只打个人小算盘，在转手买卖一罐菜油的问题上甚至"损人利己"。许茂老汉不能理解十年动乱的变化，不能理解葫芦坝种种颠颠倒倒的人事变迁。他连女儿、女婿也难以理解，变得孤寂而固执，内心充满了无声的痛苦和悲哀。但他毕竟又是个正直、善良、本分的农民，为那一小罐油的风波耿耿于怀，羞惭难过。一旦识破郑百如的丑恶嘴脸，叹服金东水的高尚胸怀，他终于还是克服偏见，同意四姑娘与大女婿的婚事，让金家父子搬进他的大院。在工作组长颜少春的启发帮助下，他还把积攒多年的钱，不加歧视地平分给女儿们。于是，人们看到，他的心就像拭去尘垢的金子一样，又重新闪闪发亮了。这是个令人感到真实可信又可爱的农民，他有着一个真实的人所富有的全部喜怒哀乐，全部迷惘、苦恼、憧憬和追求的丰富感情和血肉思想。而他的内心世界的演变，从对大集体"爱社如家"，到只苦心盘算小家庭的九九，这正是一个中国普通农民在社会主义遭致悲剧性曲折时极有典型意义的心理状态。我们知道，个体的劳动农民一向具有两重性：他勤劳、接受和向往社会主义，但他又不易摆脱几千年小生产的狭隘眼界和私有者的种种观念与积习。在社会主义革命的胜利进军中，在农业合作社确给农民带来利益的日子里，许茂爱社如家是必然的。他体验到社会主义利益与个人利益的一致。劳动者的善良本性和初步的社会主义觉悟，都使他能够热爱集体。但当林彪、"四人帮"极"左"路线的倒行逆施和"文化大革命"的整个指导理论和实践的错误，使农村社会主义遭到破坏和瓦解时，他觉得曾经爱之如家的"社"不仅不给他带来利益，甚至反带来损害时，私有者独善其身的本性，很自然地又在他内心抬头。在当代中国农村，经历这种心理变化的不下千万个"许茂"。而许茂作为艺术形象，又确是"这一个"。他那迟钝、固执而又蕴藏着克己的精明的个性特征，使他的整个丰满的性格获得一种确定的色彩，给读者留下难忘的印象。

四姑娘许秀云的形象也是小说中刻画得最为成功的。在一定意义上，她在全书更处于矛盾的中心。因为正是她的爱情悲喜剧——坚决与恶棍郑百如离婚，并坚定地爱上大姐夫金东水，构成了小说抓人心肺的情节，由之推动其他情节的发展。

许秀云是新中国年代里成长起来的农村女青年。社会主义的阳光雨露曾经培育了她爱生活、爱劳动，培育了她纯洁、善良、正直的品格。这个美丽、温柔、娴静的初中生，本来像春天的蓓蕾一样，有着无限美好的未来。然而动荡的年代，却使她遭到郑百如的蹂躏，陷入了逆来顺受的凌辱境遇。在被迫与郑百如成婚的八年中，她沉默无言，"平静得就像大海，什么都容得下，爱和憎，悲哀和希望，什么都深深地藏在心底，表面看来，不起波澜"，"任凭感情的狂涛在胸中澎湃，任凭思想的风暴在胸中汹涌，她总不露半点声色"。她的痛苦是深沉的，难以启齿的。她仿佛悲哀得麻木了。但是社会主义曾经给予她的少女心灵的种种美好的感情和品质，却仍然像压在岩石下的植株那样顽强地向上生长，像奔涌在地底的熔岩那样终究要迸发。目睹郑百如的种种罪恶行径、肮脏勾当，她必然不能与之两立。离婚，揭露郑百如，这需要勇气。爱上金东水，两个美好的心灵的靠拢是必然的，但也需要勇气。作为社会主义时代培养出来的正直青年，表面柔弱而内心富有强大精神力量的四姑娘，终于产生了这种勇气。于是，许秀云毅然决然与郑百如决裂，一旦觉醒，永不回头。任凭郑百如怎样虚情假意，甜言蜜语，搞阴谋诡计；任凭家庭的不解和社会舆论的压力，都不为所动！即使被逼得走投无路，投河自尽，她也爱金东水这个真正的共产党员，也恨郑百如这个披着"共产党员"外衣的真正的魔鬼。这需要何等坚韧的胆魄啊！是的，读者开头很可能对这位软弱的四姑娘满怀同情，哀其不怨，怒其不争；而当故事走向结局，她的品格却仿佛越磨砺越显现光彩的宝石一样，灿然夺目地屹立在我们面前。这个外柔内刚的女性，她的巨大典型性就在于，中华民族妇女传统的温柔、贤惠和社会主义新人是非分明的斗争勇气、追求光明与幸福的不可阻遏的决心，最终凝成一体。在人物性格的发展中，她的内在精神的升华和外在斗争的胜利，正是真善美战胜假恶丑，光明战胜黑暗，前进战胜倒退，社会主义力量战胜反社会主义力量的一曲凯歌。

文学史上作家们曾经创造过各种各样的典型。有希腊神话中的爱神、《三国演义》中的诸葛亮、莫里哀笔下的阿巴公和答尔丢夫之类的突出某一品质或情欲的典型，也有像《红楼梦》中的贾宝玉、《战争与和平》中的皮埃尔、《青春之歌》中的林道静那样的，不能简单用爱、用智慧、用悭吝或虚伪就足以概括其特征的典型。黑格尔曾经指出，为了性格的鲜明，需要"有一个主要的方面作为统治的方面，但是尽管具有这个定性，性格同时仍须保持住生动性和完满性，使个别人物有余地可以向多方面流露他的性格，适应各种各样的情境，把一种本身发展完满的内心世界的丰富多彩性显现于丰富多彩的表现"。（《美学》第一卷第269页）这指的正是后一类典型性格的创造。人物虽然有某些突出的性格特征，但整个形象是饱满的，具有活生生的人所富有的性格完整性和丰富性、复杂性。在艺术创作中，这无疑标志作家对人的认识达到一个新的高度，从而也标志现实主义的一种深化。而对于革命现实主义作家来说，人物思想性格的刻画还不能停止在静止的丰富而复杂的完整剖面上，而必须进一步将人物的社会环境、社会关系的变化跟人物的思想感情、心理状态的变化密切联系起来，从而深刻地去把握人物内心的矛盾冲突，把握现实革命发展与人物心灵革命发展的辩证关系。

长篇小说《许茂和他的女儿们》中人物塑造的不同程度的成功，特别是许茂和许秀云的典型形象塑造的成功，我以为跟作者走在上述革命现实主义深化的轨道上，是分不开的。

三

读着《许茂和他的女儿们》，让人感到仿佛是一首优美的抒情诗，是一幅色调明丽的水彩画，是一出意境深邃的悲喜剧；又仿佛我们是沿着一江清溪，沿着那清澈碧绿的流水和两岸的林木、云岚和翠岗，逶迤前进，饱览山野风光的无限景色。不容否认，这部长篇是有风格的作品，它具有浓郁的地方色彩，清新、朴素而秀美。

文学是语言的艺术。作品的风格固然得力于作者的艺术禀赋、才能的特点和所处理的题材本身的色调，很大程度上也得力于它的语言。构成作品形式的手段尽管多种多样，归根结底都离不开语言的表现。

好的文学语言应当简洁、明快、优美而又独具韵味和富于表现力。拖沓、晦涩、含糊和缺乏个性与美感，是文学语言的大病。《许茂和他的女儿们》之所以具有独创风格的艺术魅力，跟作家精心的艺术构思和鲜明生动的人物描写固然分不开，更与它的出色的语言分不开。

这部小说的语言无疑富于四川的地方色彩和风韵，但又罕有生僻难懂的方言。读起来流畅、清新，有如叮咚泉水，漱石流金，潺潺而过，婀娜多姿。它是朴素的，大多近于口语；它又是优美的，经过了艺术加工，显得准确、洗练，富于体态感和色泽感。尤为可贵的是，字里行间还饱和着感情，处处透出作家的审美心田所流露的富于个性的特殊韵调。

> 晨曦姗姗来迟，星星不肯离去。然而，乳白色的蒸气已从河面上冉冉升起来。这环绕着葫芦坝的柳溪河啊！不知哪儿来的这么多缥缈透明的白纱，霎时间，就组成了一笼巨大的白帐子，把个方圆十里的葫芦坝给严严实实地盖了起来。这，就是沱江流域的河谷地带有名的大雾了。

看，写风景，写川中的雾，寥寥数行，何等明丽和生动！请再看下面一段：

> 四姐啊！你的悲哀是广阔的，因为它是社会性的；但也是狭窄的——比起我们祖国面临的深重灾难来，你，这一个葫芦坝的普普通通的农家少妇的个人的苦楚又算得了什么呢？……是的，这些年来，从天而降的灾难，摧残着和扼杀着一切美好的东西，也摧残和扼杀了不知多少个曾经是那么美丽、可爱的少女！四姐啊，这个道理你懂得的，因为你是一个劳动妇女，你从小看惯了葫芦坝大自然的春荣秋败，你看惯了一年一度的花开花落，花儿谢了来年还开。你亲手播过种，又亲手收获。你深深地懂得冬天过去了，春天就要来。你决不会沉湎于个人的悲哀。

这是抒情的，又是充满哲理深度的对于四姑娘心境的描写。夹叙夹议，又一唱三叹，娓娓动听，仿佛真正是作家在向书中人物絮絮而道。而写人物对话：

"为啥子嘛，跟自己那个离了婚的男人在一个大队住着，每日里低头不见抬头见，多难堪呀！何苦呢？"

"葫芦坝这块背时的地方，她还留恋个啥子？……走得远远的，也免得触景伤情叫！"

"说的是！她手上又没有娃儿，未必就守一辈子寡么？常言说得好：寡酒难吃，寡妇难当呢。"

"呸！你这完全是'封建思想'！"

……

写一群妇女对四姑娘的议论，虽不见人，却闻声如见其人，几乎神态毕出，地方味十足。这种传神的对话，不仅要求作家熟悉所写的人物，也熟悉这些人物的口语，还要掌握和运用得恰到好处。

长篇小说需要叙述，也需要描写和渲染，需要不单把人物的行为、表情描绘给读者看，还需要把人物心境和环境相互作用中的微妙变化描绘给读者看。这种笔墨要不一般化，就特别需要作家用自己美的心灵的独特感受，去恰当地调遣语言，就像画家在画布上先要涂上一层基色，然后他笔触所到的缤纷色彩才能因基色而谐和、统一起来。《许茂和他的女儿们》对自然景色以及人物的描写，多有这样的特点。像下面这段文字，作者写许茂老汉在市场上以贱价买下一个女人的菜油，又以高价脱手后，回到家里，满心产生内疚和孤寂的感觉：

……院坝里种的玉兰花还未曾含苞，迎春的杏树也还没有醒绽，梨树枝丫挂着几片凋零的红叶，美人蕉显得苍老而憔悴，几株老柏树在院中投下浓重的阴影。唯有报春的蜡梅，孤芳自赏。春天还没有来，冬天迟迟不肯离去。多年来，一向以房舍庭院的宽阔清幽而暗中自负的老汉，今天第一次感到：这一切都是这样的死气沉沉！

不先写人的心情，却先写景，这景又是人所感觉中的景，带有感情色彩的拟人化的景。于是，许茂老汉做了亏心事后那种苦恼和孤独的心情完全被景物的描写烘托出来了。这其中，自然包含有艺术表现的技巧，但也表现出作者善于遣词炼句方面的语言功力。

周克芹的这部长篇，虽然写的是农村，川中农村土生土长的活泼泼的方言土语也随处可见，于刻画人物的心思对话，尤注意地方的韵味，但全书的描写语言却完全是感情浓郁的优美的，准确、生动、鲜明的文学语言。这就赋予全书的风格以带有个人印记的独特格调，增加了作品引人入胜的艺术魅力。

四

归结起来，《许茂和他的女儿们》以自己的构思、以自己刻画的典型形象和自己的极有特色的文学语言，为读者描绘了一个扎根于生活的真实，而又闪射着诗意的光辉的艺术境界。它能够帮助读者深刻地去认识现实，认识那个黑暗浓重的岁月的全部污秽、全部令人窒息的痛苦和比流血还要使人战栗的创伤，也认识黑暗中烛照的光明和希望，认识善战胜恶、美战胜丑的历史必然。它给读者以道德情操的陶冶，借助对人物的褒贬，对善恶的爱憎，对是非的臧否，使我们的心灵得到净化和升华，得到洗涤和鼓舞。它还给读者以美的感受，美的怡悦，美的憧憬，以它那种优美的格调，培养和提高人们的文学欣赏的水平。在当代文学发展的历史上，它确不愧为一部上乘之作，并且以新的题材、新的人物，新的风格，为当代文学的园苑增添了春色。

这部长篇小说获得成功的原因，从根本上说，应该归功于作者对生活的熟悉和忠实，归功于他那燃着战斗的革命理想的心灵，归功于他对于革命现实主义的创作追求。

在荣获茅盾文学奖的授奖大会上的发言中，周克芹说："人民是作家的母亲，生活是文学的沃土。我们要坚定地实践革命现实主义的创作方法，并不断完善和深化它。这就需要我们长期坚持深入生活，用极大努力丰富自己的生活阅历，熟悉人民群众的思想感情。要把自己置身于生活激流的中心，即正在从事四化建设的人民斗争生活的中心，使我们的艺术触觉能随时感受到时代脉搏的跳动、生活前进的声音，甚至能够感受到生活即将发生的某种变化的趋势，以便我们去艺术地展示生活的美好的前景，创造出真正的革命现实主义的长篇。"

这无疑既是周克芹对自己的企望，也是他以往创作的经验之谈。在我们的时代，革命现实主义离不开马克思主义世界观的指导，离不开革命的先进理想的照耀。尽管如毛泽东同志早就指出的，"马克思主义只能包括而不能代替文艺创作中的现实主义。"但也正如他所说："学习马克思主义，是要我们用辩证唯物论和历史唯物论的观点去观察世界，观察社会，观察文学艺术。"（在延安文艺座谈会上的讲话》）《许茂和他的女儿们》反映生活的深刻的真实性，它那被革命理想照亮的诗意的光辉，它那字里行间让读者强烈感受到的"时代脉搏的跳动、生活前进的声音"，以及"展示生活的美好的前景"，都说明作者跟当代的先进世界观、跟党和人民的心是紧贴在一起的。从一九五六年起，周克芹便扎根于农村。二十多年的农村生活，使他真正地熟悉了农民。对农民生活经历的种种细节和思想感情的种种微妙，他都有深切的了解和体验。而且，从作品中我们还不难看出，他爱农民，爱人民底层深处的美好的一切。当然，他也能憎能恨，是真正跟人民、跟党呼吸与共的作家，对郑百如之流的倒行逆施，恶事秽迹，没有谁能不满怀愤怒、深恶痛绝的。正是在马克思主义世界观的指引下，建立起对于社会主义、共产主义事业的革命理想和历史责任感，并从对生活的深切感受中洞察和把握现实的革命发展，构成了《许茂和他的女儿们》一书的革命现实主义的基石。

　　诚然，这部小说还非尽善尽美。作者对农村生活的发掘，似乎还可以更深些。共产党员金东水、造反派郑百如这两个在现实生活中、也在全书中占有相当分量的人物，形象的刻画就不如许茂和四姑娘那么丰满，他们的内心世界的展示也比较浮浅，这是令人感到惋惜的。

　　今天，周克芹已经成了专业作家。我们希望他继续前进。他的才华是无可置疑的，但生活的视野、思想的视野还有待进一步扩大。如果这样一个生活底子本来就比较厚实的作家，能在坚持深入生活的同时，又把眼界放得更为开阔，并且不停步地去攀登一个又一个新的思想高度，那么，他一定能写出更深刻、更有思想和艺术魅力的作品来。我们预祝他获得更大的成功。

（《辽宁大学学报》1983年第4期）

对变革时期农村生活的思考

——评周克芹的《桔香，桔香》

彭韵倩

我国的农村，正在经历一场深刻的历史性变革。这场变革，从根本上改变着八亿农民的历史命运，不仅改变他们的生活方式和思考方式，而且改变他们的风俗、习惯和心理。它以强有力的冲击波，震撼着作家的心灵，为文学创作打开了一个全新的生活面。

近几年，反映农村生活的作品，越来越多地涉及这方面的问题。虽然浮泛化的毛病和简单图解政策的倾向，仍然在相当一部分作品中程度不同地存在着；对急剧变化的农村生活感到困惑和疑虑的思绪，在少数作品中还时有流露；创作落后于农村现实生活的状况，还有待于进一步解决。但是，农村题材创作的成绩是显著的，总的势头是好的。能够比较准确地反映变革进程的某些方面，给人以启示的好的或比较好的作品，数量在逐渐增多。这说明了，作家对变革中农村生活的思考在逐步深化。周克芹的中篇小说《桔香，桔香》（《现代作家》1984年第1期，以下简称《桔香》），就是他在这种思考过程中一个值得注意的重要收获。

《桔香》描写的是一个社办企业，在它的创业阶段所遇到的种种困难和问题。

庙儿山的柑橘成熟了，丰收已经定局，到处都是扑鼻而来的淡淡的橘香。

然而，在这幽远、清新、令人爽然的橘香后面，却爆发了一场牵动人们切身利益的轩然大波。以马新如为书记的红旗公社党委，鉴于社办果品加工厂即将竣工投产，决定全部柑橘由果品厂收购，因此贴出告示："禁止鲜果下山"。这个决定和县上许多单位发生了矛盾：供销合作社要求执行早已签订的购销合同，并且调来了十辆运货卡车，黑压压挤满庙儿山的广场，大有"兵临城下"之势；银行方面信心动摇，不打算再向果品厂继续贷款；在这种情况下，县里的态度也由原来的"一致支持"变为"冷淡"，很多人"主张停办"。在县政府办公会议上，有人甚至主张接受供销社等单位的告状材料，交纪委和法院处理。

故事开始，果品厂就处于尖锐复杂矛盾的焦点。包括人们争论、扯皮、激动，甚至爱情生活的信息，都是围绕着开办果品加工厂展开的。这里不仅有果品厂和供销社、外贸站、税务局、果品公司等单位的矛盾，有资金和技术力量不足、缺乏管理经验方面的矛盾，还有公社领导政策观念不强、思想浮躁，没有处理好集体与国家（如不执行合同）、集体与集体（如挪用农机站的存款）、集体与个体（如禁止小商贩收购柑橘）等关系的问题。如此众多的矛盾和纠纷交织在一起，套叠在一起，奔袭而来，使主人公马新如承受着巨大的压力。更值得注意的是，作品中或明或隐地描写的那些社会上的习惯势力、不正之风，以及各种各样对农村改革的错误认识，严重地妨碍着农业现代化事业的进一步发展。

周克芹曾经说过，他搞创作，"一定要坚持直面人生"，"一定要站在党和人民的立场上，面对生活，勇于和善于反映人民群众所关心的社会矛盾，并正确展示矛盾发展的趋势，给人以开拓未来的信心和力量"。《桔香》正是他这种文学主张的实践。

庙儿山果品加工厂所遇到的困难和问题，多半是人为设置的障碍。周克芹以一个作家的革命责任感，真实地、历史地、形象地揭示了当前农村变革中的矛盾斗争，尤其是不正之风造成的恶劣影响。某些人深藏着个人的私利，对改革的各式算计，但又都打着"有文件可据"、"按条例执行"、"公事公办"等冠冕堂皇的幌子，谁要反对他、不按他的意旨办，谁就被置于"错误"的一方。正是这些无形的牵扯，给庙儿山果品加工厂造成了重重困难。但是，作品并不给人压抑、低沉之感。相反，读者可以感受到，庙儿山人民中蕴藏着极大的变革现实、发展生产、走富裕之路的社会主义积极性。《桔香》的成就之一，也就在于既深刻地暴露了农村变革中的困难和问题，又生动而又令人信服地描写了这种积极性。

过去，庙儿山薄薄的红色泥土掩不住黑色的石包，没有树，也没有草，"这是个没有生命的地方"。现在，庙儿山大不一样了，已成了"遍山橘树，满目绿荫"，原来的"荒山"已变成了"宝山"。庙儿山农民开始尝到发展果树的甜头。既然果品加工厂将使他们的收益有大幅度的乃至成倍的增加，他们当然会积极支持果品加工厂的开办。作品在这方面虽然着墨不多，但是仍然可以使人感到农民带着极其喜悦的心情在建设自己的工厂。古老而荒凉的山坳里，铁锤叮当，弧光闪亮，农民用自己的双手建起了高大而空旷的厂房。公社办起了工厂，既增加了经济收入，又解决了农村剩余劳动力的出路，"从他们的脸上看出来，没有不高兴的"。

《桔香》是要表现社队企业这种新的经济形式的顽强生命力的。但作者选择的却不是一个已经取得最终成功的企业，而是一个处于草创阶段，困难重重，八方掣肘的企业。他不想用成功后的锣鼓喧天，鞭炮齐鸣的喜庆场面，来冲淡横在前进道路上的那些非常实在、非常严峻的困难和问题。他不愿让自己和自己的读者沉醉于已经取得的胜利之中，以为一切如意，万事大吉，而保持了一个严格的现实主义者清明的理性，为自己选择了一条并不省力而又无法取巧的路子。然而，他成功了。作品既让人们看到了一种新兴的经济形式在它的起步阶段所面临的艰难，以及它自身的弱点，同时，也让人们看到了这种新生事物必将取得自己生存的权利，以及必定胜利的历史依据和光明前景。

小说毕竟不是经济学论文，也不是调查报告。写好变革时期的农村生活，关键是写好变革中的人。在《桔香》里，社办企业这种新兴经济形式的顽强的生命力，主要是通过马新如这个人物形象体现出来的。

《桔香》没有正面描写马新如怎样带领庙儿山农民筚路蓝缕，艰难创业的具体过程，但读者从红旗公社的今昔变化中，从现在作为公社办公室的原菩萨大殿上挂满的密密麻麻的奖状和锦旗上，从生气勃勃的果品加工厂，以及从他比实际年龄苍老得多的面容上，可以推知，这位三十来岁的公社书记，他走的这段路该是多么不容易。他以实际的业绩，使那些当年怀疑他能不能挑起一个落后公社担子前进的人们，不再怀疑了；庄稼人相信他，敬重他，说他"是个干大事的人，将来必定是个大干部"。群众对他的热爱和拥护，正是马新如在庙儿山能够喝得动，能够令行禁止的重要原因。如果说，他在这里已经初步站稳了脚跟，有了一个稳固的立足点，那么，这个立足点就在庙儿山庄稼人的心里。马新如能做到这一切，当然与他个人的条件和品格是分不开的。他头脑机敏，有谋略，有远见，性格坚定果断，作风雷厉风行，而且有那么一股不达目的誓不罢休的韧劲。这都是新时期站在变革前哨的人物身上常见的品格。这种品格无疑是很宝贵的，但仅仅这样还是不够的。他的成功还在于坚决地贯彻执行党在农村的各项方针政策。他是一个共产党员，心里装着庙儿山的人民，在极其困难的处境下，他想的是："庙儿山的群众太穷了！如果说，在三中全会以后中央放手让农民富裕起来，而庙儿山的群众依然还要穷下去，那才是我的错误，那才是对不起人民，对不起党！该挨板子！"因此，只有当他的个人品格与正确的党的政策结合起来的时候，才更显示出内在的力量和光华。

然而，《桔香》并没有像某些对生活缺乏自己独到见解的浅薄的作品那样，去图解政策。周克芹没有把马新如仅仅作为某项抽象政策条文的化身来写。马新如是一个有着血肉之躯和自己性格特点的人物形象，作为一个活生生的艺术形象，周克芹是把他放在实实在在的矛盾冲突之中进行考验的。通过这样的考验，让读者逐渐了解人物的品格，理解人物所处的环境，并从人与人的复杂关系中，认识人物所献身的事业的真正价值。马新如性格的内在力量，就是这样一步步显示出来的。

社办果品加工厂在创办过程中，本来就会遇到各种各样的矛盾。这些矛盾，体现在作品中，都转化为人与人的关系，人与人非常具体的冲突。其中很多矛盾是由于果品厂决定"禁止鲜果下山"，突然激化了。它们从不同方面主要向马新如身上集中，使他仿佛陷在一张大网里，难以行动。在由他作为矛盾的一方的每一组矛盾里，都有具体的人站在另一端，与他对立着，虽然这些矛盾和对立的性质、程度、方式各有不同。与供销社矛盾的另一端，是老练、精明而又急躁的商业干部黄进元；由停发贷款引起的矛盾的另一端，是不软不硬地捏着电话扯皮的县支行信贷股的杨股长；在公社领导内部矛盾的另一端，有散布流言、背后插刀的副书记老邱；而爱情矛盾的另一端，有始而纠缠，继而决裂的汽车女售票员郑湘帆，在她背后，还站着工于算计的乃父、县社队企业局副局长郑之声……这种种矛盾，互相交织，互相影响，一波未平，一波又起，一股脑儿朝马新如压过来。他处在这些矛盾的中心，一度非常苦恼，甚至犯了错误。但是，他毕竟是个强者，在县里各方代表参加的公社干部大会上，他表现坚定，临阵不慌，处事有方。虽则从作品显然收束得过于匆忙的结尾看，马新如确实是碰了个小小的钉子，遇到了一点挫折，但他作为一个干练的创业者和改革者的形象，还是站立起来了。如果说，反映新时期农村变革生活的作品中，农村改革者的形象还不多的话，那么周克芹笔下的马新如就增加了这样一个形象，在某种意义上，马新如就是农业战线上的"乔厂长"，这样说是不过分的。

在作品的总体结构上，颜少春和赵玉华是两个值得注意的人物。颜少春虽然不是作品中的主人公，不是矛盾的焦点，却因为她的县长的身份和她肩负的调查情况、调解纠纷的责任，从一开始就处于举足轻重的地位。从《桔香》的结构来看，作品的整个描写，是从颜少春来到庙儿山，逐步展开的。许多事情，多从颜少春眼里见出，经过颜少春的调查，并经过她的头脑的梳理，纷繁的让人眼花缭乱的矛盾冲突，人事纠葛，渐渐清晰地呈现出它们内在的联系来。可以认为，这是一个选择得很好的观察角度。她不仅是整个作品人物和事件的一个客观的权衡，一面明洁的镜子，而且还是在艺术上把这纷杂的人和事联结在一起的一条重要的纽带。

读过周克芹的长篇小说《许茂和他的女儿们》的人们，一定会记得这个颜少春，就是一九七五年带了工作组去葫芦坝的工作组长。在那个作品中，颜少春像葫芦坝的庄稼人一样，正处于逆境之中。这个人物在《桔香》里的作用，虽然并不下于她在《许茂和他的女儿们》里的作用，但在性格上却没有什么发展，写得也不够丰满。不过，这个人物在小说中的意义是不容忽视的。由于有了颜少春这样一位饱经人世沧桑、个人也曾有过刻骨铭心的不幸、如今早已头发花白的女县长的出现，人们就不难想到，庙儿山果品加工厂虽然还有很多困难，它的带头人也显得经验不足，而且还可能再犯这样那样的错误，但是，没有什么力量能使历史的车轮倒转，没有什么人能把庙儿山人再拖回到那阴郁的昨天去。庙儿山有困难，但庙儿山正在按照党所指引的方向前进，这个方向是正确的，它昭示着中国农村光明的明天。

农业技术员赵玉华，默默地爱着马新如。这是朦胧的、痛苦的、折磨人的爱。她把这种爱，埋藏在内心深处，不仅马新如不知道，就是赵玉华自己，也缺乏承认的勇气。然而，这却是事实。它是一种单方面的、深沉的、伴着漫长的期待的爱。这种爱，使她比所有的人都更关心马新如，而她对马新如的长处和短处，成功和失败，也更为敏感。这使她的心灵成为马新如活动的一面镜子。她虽然对马新如也有意见，他们之间也不无矛盾，她不同意果品加工厂匆促上马，对收购柑橘中违背科学的堆放办法提出过严厉批评。但她对马新如的爱却是主要的，这又决定了他们根本上的一致。作为一个农业技术员，赵玉华的青春和才能都奉献在庙儿山的果树栽培上了，她的这种献身精神，与马新如献身农村社会主义现代化事业是一样的崇高。这也许正是作者对他们未来的结合，流露出那么乐观的信念的现实根据。不过，从艺术上看，作者对于这个人物因爱情生活的不顺心而形成的性格上的变异，似乎写得过重了些，花在这上面的笔墨稍嫌多了些。

《桔香》写到的人物，至少在十几个以上，但真正使人难以忘记的形象却不多。这主要是由于作家把注意力放在错综复杂的矛盾描写上去了，而多少忽略了有个性特征的人物形象的塑造，这就不能不使许多人物显得面目模糊。与《许茂和他的女儿们》相比，《桔香》在这方面是有明显的不足的。

在《许茂和他的女儿们》之后，周克芹的一系列短篇创作是以变革中的农村生活为题材的，如《山月不知心里事》《甘家塝的甘大爷》《邱家桥首户》《落选》等。这些作品有一个共同的特点，就是作者不仅写了农村的新变化，而且还敏锐地觉察到这变化中出现的新问题，有时也表现出某种忧虑。他的有些作品因此曾在评论界引起争论。我想，这种争论正好显示出作者对当前农村生活的思考，作品把那些前进中往往容易被人忽视的问题提到了读者面前，逼得他们把问题想得深入一点。这也正是作者用意之所在。周克芹在《邱家桥首户》的创作体会中曾说过，他写冒尖户黄吉山富裕后面临家庭散伙的局面，"就是想同读者共同思考生活的要义和真谛不仅仅是物质上的致富，如果不在物质致富的过程中追求更丰富的东西，个人致富的道路就难以继续下去，并提高到更高的水平。"（《访周克芹》，《青年作家》1982年第7期）因此，周克芹的作品不只是传递变革时期农村生活的某些信息，而是带领读者一道来认识和思考生活中的新情况、新问题。我们不能因为他的作品流露出一点忧虑，就以为是"杞人忧天"，指为"悲观情绪"。从根本上来说，对当前农村变革，作家是乐观的，不过并不盲从；这是一种清醒的乐观，有条件的乐观。这在《桔香》中看得尤其清楚，其实无论在现实生活中，还是在艺术创作中，我们正是需要这样的乐观精神。

（《文学评论》1984年第3期）

谱写农村变革的"人心史"

——评周克芹的中篇新作《果园的主人》

仲呈祥

　　读罢周克芹的中篇新作《果园的主人》（《青年文学》1984年第11期）后，我以为，以对新时期农村变革生活的体察敏感、认识敏锐和反应敏捷见长的作家周克芹，其创作的笔触始终对准着农村变革中的各种人物的精神世界。他说："改革是涉及各个方面的，除了我们看得见的经济的、政治的、体制的变化外，还有我们需要深入体察和研究才能感受到的人们心灵思想的变化，而后者，才是文学应当摄取的材料。"（《当代文坛》1984年第6期）所以，他致力于谱写我国新时期农村变革的"人心史"。继《桔香，桔香》和《晚霞》等优秀小说之后，他在《果园的主人》里又以懂科学、有抱负的果树栽培技术员华良玉为中心人物，放射性地多层次描写了他同"万元户"江路生、"老许茂"江爷爷、"傻姑娘"大丫，"活探春"二丫和"青年领袖"尤金菊的复杂矛盾，拉开了这些不同人物在变革中的精神帷幕，真实地展示了他们各异的心理变化历程，从而广阔而深刻地表现了当今的时代风貌。

一

　　华良玉与江路生的矛盾，是小说的主干。

华良玉的身世，颇有些像《人生》中的高加林。他高中毕业，不乏才华，却在高考落第后返回农村，进了果树栽培训练班，又被挤掉了公社技术员的位置，无奈何，只好受"雇"于万元户江家。初到江家，他虽受"雇"于人，却觉得自己就是"那片果园的主人"，并决心"为它付出全部的智慧和辛劳"。但是，生活并不像他预想的那么简单，道路并不像他期望的那么平坦，变革中充满了尖锐的矛盾。他的一系列拯救果园、科学致富的主张，首先遭到了"万元户"主江路生的反对。

江路生当然是"庄稼人当中最为实际、也最为机灵的一类人"，是"一个优秀的粉匠"，据此，他赚了钱，成了尤家山的"万元户"，并凭借这经济实力，承包了乡亲们都望而生畏的那片"就像害着痨病的女子"似的衰败果园，把进一步致富的"希望寄托在这片果园的兴旺发达"上。但他在粉坊里是行家里手，在果园里却是道地的门外汉，更"不懂得当前的科学技术"。按理，在拯救果园上，他对华良玉应当言听计从。然而他落后的小农经济意识使他与华良玉科学致富的主张产生了主客之间的矛盾——

华良玉主张在果园里间种豌豆和胡豆，认为这一举两得，"既可提高地力又可白收一季庄稼"；江路生却以"果园的主人"的身份让华良玉碰了个"软钉子"，因为他实在不懂得什么"根瘤菌"和"固氮作用"，也就不相信可以提高地力，他考虑的只是怕"播下种子，到时候什么也收不回来，不是白浪费么"？

华良玉建议贷款投资，建个抽水站，既保证眼前果园的抗旱急需又满足未来在荒山上新辟果园的水源需要；江路生却"决不愿干那种风险事"，而是"寄希望于老天下雨"，因为"总有一天要落雨，我就不相信它不落雨了"，他的忍耐劲儿超过了一般庄稼人，总是这样因循守旧地巴望着苍天。

就这样，江路生"发财的胆量大大超过了一般庄稼人，但在投资的胆量上却依然像个种田人"。传统的小农经济意识和小生产方式的落后观念，顽固地使他站在华良玉靠科学技术拯救果园的对立面。如果说，在开办粉场上，江路生无愧为能人；那么，在拯救果园上，江路生则是一位不称职的"果园的主人"。近年来，人们从报纸上、从广播中，似乎已经听惯了对"万元户"们的褒扬，但他们是否完全是农村中先进生产力的代表，恐怕需要做些具体分析，江路生这个形象的意义就在这里。

且喜，江路生在事实的启迪和教训下，终于开始醒悟了。他后悔当初未能间种，说："这要怪我，我思想保守，不相信科学，本来该种上豌豆，华技术员建议过的，怪我没有同意。"并承认"在科学技术上，年轻人比我们有办法"！他看到"旱灾给江家造成的损失以及抗旱所花去的物力、人力，两项经济损失加起来，已超过了安装一个小型抽水设备所需的金额了"，终于下定决心，向农业银行要了一笔无息贷款，"给果园建个抽水站"。他甚至还认识到，要拯救果园，科学致富，就必须设法"拴"住懂科学、有技术的华良玉。他的这种心理变化过程和发展态势，颇有典型意义。

显然，华良玉与江路生的矛盾，实质上是现代化的科学致富与传统的小农经济意识的尖锐冲突。随着农村变革的深入发展，已经成为"万元户"的江路生们，要进一步致富，做名副其实的农村先进生产力的真正代表，就必须努力摆脱小农经济意识和小生产方式观念的束缚，尊重科学，尊重知识，尊重人才，同华良玉团结奋斗，才有广阔的前途；否则，小生产者的短视将阻碍他们的事业的进一步发展。这，正是小说对生活的新的艺术发现。

二

与小说的主干——华良玉与江路生的矛盾——相呼应的，是华良玉与江爷爷的矛盾。早就听周克芹说过："我太熟悉农村中的'老许茂'们了。我在《许茂和他的女儿们》中，曾刻画过'老许茂'在'文化大革命'那个特定历史环境里的心理轨迹；如今，我在新构思的《果园的主人》中要摄下'老许茂'在八十年代的农村变革里的'心电图'，只不过，'老许茂'换了个名，变成了江爷爷。"

江爷爷作为江路生之父，其传统意识和思想观念更趋保守。小说形象地描绘了华良玉与江爷爷的冲突，不仅使作品所揭示的农村变革与阻碍变革的斗争得到了有力的深化，而且使作品的主干有了陪衬的枝干，大大增强了作品的历史感。

江爷爷的确"是个不折不扣的墨守成规、与新时代格格不入的怪癖老朽，像个'花岗岩脑袋的幽灵'"。他视华良玉为"眼中钉",斥之为"烂秀才"。大丫失恋出走后,他"断定是'那小子'用手段勾引了大丫"。在他看来,华良玉的科学、技术,都不值一钱,华良玉不过是他江家雇用的一名长工。而依据他新中国成立前十二岁起就给地主当长工的亲身经验,"世间哪有一个长工,能和主人贴着心过日子的呀?不是吃你、盘你,就是偷你、害你,三个五个联起手来对付你,弄得你家败人亡!哪一个长工不是靠斗争主人家,才闹下个家产、娶上个婆娘的?哼!"因此,他断定江家来了华良玉,"家务正在一天天走向败落,长此下去,经他辛苦拼搏,这几年刚好转的江家,就会断送了"。他非把华良玉赶走不可!

可见,江爷爷的脑筋还停留在新中国成立前。他的思想观念是陈旧的,思维方式是过时的。尤为可悲的是,他明明"早已退出家庭历史舞台",仅仅是个"被赡养的老人",却偏偏要以江家的"当家人"、"司令员"自居。"每天,他都像司令员似的向全家铺派活路",有时一天的指示竟达二十九条之多!他虽然已经双目失明,看不见世间这场变革带来的深刻剧变,却"凭着一日三顿的伙食上感觉出日子正在一天天好起来",因而贪天之功为己有,更"坚信自己的指挥的正确英明",误以为"这个家庭绝对的不可没有了自己这个当家人"。

作家王蒙认为:"历史感差不多是衡量现实题材作品深度的一把最重要的尺子。"(《对于现实生活的反映、反应与呼唤》,《光明日报》1984年5月3日)江爷爷在变革中的上述心理状态,无疑凝聚着深广的历史内涵。当今的农村变革,其阻力主要不是来自对立的阶级敌人方面,而是来自于大量存在于农民群众中的小农经济意识和传统的历史惰力。摆脱这种小农经济意识,战胜这种传统的历史惰力,是改革者长期、艰巨的任务。周克芹以其对农村历史与现实的深刻了解,对"老许茂"江爷爷的心态变化和思维方式,进行了准确的审美观照,从而提醒人们同一切阻碍变革的旧意识和旧偏见展开韧性斗争。这,又是小说对生活的新的艺术发现。

三

华良玉与大丫、二丫和尤金菊的矛盾纠葛,使小说从横向上展示了当代农村青年在变革中的不同心理历程，从而把变革生活的复杂性带进了文学。

先看"傻大姐"大丫。她堪称爷爷的好孙女，血管里流淌着爷爷那勤劳、保守甚至颇有几分愚顽的遗传因子。她"平日里干活像条牛似的"，但她也是人，因此在长年累月被父辈当作致富的"牛"使唤后，生活里突然闯进个英俊男子华良玉，就"会动芳心"。不过，"她的爱情，简言之就是嫁个男人"。她心安理得于"没得文化"，当求爱失败后，顺理成章地采用了乡间"笨的姑娘才走的那条路"——出走，到计划生育政策"宽些"的地方去嫁给个"有得吃，有得穿，活路青（轻）松，代（待）我好"的陌生男人。这又是周克芹对生活的新发现！前几年，人们常说，四川姑娘出走，是因为吃不饱、穿不暖，像《牧马人》中的李秀芝那样。但大丫的出走，却并非如此。须知，她是"万元户"的长女啊！然而，大丫毕竟出走了。这说明，即便如大丫这样的背着从祖辈那里因袭来的传统负荷的农村女青年，也不满足于仅仅充当物质致富的工具了，她们要努力寻求精神上的东西，哪怕还不过是低级而又朦胧的东西！大丫的悲剧，使人想起《人生》中的巧珍。大丫爱华良玉，不过是为了嫁个男人；巧珍爱高加林，却是因为"爱有文化的"。在这个重要的分野上，巧珍要比大丫顺乎时代潮流得多。唯其如此，巧珍才不像大丫那样，以"读不得"自慰，而是拼命学文化——从学写"高加林"三字开始！当然，无论出走的大丫也罢，还是留下的巧珍也好，最终都就范于封建性的或包办或买办的婚姻，嫁了个并不相爱的人。她们的悲剧，绝非"个人的罪孽"，而系时代酿成，其内涵和底蕴，是发人深思的！

次看"活探春"二丫。二丫的性格，使人想起《红楼梦》中那个在大观园里"兴利除宿弊"，企图力挽贾府衰败之势的贾探春。周克芹自己也说："写二丫之时，探春形象总是在我脑海里游动。"当然，江家绝非贾府。江家是当今"正在蓬勃发展"的农村"万元户"；贾府则是昔日没落衰败的封建门庭。二丫苦于心计，内向含蓄，遇事胸有成竹，掷地有声，是江家实际上的"内当家"。她"一心一意为着这个家庭的振兴，很少想着自己的终身大事"。为了振兴家业，她不像大丫，以"没得文化"自慰，而是"哀怨"于自己"文化太低，不懂新的技术"，并要求华良玉帮助她"学会果树的全部学问"。对华良玉，她也"首先想到的是江家的事业需要他，离不开他"。唯其如此，她曾怀着多少有点痛苦的感情，期待着姐姐大丫能以婚姻这根红绳把华良玉拴住。然而，她很快发现姐姐难以完成这一"使命"。于是，她决心身挑重任，步步为营，"以她的方式爱着他"了。显然，他爱华良玉，主要是为了江家的振兴。所以，当华良玉决心"离开江家，独自创建果园"，以实现自己的理想和抱负时，二丫便"并不爱他的抱负和理想"了。爱情的失败，也就是必然。所幸的是，生活的潮流冲击着二丫，变革的现实启迪着二丫。二丫正在觉醒，正在奋起，向着科学，向着文明！他是新时期文学画廊里农村青年形象的一个新的熟识的"陌生人"。她的心态变化和发展趋向，代表着相当多数的当代农村青年在变革中的思想历程。可以预期，华良玉离弃后，江家承包的果园的未来和希望，多半寄托在她身上。

再看"青年领袖"尤金菊。她是个见地不凡、语言犀利的现代型女青年。她有一股火辣辣的闯劲，雄心勃勃于改革大业。她的宣言是："如今是科学的时代。有本事的人应该站在一条线上，挤掉他们（注：指没本事的人）"，"不要迷信资本和权势。科学可以转化为金钱、物质，以及一切一切……"她的生活观是："绝不愿像众多的农村妇女那样生活：嫁一个丈夫，为他生儿育女，晴天一身汗、雨天一身泥地打发着无穷无尽的日子；希望呢，小得可怜，只望年辰好，不挨饿，丈夫厚道，不挨打……"她立志"要过一种新的生活，凭着自己的本领和意志，建立起自己的事业和家庭，像城里那些有知识的妇女一样，也许比她们过得更好，更美满呢！"她说到做到。她和华良玉一起，承包荒山，靠科学技术创建新的果园，把青春献给宏伟的四化大业。她真的当上了尤家山"男女青年们的当然领袖"，传播科学文化，倡导新的生活方式。也许有人会对她半途杀回从二丫那里"抢"走华良玉，表示点道德上的非议。但，还是老作家沙汀说得好："她跟他志同道合，一道利用他们的科学技术创建果园是他们的爱情基础。这是正常的爱情抉择。"（《青年文学》1984年第11期：《一幅描绘我国农村现实生活的生动画卷》）随着改革的行进，人们固有的传统的伦理、道德、审美等观念，是不是也应当相应地做些适当的调整和修正呢？

华良玉作为小说的中心人物，江路生留过他，江爷爷赶过他，而大丫、二丫和尤金菊又先后追求过他。复杂的社会矛盾，集合于他；错综的人物关系，汇聚于他。他是中心，他是焦点。透过他从受"雇"于江家到离弃江家的心理历程，可以窥见当今农村变革现实的大千世界。江路生留他，代表着当代中年农民力图摆脱小农经济意识、接受科学致富思想的愿望和追求；江爷爷赶他，说明了旧的传统偏见和意识决不自动向变革的现实缴械；而大丫的悲剧，象征着当代青年农民应当告别的过去；二丫的心态，象征着当代青年农民直面的正在向着科学与文明转化的变革现实；至于尤金菊的理想，则更多地象征着当代青年农民面向的光辉未来。小说的主要成就，正在于为我们如此多层次地形象地描绘了新时期农村变革的一部色彩斑斓的"人心史"。

（《小说评论》1985年第2期）

评周克芹的创作道路

田 原 冯宪光

早在十年以前，当周克芹以一部长篇小说《许茂和他的女儿们》震动文坛，使这位长期在农村坚持业余创作的作者一跃而成为当代中国的著名作家时，我们就认为，周克芹走过的艰辛而曲折的文学创作道路已经为我国社会主义文学的繁荣发展提供了新鲜的宝贵经验。就在那时，也就萌发了系统地总结周克芹的文学创作经验的初衷。但是，这个愿望一直没有付诸行动。主要的原因是，这十年正值周克芹创作的丰收时节，这位作家时有新作，随着不断的艺术创新和探索，周克芹作品的面貌和品位也在发生一些新的变化。当时我们还想再多读一些周克芹的新作，在作者更加成熟的台阶上去把握他的艺术个性和成就。

这种追寻中的期待，对于正值创作盛年的周克芹是一种殷切的关注和期望。这不仅是我们，而且也是当代评论界一直没有对周克芹系统的研究论著出现的一个原因。可是，周克芹的倏然逝世却意外地终结了我们以及许多评论工作者的期待。

违意志的死亡抹去了逝者生命的存在，在他与生者之间设置了一块阻绝阴阳昏晓的永恒的界碑。死亡在周克芹的充满生机的文学创作道路上画上了一个黑色的句号。此刻，我们也不得不怀着极其沉痛的心情，来写下我们酝酿已久的文字。

一

如果说周克芹的文学创作生涯从一九六〇年在《峨眉》上发表处女作短篇小说《秀云和支书》算起，那么，到他一九九〇年八月五日逝世为止，他的文学创作生命整整延续了三十年。

这三十年间，周克芹笔耕不辍，共创作长篇小说三部，除《许茂和他的女儿们》外，《果园的主人》和《秋之惑》两部中篇合为一部长篇小说《秋之惑》已正式出版，最近几年埋头写作的长篇小说《饥饿平原》已全稿杀青，但尚未面世。还创作了中篇小说四部（含《果园的主人》和《秋之惑》），短篇小说二十五篇，小小说一篇，报告文学两篇，电影文学剧本两部，散文、文艺评论、序言等四十余篇。以上作品，除《饥饿平原》外，都在报刊上公开发表，并结为六部作品集出版：长篇小说《许茂和他的女儿们》（百花文艺出版社）、电影文学剧本《许茂和他的女儿们》（与萧穆合作，中国电影出版社）、长篇小说《秋之惑》（中国青年出版社）、短篇小说集《石家兄妹》（四川人民出版社）、《周克芹短篇小说集》（四川人民出版社）、中短篇小说集《二丫和落魄秀才》（中国青年出版社）。

仅仅从数量上看，周克芹算不上当代中国的高产作家，但是他创作上的鲜明特色和艺术水准却把周克芹和他的作品一同载入了我国当代文学的史册，并在国际上享有声誉。

研读周克芹的全部作品，可以很容易地捕捉到两个事实。第一，他的作品绝大多数都是在粉碎"四人帮"以后，特别是党的十一届三中全会以后写的。第二，他的全部作品都是写的当代中国的农民和农村生活，即使是近年来发表的一系列短篇小说描写到处身于半城半乡中的知识分子，其环境和心理也都同农民有不可割舍的联系。这两个事实构筑了周克芹在当代中国文学的地位，使他成为新时期非常突出的一位一生都在写农民的农民作家。

新时期的文学在党的十一届三中全会以来的正确路线的指引下，取得了丰硕的成果。周克芹个人的文学成就是与新时期文学同步发展的。如果在研究任何一位作家的文学创作道路时，都可以大致分为前成熟期和成熟期的话，那么在新时期文学复苏阶段问世的《许茂和他的女儿们》就是周克芹文学创作的两个时期的分界线。

　　一个作家的成熟与否应当以其作品作为标志，特别是以其作品的思想和艺术上的成就在当时文坛上的地位和影响作为标志。从十年动乱中走出来的中国文坛迫切需要复苏和振兴。时代的苦难往往造就了文学的复兴。新时期文学复苏的起点就是对"文化大革命"给中国人民带来的灾难、痛苦的伤痕的审视，卢新华的《伤痕》、刘心武的《班主任》尖锐地展示了新时期与"文革"思想观念上的对立，对新时期文学的复苏有开拓之功。但是这些短篇小说毕竟容量有限，不足以负载反思历史的重任，时代迫切需要史诗般的长篇小说来概括人民和历史经受的磨难，告别过去，开拓一个新的纪元。正是在这个时候，周克芹的《许茂和他的女儿们》应运而生了。这部小说同《花园街五号》《芙蓉镇》等长篇小说一起，非常深刻地描绘了"文革"十年期间中国社会的基本面貌，成了时代历史的真实记录。

　　《许茂和他的女儿们》荣膺首届茅盾文学奖这个新时期文学最重要的大奖，是当之无愧的。这部小说同《花园街五号》《芙蓉镇》等作品一道，成为新时期文学从复苏走向繁荣发展的重要标志。而它也成了周克芹本人在文学创作道路上从摸索走向成熟的明显标志。

　　周克芹是在一九七七年把他过去写的短篇小说选编为第一本小说集《石家兄妹》之后，集中精力创作《许茂和他的女儿们》的。如果我们把《许茂和他的女儿们》看作他进入成熟期的标志，那么《石家兄妹》则可以被认为是他摸索期、不成熟期的总结。要研究周克芹的创作道路的发展，应当把《石家兄妹》同《许茂和他的女儿们》作一比较。

　　《石家兄妹》收录了七篇短篇小说。这几篇小说都有浓郁的生活气息，人物性格也都比较突出鲜明。集子中写作时间最早（一九六三年）的《井台上》以凝练的笔法，在村中井台边就把各种人物的面貌、心态比较细腻地刻画出来，的确表现了作者在人物描写上具有一定的功力，具有相当的文学才华。但是，这七篇小说同《许茂和他的女儿们》相比，有十分明显的差距。其间的差距主要不在艺术描写的能力上，而是在对时代、社会的历史把握的准确性和深刻性上，在创作思想上。《石家兄妹》诸篇虽然也写出了农民在"左"的农村政策的制约下，具有要求发展生产，振兴农业的强烈愿望，但是却缺少对农村社会现实的真切剖析，往往把对农民真实心理的倾吐淹没在对当时宣传口径的适应上，局限于对好人好事的赞扬。这当然是历史本身的过错酿就的，这也是新时期以前的文学创作带有普遍性的问题。在这里，我们没有丝毫责备当时的周克芹的意思。

我们只是想指出，在我国社会发生转折性变化，开创社会主义现代化建设新时期的关键时候，周克芹能赶上时代前进的步伐，迅速实现文学观念的变化，摆脱旧有文学模式的影响，创作出推进时代前进的杰作，是难能可贵的。同时，《许茂和他的女儿们》所表现出来的创作思想和创作水准的飞跃，在周克芹自身是从摸索期、积累期进入成熟期的转折，而在当时的文学界则具有一定的代表性。在一定意义上说，这是文艺政策从文艺为政治服务的方针调整到文艺为人民服务、为社会主义服务的轨道上来的表现。在《石家兄妹》的不少篇什中，周克芹似乎对适应某种政策宣传口径常常穷于应付，而在《许茂和他的女儿们》中他则自觉地倾吐当代农民的心声，用笔去抒写农民的奋斗和困苦、忧愁和欢乐，显得十分得心应手。显然，正是在党的文艺政策的调整过程中，在党的解放思想、实事求是的正确思想路线指引下，周克芹实现了他创作思想和艺术水平的突破性飞跃，而站在了当代新时期文学的前列。

如果把一九七九年《许茂和他的女儿们》作为周克芹文学创作成熟期的开端，那么其后十一年的创作生涯才真正进入了峰巅状态。这十来年，我国新时期文学也走过了曲折的发展道路。在文学创作上，一个浪潮接着一个浪潮，伤痕文学、反思文学、改革文学、寻根文学、文化文学、山林文学……令人目不暇接，其间也不乏真诚而努力的艺术探索，但是有些新潮却离开社会生活、离开人民群众越来越远。我们不无遗憾地看到有些新时期文学的拓荒者也跻身其间，推波助澜。可贵的是，周克芹在这十年文坛的风云变幻中，没有盲从时俗，随波逐流，而是始终如一地贴近农村生活，面对广大农民群众，切实地扎根于现实生活的沃土之中。

在创作成熟期，他的文学活动有两个显著特点。第一，面对文坛不时出现的背对现实、远离人民的种种思潮，他为农民写作的使命感愈加强烈。在《风为媒》中，作家在描写了经由买卖婚姻而结为患难夫妻的一对男女的艰辛生活后，写下这样的文字：

> 我想着：我能为他们做点什么呢？如果说那一场不幸的狂风把他们结合起来，而现在竟然还有人在给他们制造痛苦，那么我该怎么办呢？我能给他们分解一点忧愁么？
>
> 我的回答是：能！尽管我没有权力管得了那些还在继续欺侮他们的人，但我还有一支笔，我可以用我的笔为他们呐喊，喊出他们的欢乐和忧愁。

用一支为当代农民呐喊的笔，喊出农民的希望、要求、欢欣和痛苦，就成了周克芹成熟期文学创作的基调。这十年来中国农村改革中出现的种种重要现象，都纳入他的笔下，对知青回城、家庭承包责任制、兴办乡镇企业、基层干部选举、农村干部中的不正之风，都做了集中描写。他特别关注在这些现象中牵涉到的农民的利益，关注由农民是否真正致富、是否实际得利而引发的农民的情绪和命运的沉浮。《果园的主人》和《秋之惑》就是这一阶段的代表作。这些真切倾吐农民心曲的小说，也成了深刻反映农村十年改革历程的史诗性作品。

第二，还如他支持农村改革同时又敏锐地体察到农村改革中存在的种种弊端一样，他对纷至沓来的西方和国内的文学新潮不盲从，但同时并不率尔否定和排拒，表现了他在艺术上的主见和美学精神的成熟稳定，以及在艺术主见统帅下的求知精神和探索精神。正是由于有面向现实生活的、为农民呐喊的坚定的艺术旨趣，又有广纳百川的恢宏气度，才使周克芹这十年来的创作呈现不断上升的趋势。《许茂和他的女儿们》是他成熟期的辉煌的起点，但并不是一个终点。从《果园的主人》《秋之惑》，一直到逝世前不久发表的《写意》《笔筒的故事》，在叙事方式、结构和语言运用上都表现了一些新的特色，在不同程度上对《许茂和他的女儿们》都有所超越和发展。事实俱在，不庸赘言。

我们认为，周克芹在成熟期创作上的这两个基本特点是相依相成，不可分割的。正是在对农村改革进展动态的把握和描写的需要中，才推动他在艺术上进行新的吸收和探索，而这种努力又反过来加深了作家对发展中的现实生活的洞察。改革开放的时代给周克芹提供了一种机遇，使他能迅速超越《石家兄妹》的水准，又在《许茂和他的女儿们》的基础上不断向前发展。目前评论界有两种极端的意见，有人用后期作品艺术上的进展来贬抑前期创作扎根生活的基本方向，又有人用前期作品在思想上的突出特色来匡正周克芹后来在艺术上的探索。这两种观点显然都把上述两个特点对立起来了，值得商榷之处是很明显的。

二

周克芹在三十年的文学创作道路上，形成和发展了现实主义的艺术个性和风格。这种艺术倾向的形成，与他在文学启蒙阶段"倾倒于高尔基"，"完全迷醉在俄国十九世纪大师们伟大文学氛围之中"有直接关系。然而，最终决定周克芹选择现实主义创作道路的还是他自身的坎坷人生经历。他自己说过："坎坷的生活道路教给我一条做人的态度：直面人生，开拓未来。"（均自《周克芹自传》）这是他做人的态度，也是他为文的基本信念。"直面人生，开拓未来"，就是周克芹的现实主义的艺术个性、风格、方法的基本特色，也是他对当代中国文学现实主义的一种贡献。新时期十年文学是现实主义回归与深化的时期，这一时期为周克芹的现实主义艺术风格的发展成熟提供了广阔天地，周克芹的创作也为这一时期增添了光彩。周克芹的现实主义创作在当代中国现实主义文学的发展中应当占有一席之地。

周克芹的"直面人生，开拓未来"的现实主义有如下特色。

首先是史诗式的现实主义。直面人生是严峻地注视着现实人生社会，客观地把握社会生活的本来面目，不掩饰它的伤痕和困苦，也不抛弃它的光彩和欢娱。同时，现实又是指向未来的。真正的直面人生必然面向未来，开拓未来。用这种眼光来关注社会人生，必然要求对现实作历史发展的动态把握，对现实生活作史诗式的概括和描绘。

而且，周克芹选择了长篇小说作为基本写作方式。尽管从数量上看，他的创作里中短篇小说居多。但从其文学创作道路来看，中短篇小说几乎都是长篇小说的准备。他的处女作短篇小说《秀云和支书》就是《许茂和他的女儿们》

的一个胚胎。《石家兄妹》这个短篇小说集刚一编定，他立即就开始从事长篇小说的写作。《石家兄妹》集中的短篇也都成了创作《许茂和他的女儿们》的铺垫和准备。他在连续发表了《果园的主人》和《秋之惑》这两部连续性的中篇小说之后，便把它们合集为长篇。近年在发表《难忘今宵》等短篇的同时，专心致意地写作《饥饿平原》。卢卡契说过，长篇小说是现代社会的史诗。长篇小说由于容量大，适宜于细致、深入地描绘广阔的社会人生图景。周克芹毕生倾向于长篇小说的创作，其目的在于追踪当代中国农村社会变革，对伟大的农村改革作史诗性的描绘和概括。

这种史诗性的描绘和概括集中地表现在他的两部长篇小说《许茂和他的女儿们》《秋之惑》上（由于我们未读到《饥饿平原》，此处存而不论）。什么叫史诗性的小说，学术界有种种议论。恩格斯曾经期望未来文学能达到"较大的思想深度和意识到的历史内容，同莎士比亚剧作的情节的生动性和丰富性的完美的融合"。列宁也说过，"如果我们看到的是一位真正伟大的艺术家，那么他就一定会在自己的作品中至少反映出革命的某些本质的方面。"这两段话都是大家熟知的。我们认为，一部小说只要能"反映出革命的某些本质的方面"，只要把时代的历史内容体验出来，用作品表现出来，便达到了史诗的高度，就必然能够成为一个历史时代社会生活的文学写照。用这样的标准来衡量，周克芹的两部长篇都达到了对当代农村生活作史诗性描绘的高度，也表明了他的史诗式的现实主义的特色。

这两部长篇在对当代农村的生活史诗概括上，有其连续性。《许茂和他的女儿们》是对十年动乱中农民真实处境、真实心态的逼真描绘，是十年"文革"农民生活的史诗。《秋之惑》则是对十年农村改革的深沉思索，是改革十年的农村生活的史诗。

这并不是说周克芹的小说专注于对社会作历史性的解剖，而忘记了对人的塑造。他善于把对个人命运的描绘同国家、民族、社会的兴衰联系起来，用对人物心态、命运的网络去勾勒时代社会生活的历史面貌。《许茂和他的女儿们》集中描写了在"四人帮"猖獗之时，许茂、许秀云等人困苦的生活。作者意在描写他们的困顿和悲哀的广阔的社会意义。作者无疑在哀婉动人的许秀云身上凝结了不少历史的必然的悲剧因素，也就让郑百如这个极"左"思潮的代表做了她的前夫，让受尽欺凌的四姑娘的人生悲剧带有更多的社会历史的成分。从史诗角度看，更值得看重的是许茂老汉的形象，他的不近人情的自私、狭隘，随时都要溢于言表的满腹牢骚，无非是中国农民的发展生产、解决温饱的强烈欲望被以阶级斗争为纲、政治可以冲击一切的错误导向压抑之后的变态表现。追求温饱是当代中国农民的重要生存课题。在"文革"这一场从天而降的灾难中，这一生存课题被取消了。那些廉价的许诺和空洞的颂歌，已经不能再在为贫困煎熬的许茂的心灵中燃起些许火花。面对自身的生活困境，对于那些"形势一天比一天好"的套话，许茂只能表现为充耳不闻的麻木，或为怨气冲天的牢骚。小说的深刻之处就在于它对"四人帮"的批判集中在极"左"思潮对农民生产积极性的压抑，对农业生产力的摧残上。这不仅是直面人生的，而且也是开拓未来的。它有力地表明中国农业的出路在于改革，农民的命运在于改革。中国的农民在摆脱了"文革"的阴影之后，必然要走上一条新的改革之路，这就是《许茂和他的女儿们》所提供的史诗式的前景。

《秋之惑》并不掩饰农村改革面临的挫折和困难，并不满足于唱几句廉价的颂歌，这正是史诗式的现实主义直面人生的过人之处。《秋之惑》正是周克芹追踪农村改革的步伐，客观地描绘这一史无前例的农业革命在特定阶段上的得失的作品，表现了清醒的现实主义精神。秋之惑，是丰收时节的困惑。勤劳善良的江路生一家把汗水浇灌在果园，可是在金秋时节收获的不是香甜的柑橘，而是一场意外的劫难。劳动者享受不了直接的劳动成果，这本身就是对生产力的一种破坏。从推进生产力的改革措施中带来了破坏生产力的后果，周克芹从这一点展开了对农村经济改革的深沉反思。从江路生一家、华良玉、尤金菊的个人命运的升沉起伏，尖锐地揭示了当前农村经济改革面临着有效地建立一个良性循环的城乡结构、工农商结构的问题。政治家、经济学家在治理整顿中发现的问题，在《秋之惑》已有深刻、清醒揭示，周克芹史诗式的现实主义所达到的深度可见一斑。

周克芹的现实主义的第二个特点是诗意的现实主义。周克芹的直面人生和开拓未来都有相当强烈的主体审美观照的色彩。按周克芹自己的话说："坎坷的生活道路教给我一条做人的态度：直面人生，开拓未来。这当中就包括了既要坚强、执着，又要能忍受委屈，既要坚信未来，又要能保持清醒的头脑。"

（《周克芹自传》）他用作品艺术地把握现实时，往往带着坚信未来的明丽的诗意。他的作品几乎没有大悲大愤的痛苦失意的抒写，总是化深沉的痛苦为浅淡的忧愁，大有中国传统文学中"哀而不伤"的品格。这不是对痛苦、悲伤的回避和隐讳，而是对坎坷人生痛苦的一种审美的净化与消解。在《桔香，桔香》中，通过颜少春之口，发表了这样的艺术见解："只有勇敢地从痛苦上面跨过去了以后，才知道怎样热爱美好的人生。作家也应该是这样，只有尽量隐忍痛苦，节制那种'愤怒'或'不满'的激情，才会写出更沉重、更高贵的好作品来。拼命呐喊'悲哀'，抱怨'不平'，展览'伤痕'，那种作品叫人感到浅薄的原因就在于作者不知道节制自己的激情，有时候，一个苍凉的苦笑，比号啕大哭更能打动人心，久久地叫人难以平静。"对于悲哀、痛苦是如此，对于喜悦和欢欣也是如此。在周克芹的作品中几乎找不到疯狂的大欢大喜的描写。对现实深刻的洞察总是让作家在悲苦面前从不失去信心，又在成功的喜悦时看到面临的挑战和可能陷入的困境。对悲痛与喜悦的节制和保持适度的距离，使他的作品充盈着一种温婉的诗意。

　　且不说近年陆续发表的《绿肥红瘦》《上行车、下行车》《雨中》对青年男女的人生选择所作的诗味浓郁的描写，就是在《许茂和他的女儿们》这样逼真地再现了"文革"十年农村生活的作品中，也饶有诗意。开篇的葫芦坝的环境描写，那个浓雾弥漫，白纱笼罩的葫芦坝便是当时中国农村的缩影和象征。对于从痛不欲生的死亡险境中挣扎出来的许秀云，作家让她重新诗意地面对人生："她消瘦的脸上泛着红晕，淌着汗珠，像一朵风雨后迟迟开放的海棠。但这绝不是像养花人放在阳台上的那种修整得过于娇娜的花朵，而是只有在浓雾的早晨，行走在高高的崖畔上，才看得到的开放在石缝中的那种带露的鲜花，人们称她叫野海棠。"这种开放在山野、历经风雨的鲜花，既象征了许秀云的品格、风貌，又为严峻的现实描绘增添了几分温和、蕴蓄的诗意光华。在《写意》中，小说唯一的一段集中写景的文字，把晚春的和暖的阳光投射到黄大学和吴金凤这一对人到中年才萌动出青春本色的恋情的男女身上，创造出一个动人的境界：这是一对中年农民迟到的恋情和人生的春天，这是神圣的、不可亵渎的诗一般的世界。

　　周克芹的诗意的现实主义往往体现为把情感灌注于对社会现实的深刻的历

史剖析之中，升华为一种对人生意义和历史规律的解悟的境界，这样就使作品蕴含丰厚，具有相当高的文学品位。我国农村实行家庭承包责任制以后，出现了经济权力倾斜的实际状况，生产经营权从过去的社队干部手中往家庭经济带头人手中倾斜和转移。在家庭内部，血缘关系的家长与经济带头人并不一定是同一个人，这是现阶段的家庭承包责任制同合作化以前的家庭小生产在生产形态上不一致的地方。血缘关系的家长与经济带头人的矛盾就体现了新旧两种生产关系的矛盾。周克芹在不少小说中都展示了这一矛盾。《山月不知心里事》中的母亲、《秋之惑》中的江家老爷爷都是每日每时向儿女们发号施令，叫他们干这干那，不管他们高兴不高兴，也不管他们是否照办，他们"需要在行将就木之前满足一下权力欲"。就是这个有一天下了二十道生产指令的江家老爷爷，"二丫每天把他搬到门口的大竹椅上坐着，让太阳晒晒，半下午，只要太阳打斜，他就浑身发抖"。周克芹把这种善意的嘲讽和冷峻的描写结合起来，带着惋惜地看着这些保有旧观念的老年农民退出时代舞台，告别人世。这些描写对社会改革的把握是相当准确的，同时又是启人深思，令人回味的。

对农村现实生活诗意的追寻和把握，特别体现在他近年创作中表现出的强烈的忧患意识。在农村改革进程中，他发现城市经济改革过程中的经商热、供大于求、通货膨胀等等弊端都直接损害着农民的利益，在《桔香，桔香》中，借马新如之口，发出了愤激之辞："人人都在吼支援农业，可有谁替农业想想。"在《秋之惑》中更直接描写了丰收之后的困惑和忧虑。这些都使他的许多重要作品富有苍凉悲壮的色彩，忧国忧民之情溢于言外。

这也使作家看到，农村改革的任务是相当严峻的，它不仅面临着本身的治理整顿，需要理顺与各方面的关系，而且也面临着农民自身心理素质、成分、结构的改造和建设问题。他满怀忧虑地为他素来推崇的克己忍让、忍辱负重的人物，如《秋之惑》中的二丫安排了悲剧性的命运，而去寻找农村改革中的新的生产力的代表。他似乎在马新如、华良玉等人身上寄予了厚望，让人们看到了一线希望的曙光。令人痛惜的是，周克芹的不幸逝世，使这位作家过早地结束了他对现实和艺术的思考。

三

周克芹虽然过早地离我们而去了，但是他所走过的道路，他整个成长和成熟的轨迹，却给我们留下了许多值得认真思索、认真总结的东西。

首先，是周克芹对待生活的态度。文学创作与生活的关系，在道理上是大家都能讲的，但在实践上，却有着种种的理解和做法。有公开反对作家深入生活的，说创作就是表现自我，就是自我的不受任何限制和约束的宣泄；这种理论姑且不去说它。就是在赞成生活是创作源泉的作家中，情况也不一样。有的，成名前是承认要生活的，成名后就可以不要生活了；有的也经常在"深入生活"，但那种"深入"仅仅是蜻蜓点水式的采访；有的虽然也经常生活在"生活"里，但他们很难同人民群众息息相通，总是处于格格不入的状态。而周克芹之深入生活，却确确实实做到了长期地，无条件地，坚持不懈地。他的童年本就在农村度过，在农校受到错误处理后又回到农村，一待就是二十年，他对农民和农村生活可以说是熟悉透了，而且他的处境与一般农民完全一样（要说有区别的话那就是更穷困），所以诸般感受也同他们完全一样，生活的脉搏就在他的血管里跳动，不用去另外"体验"。正如他后来谈到创作经验时所说："我坐在家里一闭目，乡下那些熟悉的人物，此刻对农村政策是什么心态，便活现于心里，拿到乡下去对证，往往吻合。"难能可贵的是，在他成为专业作家甚至知名作家之后，举家迁入成都之后，获得了非同凡响的茅盾文学奖之后，担任了作协重要领导职务之后，仍然牢牢地扎根在生活之中。他除了尽可能地在成都郊区就近接触农民和农村生活而外，一有机会便回简阳老家，同他那些老相识们相聚。在他去世前一个多月，他还去了一趟简阳。正因为他与生活始终保持着这种密不可分的血肉联系，所以他笔下的农民才能那么活，那么像，农村生活的急剧变动才能在他的作品里那么及时、准确地反映出来。周克芹自己对这一点是很清楚的，他在自传中深情地说："生活对我的赐予，是丰厚的。"也可以说周克芹的创作道路就是坚持深入生活，贴近农民群众的道路。

第二，是周克芹对待文学的态度。从事文学创作是为了什么？"玩"文学的人，不过是玩玩而已。以自我为中心的人，把它当作追名逐利的工具。周克芹开始发表文学作品，是一九六○年。他为什么要写？"活生生的现实感受，加上读书所得，使我思考了许多问题。有时候思想飞得很高很远。身边许许多多非常熟的人物，以及他们各自的命运，使我顽固地拿起笔来表现他们。"当时他的写作条件是非常艰苦的。后来他写得多了，成名了，得奖了，报刊约稿不断。但是写得很少。在他所处的那种非常容易使人头脑发热（遗憾的是确实发了热的人也不少）的情况下耐得住寂寞。在最近发表的他给文友的一封信中，还劝朋友多谈少写，每年发一二新意的短篇足矣。他从不以大作家自居，在任何场合都给人一种诚恳朴实、厚道谦和的感觉。他不自视特殊，根本原因就在于他真正是把文学事业当作了党和人民的事业，从事文学创作和从事其他工作一样，做好工作是一个党员、干部的本分。去年二月他被任命为作协党组副书记，他愉快地服从了组织决定，尽管作为一个专业作家担上这样重的担子不能不对自己的创作有影响，但是他对朋友说："这回我是自觉自愿接受省委安排做党组副书记。干两年，把作协工作理顺了，就连兼任的《现代作家》主编一并辞去，再静下心来写点东西。"这里，周克芹作为一个共产党员党性原则和自觉的责任感溢于言表，不把党的事业的利益放在个人利益之上，能这样认识和处理问题，说出这样的话来吗？周克芹笔下的文字中，很少有抒发胸怀的豪言壮语，但是从他的创作实践和日常言行中，每每流露出他对党的一往情深，他对文学事业有着强烈的使命感和责任感。有了这种崇高的精神境界，摒弃了市俗的、卑微的个人欲求，是周克芹在文学事业上取得成就的重要保证。

第三，是周克芹对待自己的态度。作家，特别是知名度极高的著名作家，要真正地做到正确地估计和对待自己，常常不是那么容易的。恰恰在这个问题上，周克芹保持了一种难能可贵的、冷静的、客观的、科学的态度。他不吹不傲，平易近人，虚怀若谷，从不自满。周克芹学习的勤奋，是出了名的。他自己并非出身书香门第，幼时读书不多，环境的文化氛围也较差。从这样一个起点达到获茅盾文学奖这样的高峰，可以想象，有一个多么艰苦的历程。他从小酷爱学习，读小学时就读过《绣像石头记》《三国演义》《水浒全传》等书。中学六年，他阅读了数量惊人的中外名著。他"像一头来自荒山野岭的饥饿的小牛，在一个偶然的机会闯进了一片绿草如茵的丰盛原野，那样欣喜若狂，那样贪婪地啃着……"在农村生活的二十年间，他更是大量地读书，"我夜夜攻读，疲乏和饥饿没有使我停止"。而且读书的范围逐渐扩大，除文学外，还读政治、历史、经济理论，读马列和毛主席著作，而读得比过去更深，更细。知道了周克芹这一段苦读史，你才能理解他后期作品中那种难以言传的深醇的、隽永而充满诗意的韵律，是怎么来的。及至成名之后，他仍然写得很少、很精，而把大量的时间用于阅读，扩展自己的艺术视野。周克芹的成长和成熟，是与他这种永不自满，坚持不懈地进行刻苦学习的精神分不开的。由于有坚实的生活基础，不断地学习和探索，他创作的底气很足，厚积薄发，出手的作品均不同凡响。

列宁早在十月革命以后就指出："艺术是属于人民的。它必须深深地扎根于广大劳动群众中间。它必须从群众的感情、思想和愿望方面把他们团结起来并使他们得到提高。它必须唤醒群众中的艺术家并使之发展。"（《列宁论文学与艺术》第435页）周克芹和其他有类似经历的作者的道路和成就表明，从人民群众特别是工农群众中培养优秀作家，是发展社会主义文学，壮大我们的作家队伍的一条极为重要的途径。周克芹不是自发生长起来的，他的成功并非仅仅来自他个人的奋斗。在他成长的过程中，党的组织、一些忠于党的文学事业的党的工作者、文学组织工作者和编辑、出版工作者，浇注了许多心血，做了大量的工作。当周克芹必须背着粮食去参加创作会议，甚至连购买纸张煤油都极其困难的时候，当时的文联和作协给他雪中送炭，报刊及时发表他远不成熟的处女作，并给以鼓励；当他的创作刚刚上路，小有所得，出版社在一九七七年就给出了第一本集子，随后不久就调他到文联从事专业创作；《许茂和他的女儿们》刚一露头，就得到文学界老前辈和中央报刊的极其热情的推荐，给予了很高的评价，从而一举奠定了周克芹在中国当代文坛的历史地位。在周克芹一生的几个重要当口，都得到了必不可少的支持和帮助，这才得以渡过一个又一个的难关，最后到达他的光辉的终点。这期间的种种经验，是非常值得总结和宣传的。

文章写到结尾，过早地失去周克芹的悲痛再次阵阵袭来。我们不能荒谬到非难周克芹的忘我精神，但是我们是否可以更多一点、更早一点地为他做些什么呢？我们在《四川日报》一篇题作《在周克芹最后的日子里》（作者戴善奎，1990年9月8日第2版）的报告文学中读到：在病危会诊时，"总医院的专家胡建中分析：克芹起码有五年的肝炎史。卫生厅厅长殷大奎在专家会上讲：肝炎中，一部分转成肝硬化，肝硬化中，又是一部分转成肝癌。克芹的病，一定有这发展过程。"可惜当我们知道这一情况的时候，已经到了这一过程的不可逆转的终点。在这五年中，难道我们就没有中断这一过程的一丝一毫的可能？每念及此，作为他的读者和朋友，我们的心情都无法平静。

周克芹过早地离开了我们，但他的作品将长留人世，他在创作道路上艰辛跋涉的足迹，也会成为新一代作家追寻的路径，为我国社会主义文学的发展留下一块永恒的路标。

（《四川大学学报（哲学社会科学版）》1991年第2期）

周克芹创作的里程碑

——读长篇小说《秋之惑》

邓仪中

在周克芹的创作历程中，长篇小说《秋之惑》是继《许茂和他的女儿们》之后的又一个里程碑。《许茂和他的女儿们》是通过葫芦坝风云变幻和许家大院盛衰的生动描写，表现迫切改变"左"倾重压下农民命运的深刻的历史内容，《秋之惑》则是从尤家山果园承包的反复和果园儿女悲欢离合的形象展示中，传达农村改革和农民改变命运之艰难的深层体验。如果说前一部作品是"文革"十年农村曲折道路的深刻反思和总结，后一部作品则是对农村改革十年的热切关注与思考。

这两部作品在与二十年农村生活的密切联系上形成内在的序列性绝非偶然。当《许茂和他的女儿们》取得成功时，周克芹在总结创作经验中曾表白过自己的艺术意识。认为文学作品应是时代风云、群众生活给予作家感情影响的形象见证，个人与时代结合的最真实的证物。他后来在创作中也遵循了这种现实主义主张。《秋之惑》所坚持的正是艺术思维与时代脉冲相对应的艺术旨向。这如同车尔尼雪夫斯基所说的，是努力满足时代的迫切要求的创作倾向。这部作品也就成了作家追踪时代脚迹的又一艺术的见证。

《秋之惑》的创作历时较长，其上篇的写作经过了许多时日，于一九八四年以《果园的主人》为名发表。此后四年时间，作家一直以忧虑的眼光关注着农业生产的连年徘徊。对粮食的一再减产，水利的失修，各种农业生产资料的奇缺，农村劳动力的不合理流动，不正常的经商之风四起，人口的"爆炸"，不少田地荒芜等等，常怀戚戚之心。他在后来的一篇创作谈中曾透露当时的心境："农村改革的现实进展，农民的情绪以及命运的沉浮，使我隐隐感到一种从未有过的忧虑。""本来就十分脆弱的农村经济，作为'国民经济的基础'，实在是难以支撑城市改革的重负，而被夸大了的富裕信息，使社会加重了对农村的掠取，农民再一次糊里糊涂地悲剧性地扮演了一个喜剧角色。"（《几句闲话》，《中篇小说选刊》1989年第2期）作家正是在这种心态下完成了续篇。他把那正对着尤家山果园的镜头推向秋后令人困惑的纵深境界，激起人们对果园儿女为什么付出那么多"浪漫的代价"的绵绵不尽的思绪。作家的创作感言几乎可以当作某种"画外音"，用来加深对作品的形象感受和情感体验。

作品的时代感、情绪感完全渗透在真切的人生命运感之中。它的艺术的着眼点集中在绘制一幅尤家山果园实行承包制的新形势下农民命运的沉浮图。年轻的有一定文化科学知识的农技员华良玉不幸与生产条件脱离和错位，不得不受雇于承包主江路生，也就不可避免地与这个老庄稼把式在经营上发生深刻的矛盾，并与江家的女儿大丫、二丫产生爱情纠葛。当华良玉好不容易从矛盾和惶遽中挣脱出来，与富有浪漫气质的尤金菊自立门户承包了一片荒山，开始重新安排自己的命运，尤金菊却被经商和离土的潮流席卷而去，于是华良玉又不得不陷入离土还是留乡、与尤金菊苟合还是寻求与二丫真正的爱情的新的矛盾之中。与此同时，尤家山果园的承包主江路生也不得不因华良玉的贸然离去而蒙受精神上的重大打击。尽管在工于心计的二丫的操持下苦心经营，果园有了起色，但突然的洗劫却又使江家父女不得不哀叹命途多舛，坠入困顿。这就是果园儿女命运的"情节链"。作品在临近结尾时这样来描述"华良玉如梦的人生"："他仿佛转了一个大圈之后，又回到原来的位置，前进和后退都如此艰难。"这实际上也可以看作整个果园这一片人生的概括。是啊，有理想抱负的知识青年华良玉的生活道路何其坎坷，勤劳的有相当实力的江路生竟然陷入了困境，聪明能干的二丫不仅创业之志屡遭败北，一片痴情也难以遂意，活跃、开放的尤金菊离土经商致富了，可是她付出了何等惨重的代价，所有这些难道不都带着使人反诘的人生情韵，寄寓着引人思索的深层意蕴?

《秋之惑》的上篇创作期间，正是农村现实生活题材创作中廉价的乐观主义一度盛行的时候。下篇写作过程中，又正是各种文学思潮"乱花渐欲迷人眼"的年代，那种远离现实生活、隔膜人民感情的"向内转"的创作倾向大为时髦，照搬西方作家产生于第二次世界大战的忧郁、孤寂、迷惘以代替对现实生活感受的怪异文学现象悄然抬头，如此等等。可是《秋之惑》却仍旧如此执着地坚持和发展着文学的现实主义，如此真诚地关注着农村的现实生活，如此直面农民曲折的命途，这不能不使人倍加赞许。也曾有人将作家的这部作品与他在此同时的一些情调轻松愉快、文笔清新隽永的短篇小说相比，觉得更喜爱那些短章。这里撇开接受主体不论，仅就创作主体来说，毫无疑问作家的长篇小说更能代表他创作的现实主义精神。在此期间，作家确曾创作过《写意》《雨中》等赏心惬意的短篇，读来脍炙人口。它们表明作家还有另一副笔墨，另一种艺术套路。然而，执着地直面人生、热忱地开拓未来毕竟是这位农民作家现实主义的主要特点。

《秋之惑》融入了对农民命运的忧思，可是它却并不给人以沉重感、压抑感，这是什么原因呢？主要原因是它以鲜明的色调刻画了真实感人的理想人物华良玉的形象。这是一个普普通通的知识青年，但又是有理想有抱负、有一定文化科学技术知识的新一代农民。他在农村改革波浪式前进中时沉时浮却终究没有沉没；在改变尤家山的面貌中遇到重重阻力，内心充满矛盾却一直对事业抱有信心；在离土的潮流中徘徊不定但仍然让"恋土情节"左右了感情的向度；在婚恋问题上有挫折有失败却最终寻求到较高境界的美满的婚姻。他无论在感情上还是理智上都是尤家山那一片土地的主人。他代表了农村青年对生活正确的把握和选择，寄托着作家的理想和愿望。当人们因情感所系随着这个主人公走完作品设计的这一段人生历程，会于生活的困扰和进取、奋斗的失败与成功、婚恋的痛苦与欢欣中充满希望。作家的第一部长篇《许茂和他的女儿们》最主要的艺术成就是塑造了许茂的典型形象。它摆脱了凡写许茂这类老年农民，就总是用"农民是小生产者"的观念套取生活的流行的程式，完全从生活真实出发将"积累的对农民的热爱和深情诉诸艺术形象"（周克芹：《〈许茂和他的女儿们〉创作之初》）。像许茂这样的土改中涌现出来、合作化运动中顺畅地生活过来的农民积极分子，之所以如此忧郁、孤僻、自私、冷漠、主观，绝非许茂个人的罪孽，而是长期极"左"的路线和政策扭曲的结果。这样的艺术处理也就有可能通过人物形象概括农村带有痛苦的历史，深刻地揭示"左"倾的危害性。《秋之惑》所着意刻画的华良玉的形象，也许在概括一个历史时代方面、在历史感方面并未达到许茂的水平，可是这是在新的历史条件下，在描写农村新人的艺术探索中的一个新的收获。华良玉是农村历史性变革中涌现的有理想有文化的新人。他既不是缺乏理想光彩的旧式农民，也不是过去那一类头上有光圈、不食人间烟火的理想化的人物。作品正是基于这个人物命运的展示和丰富内心世界的剖析，概括了新时期农村社会生活新旧交替、充满困扰又充满希望的历史特点。

这部作品在描写理想人物华良玉方面的一个重要特色，是把握了由人物境遇引起的感情的复杂性与性格的鲜明性的统一。从作品的审美取向可以看出，它在刻画华良玉时为避免过去描写理想人物单调化的缺陷，特别注意了人物血肉的丰满。可是它并没有人为地制造性格的所谓复杂性，而是真实地写出人物生活道路的曲折和人物感情的复杂变化，人物的性格却保持了鲜明、丰满、统一。华良玉有技术知识却由于缺乏生产的物质条件不得不受雇于人而仰人鼻息。他在遇到近于封建宗法思想象征的江家老父亲的侮慢时不得不忍气吞声。在与尤金菊结合之初扬眉吐气了几天却又陷入尤金菊与二丫的拉锯之中和离土与留乡的重重矛盾之中，以致与尤金菊有吵不完的架，同二丫有叹不尽的失败之苦。他饱尝了生活的酸甜苦辣，经历了人生的几多喜怒哀乐，然而始终痴迷于土地，眷恋着事业，从容、冷静、正直、向上。近几年的小说创作在描写理想人物方面，在努力避免简单化以后又出现了脱离生活人为地制造性格复杂性的倾向。将人性兽性二元同展，善与恶合二为一，专意表现进步中异乎寻常的反动，以为只有这样的复杂分裂的性格才是丰富的性格。理想人物无疑应是马克思所指出的"具有人的本质的全部丰富性的人"。但这里所说的丰富性是在质的规定性前提下的丰富性。理想人物的思想、感情、行为也可以好中有坏，但矛盾中必有主导方面，人物性格的基调必须是鲜明统一的，而不是二元杂糅或对立的。创作中的那种脱离生活去追求所谓性格的复杂性不足取，人为地制造二重性格不足法，评论界曾甚嚣尘上的"复杂性格"论也不足为训。

在理想人物身上倾注真挚的情感以加强人物的艺术感染力，是这部作品刻画华良玉的又一重要特色。华良玉来自生活的艺术概括而又寄寓着作家的生活、审美理想，负载着作家的情感。他寄人篱下时情绪的大起大落，眷恋乡土时的内心独白，与二丫"剪不断、理还乱"的感情往复，在果园中与二丫、尤金菊相遇时的触景生情等等，都洋溢着浓重的感情色彩。其中有些描写还可以说是诗艺中特别看重的移情现象。如对土地诱惑力的渲染，画眉、鹰的盘旋的描绘，以景寓情，抒发人物与创作主体一致的情怀。周克芹在通常作家的主情与主智的划分中属于主情的作家。他的创作中的抒情色彩主要体现在对理想人物的描写上。他在《许茂和他的女儿们》中的四姑娘身上抒写了长期积累的遇逆境而不屈的情感。在《秋之惑》中的华良玉身上更是出于对不正常离土潮流的忧虑、出于对农村青年把握人生的种种盲目现象的忧虑，抒发了浓重的恋土情结和现实人生理想。作品中理想人物和创作主体的情感指向、情感基质完全契合，从中流溢出作家对生活的感知和真诚。他与那些缺乏抒情色彩、只有理想信念的标签式的人物完全不同。

理想人物最重要的是体现价值取向的富有光彩。这部作品塑造华良玉形象把握住了这个根本点，它写华良玉有过挫折、痛苦、失意，但是他的生活、人生、爱情所体现的价值取向都是属于社会主义思想、道德范畴的。着墨最多也最能表现他的价值观念的是与尤金菊、二丫的爱情关系。他在与尤金菊志同道合时结为夫妻，后来尤金菊走上另一条路时夫妻情分发生了变异，终于与之分袂。他对形貌、心性都十分美丽的二丫从无意义地完全牺牲个人幸福以屈就家父的痴愚中觉醒表示由衷的高兴，两情在新的境界上达到新的和谐。这一方面表现了打破传统的旧家庭的羁绊、追求个性解放的进取意识，另一方面又展现了以事业理想为依归的集体主义精神，既与旧的封建宗法思想影响划清了界限，又同资产阶级利己主义泾渭分明。曾有人认为华良玉在爱情上的"朝尤暮丫"反映了一种保守的文化心理。其实这正是这个农村新人的新之所在，是他性格发展的心理逻辑。他是一个回乡知识青年，一个果树农技员，他的事业在果园，前途在尤家山。他的经历、心理、性格决定了不可能跟随尤金菊离土离乡，只能脚踏实地与二丫在自己的果园中耳鬓厮磨。体现理想人物新的价值取向问题是一个根本性的问题。文学是人学，借助人物以更好地体现其基本性质和特征。社会主义文学只有通过理想人物的价值取向的新才能深刻地体现社会主义的性质和特征。理想人物可以是属于不同层次、不同等第的人物，但所体现的价值取向必须是社会主义思想、道德范畴的。这些年有的作品描写的是社会主义环境下的人物，但人物对现实、人生、爱情的心理和行为却是彻头彻尾利己主义的，它们带有的价值导向是消极的。《秋之惑》中的华良玉也有失意和困惑，但他始终没有失落理想和抱负。这样的人物会感染和激励农村年轻一代，在社会思潮的冲击中把握自己的命运和人生。

周克芹曾自认怀着深情写了理想人物华良玉（《创作终究得从头做起》，《红岩》1990年第1期）。这之前他还带着历史感来谈过描写这类人物的意义和价值。他说："历史将降大任于农村能人，这些能人将出现在文学人物的画廊中。他们当然不是在各个方面都准备充分以后才登上当今的历史舞台，当然不是'完美无缺'的，但他们代表先进的生产力，他们理所当然地要成为文学的主人公。"（《八十年代农村题材展望》，《当代文坛》1984年第6期）这段话实际上透露了作家刻画华良玉的一种动因，也可以作为帮助我们理解这个理想人物的注脚。从这里足以再一次看到作家在对生活的审美思索中具有怎样的历史意识。正是这种审美的历史感使他在塑造华良玉的形象时避免了短视和平庸，获得了深邃和独特性。

比起《许茂和他的女儿们》，《秋之惑》在艺术结构上显得更成熟一些。前者力求通过许茂一家人独特的命运来反映时代的特色是好的，但从许家大院伸出的两条线的设置带有明显的人工的痕迹。一条线是"四人帮"的跳梁小丑四女婿郑百如，另一条线是走社会主义道路的带头人大女婿金东水。两条线恰好是两种思想、两条道路的比较和冲突。采用许家大院伸出的线索来扩大作品反映的生活面，概括更多更深的社会内容是必要的，作家做这类安排的用意也许正在于此，可是这样的两条线的设计不免刻板化、图像化。《秋之惑》基本上循着华良玉的生活道路交织人物描写，展开情节。尽管后面的几章过分匆促地按华良玉的婚变设置线索和铺陈故事，影响到人物的充分描写，且对尤金菊这个人物的变化也没有做令人信服的揭示，但总体上是从人物的命运出发，循着生活之流来真实地自然地展开叙写的，艺术结构是合理、完整的。

《许茂和他的女儿们》在艺术表现上有一个明显的缺陷，就是解说性的叙述过多，影响了对人物、场景充分生动的描写。正因为如此，老作家沙汀在关于这部作品与周扬的通信中，有比照地大谈他所坚持的托尔斯泰的艺术与所熟悉的川西北乡镇生活相结合创造的艺术表现方式。《秋之惑》显然已有了改变，它注意了人物按性格行动，性格、行动主要用形象的描写来表现，在表现手法上也更灵活多样。作品的节奏疏密相间，增强了抒情性描写。有些情节安排，打破了时空局限，增加了生活容量。特别是有些富有特色的融情于景的描写，大大增加了作品的灵动之感。例如这样的诗情洋溢的描写："这一年——一九八七年——春天的雨水来得好，坐果密，夏天有一点小旱，不算啥，抽水机日夜不停地开动着，顺顺利利不见半点灾情。相反，由于阳光充足，又不渴水，果子长得快，皮色油绿青葱。当秋天开始的时候，浓雾和秋阳给果园增添了星星点点的黄色——在枝叶的笼罩之中。随后，又一阵干燥的秋风吹过，累累的果实终于露出脸来：深黄色的橙，赤红的橘，被绿叶簇拥着出现在主人眼前。"这段尤家山果园秋色的描写充满了诗情画意。它不是静态的颜色的调配，而是反映了主人公主观感觉的动态的展现。其中的诗情不仅在画意之中，还渗透在"夏天有一点小旱，不算啥"的语调中。这是深谙农村生活情韵的动情的描写，是农村生活汩汩流动之歌。又如一些类似"空镜头"的描绘，寄托着人物情怀的抒发："清朗的月色布满了整个的大地，苍天格外空明，大地则分外神秘了。天与地之间一派迷茫。令人一时再也想不起白天或夜晚是什么模样，仿佛这一切历史如此，万古如斯，并将维持久远……华良玉心中升起了一股身处异乡的情怀。""静静的。一只画眉鸟从远处飞来，在屋顶上停了一会儿，就飞走了。接着又一只麻雀落在屋脊上，蹦跳着，又向空中飞去。……孤独的、饥饿的鹰在空中盘旋，突然俯冲下来，抓起一只刚刚结队出现在院坝上的雏鸡，腾空而去，母鸡格格格惊呼着，'老黑'抬头向天，发出照例的几声汪汪。一切又复归寂静。"前一段写华良玉初受雇于江家的一个月明之夜。写月色也是写他那敏感的心情，由月色引起他的情怀。后一段也看似写景，但其间却流动着人的思绪。有华良玉与尤金菊诀别、带着孩子苗苗回乡下独处的寂寞感，又掺杂着他回首两年前舍弃二丫以寻求所谓真正的爱情，于今却不知爱情究竟在哪里的凄凉感。这些绝妙之笔不仅从内在和外在的结合上深入细腻地刻画了人物，而且丰富了作品的情调，使作品于沉实中带着诗的空灵，增强了艺术感染力。

《秋之惑》是周克芹艺术成熟的产物。这部作品较充分地体现了他的"直面人生、开拓未来"的现实主义精神。"直面人生、开拓未来"的核心是追求真实与理想的结合。而这也是社会主义文学的基本点。从这个角度来说，这位作家所坚持的创作道路正是百花齐放的社会主义文学中位居主导的文学道路。社会主义文学是真实的文学，也是富有理想的文学。真实以理想为指导才更有光彩，理想依附于真实也才更有魅力。现实中有理想的成分，但更多的理想因素从不满足于现实的要求和克服现实的缺陷中产生。作家必须带着先进的社会理想深入现实生活，既从中发现符合理想的成分，又直面人生，从缺陷中激发理想，在此基础上进行不懈的艺术探索，才有可能达到真实与理想、灵与肉的结合。周克芹的《秋之惑》正是这样的艺术追求中的一个成果。它在理想人物的塑造上做到了真实性与理想色彩的结合。这比之《许茂和他的女儿们》无疑是一个新的进展，对文学创作也不啻一个宝贵的经验。

（《当代文坛》1991年第4期）

迷醉在伟大文学氛围中

——周克芹创作思想艺术溯"流"

徐其超

　　周克芹的生活之路就是他的创作之路；他的创作为生活所孕育，随着生活的前进而发展。但是，从作家的传记、谈话、文章及其友人的悼念、回忆表明：周克芹的生命史、创作史，不仅是"生活"史，而且也是苦读史。

一

　　还是小学生，周克芹就开始陆续阅读《增评绘画石头记》《三国演义》《水浒全传》《东周列国志》以及《卧虎藏龙》一类长篇小说。对于《红楼梦》则尤表现出异常的亲和力，常翻不厌，"全看不下三遍"，"很细并深有体会是在乡下务农时"，"格外被曹雪芹那种'小说意识'震惊了"①。

　　进农校后，周克芹阅读的视野大为开阔。他说："最先是苏联早期和卫国战争时期的文学作品。那时候，几乎所有的学生都狂热地喜爱着苏联文学作品，如《钢铁是怎样炼成的》《勇敢》《青年近卫军》等等。从这开始，继而就倾倒于高尔基，再往前，天地更为广大，完全迷醉在俄国十九世纪大师们伟

---

　　① 周克芹、张叹凤：《红楼梦，四川小说一席谈》，《青年作家》1989年第1期。

大文学氛围之中。屠格涅夫、契诃夫、赫尔岑、普希金、托尔斯泰、车尔尼雪夫斯基……与此同时，很自然地把阅读的范围延伸到欧美文学，其中为首的是法国文学。巴尔扎克的宏阔的社会人生图画，雨果的浪漫主义激情，莫泊桑刻画人物形象的妙斧神功，乔治·桑的理想主义，等等，无不深深地吸引了我……我像一头来自荒山野岭的饥饿的小牛，在一个偶然的机会闯进了一片绿草如茵的丰盛草原，那样欣喜若狂，那样贪婪地啃着。"①

贬回农村，疲乏和饥饿没有使周克芹停止学习。除了劳动和工作，他夜夜攻读，伴着煤油灯到天明；生疮害病，躺在床上则可以整日读书、思考。劳动时间有时也被科学支配、合理利用。例如给生产队放牛，便不妨同时看书，卷帙浩繁的《战争与和平》就是在"牛背"上读完的。书源，先是从县城图书馆借；"文革"中，古今中外的文学名著被红卫兵当作"封资修"黑货查抄后，四处流散，周克芹广为搜集，如获至宝，爱不释手。这时期，周克芹不仅阅读范围扩大，而且"抱着学习、研究，甚至'挑刺儿'的态度"精读着，从中汲取营养，领略奥妙。《许茂和他的女儿们》的第一章，初稿失败，他毫不犹豫搁下笔来，重温十来部长篇小说杰作，"专门研究它们的结构，特别是研究它们第一章为什么这样写而不那样写"②。

新时期，周克芹与时俱进，奋力改变知识结构。他"注意文学思潮的迭起，文学观念的激变，说到乔伊斯、马尔克斯、萨特、加缪、卡夫卡一点也不陌生"③，甚至可以信手拈来，涉笔成趣。并且有选择地运用现代派手法和技巧，丰富传统现实主义的表现力。

在生命的最后日子里，死神已经叩门了，不得不住院治疗，他还从容地收拾了一大摞书，准备随同带去。仅一部《梁实秋文集》就有尺许厚，这哪里像去住院，分明像去进修。日常里——甚至不止于日常里，能使周克芹动容的，唯"烟卷和好书而已"④。

---

① 《周克芹自传》，《作家》1984年第9期。
② 《〈许茂和他的女儿们〉创作之初》，《北京师院学报》1982年第3期。
③ 《现代作家》编辑部全体同志：《怀念周克芹》，《现代作家》1990年第11期。
④ 何士光：《死者长已矣（怀念克芹）》，《现代作家》1990年第11期。

二

以上绝不是"读书清单",仅仅是举例性质的轮廓勾勒。尽管如此,我们还是不难看出:周克芹的确勤于学习,广泛地继承、借鉴古今中外的文化遗产,以充实、提高自己,从另一方面看,则就是古今中外的伟大作品给了周克芹广泛的影响,其中俄罗斯、苏联文学和像《红楼梦》那样的传统文学精品,更深刻地影响到了他的整个创作思想和创作风格。

周克芹以始终面对时代、面对生活、面对广大群众,执着地坚持现实主义道路著称。这种可贵的胆识才器就渗透着俄苏文学等进步文学的影响。俄苏文学从普希金开始,历来存在着一个好传统:关心农民命运,揭示农民问题,反映农民生活。这只要举出一些作家的作品,就足够了。如:普希金的《叶甫盖尼·奥涅金》和《上尉的女儿》,果戈理的《狄康卡近乡夜话》,屠格涅夫的《猎人笔记》,涅克拉索夫的《谁在俄罗斯能过好日子》,契诃夫的《农民》和《在峡谷里》,托尔斯泰的《复活》,高尔基的《阿尔希普爷爷和廖恩卡》,肖洛霍夫的《静静的顿河》和《被开垦的处女地》,奥维奇金的《区里的日常生活》,阿勃拉莫夫的《普里雅斯林一家》,艾特玛托夫的《一日长于百年》和《永别了,吉利萨雷!》……这不是偶然的。从上个世纪以来,农民问题始终是俄苏社会生活和革命建设中的首要问题。热爱祖国,关心人民,忠于生活,反映现实,等等,对于俄苏作家诗人来说,常常必不可免地和农民问题联系在一起。爱祖国和人民,他们就不能不为农村面貌和农民命运焦虑、忧伤,就不能不在愚昧、野蛮、贫困的汪洋大海中捕捉到农民身上存在的美好和光明。同样,他们不粉饰生活,不回避现实的矛盾,他们就不能不揭露封建农奴制的压榨、资本主义的掠夺,就不能不反映极"左"政策、官僚主义带给农民的灾难和痛苦,虽然他们并不否认"两种制度两重天"。可以这样说,关注农民问题,是俄苏作家们的爱国主义、人道主义精神及其创作上的现实主义原则的一个重要体现。俄苏文学关注农民问题的传统,实质上是爱国主义、人道主义和现实主义的传统。

同俄苏一样,农民问题也是中国社会和革命建设中的主要问题,如何对待这个问题，作家们，特别是立志从事农村题材创作的作家们，面临着严峻的选择。周克芹既然曾经在"狂热地喜爱苏联文学"、"倾倒高尔基"、"完全迷醉在俄国十九世纪大师们的伟大文学氛围中"，从事着创作准备和创作实践，他便不能不从中受到启迪和熏陶，从而以俄苏文学大师们为师，抱着庄严的责任感、使命感从事写作。周克芹走上并坚持面向时代、面向生活、面向广大农民群众的现实主义创作道路，所谓："直面人生，开拓未来"，固然是坎坷的生活教的，同时也是由俄苏伟大作家作品一类"好书"教的。

当然，绝不止俄苏文学。周克芹赞不绝口地称述《红楼梦》的"人性延盖面"，曹雪芹对"柔弱"女子特别"宽恕、宽容的情怀"。受其情调的感染，心慈而善的周克芹分外同情和敬重那些在灾难的年月也不忘摘朵野花来戴在自己或孩子头上的农村妇女，即便是缺点，也情不自禁地要为她们开脱。在周克芹的艺术王国里，女子多而美，曹雪芹的民主主义和人道主义思想的影响，无疑是一个重要的原因。

然而，周克芹不同意把他对农民的同情和关心说成"悲悯"，而坚称"关注"。黑格尔指出：同情受苦者，怜悯逆境中人是乡镇妇女特别容易感觉到的"有限的消极的平凡感情"[1]。鲁迅也说过：廉价的同情"不过空虚的布施，于无产者并无补助"[2]。"悲悯"改为"关注"告白了周克芹的立场和态度：他是农民中的一员，与他们同呼吸、共命运、心连心。

伟大的作家作品作为生活的助力推动着周克芹走上并坚持为农民立言的现实主义创作道路，更促进他创作个性的充分发挥，形成有自己特色的现实主义创作风格，这便是史诗式、悲剧式和抒情诗式的现实主义。

《许茂和他的女儿们》是"文革"十年农村曲折道路的总结，《秋之惑》是改革十年的反思——两部长篇小说与生活同步的史诗性质已为文学界所公认。我们所要强调的是：并非任何长篇小说都可以称作史诗的，长篇小说要具备史诗的品位，必须具有与其反映生活的规模相适应的"大结构"。那么，周克芹的长篇小说是怎样达到史诗式的规模和结构的呢？不妨回忆一下《上尉的女儿》。贵族青年格利尼约夫去边防炮台服役途中，被乔装成"流浪者"的布

---

[1]　黑格尔：《美学》第三卷下册，商务印书馆1981年版，第288页。
[2]　《鲁迅论创作》，上海文艺出版社1983年版，第629页。

加乔夫搭救，格利尼约夫以兔皮袄相赠。起义军围攻白山要塞、布加乔夫下令把格利尼约夫"从绞架的绳环中"释放；后来又与格利尼约夫同返要塞，救出玛丽亚，允许格利尼约夫"带着可怜的孤女"逃生。起义失败，格利尼约夫因与布加乔夫的密切关系，被判处终身流放，玛丽亚含冤上访，获女皇恩典。结果：布加乔夫被送上断头台，格利尼约夫和玛丽亚幸福结合。本来是揭示布加乔夫起义的重大历史主题，刻画布加乔夫及其助手别洛波罗多夫、索柯洛夫等农民运动领袖的形象，却从侧面间接地表现，从正面直接描绘的是一对青年男女的恋爱及其悲欢离合的遭遇。普希金首创了这种结构的形式，他把它叫作"家庭纪事"。周克芹长篇小说的史诗式的规模和结构，正是借助于"家庭纪事"的形式实现的。在《许茂和他的女儿们》里，情节的主线是四姑娘的婚事，不过郑百如、金东水不是普通的坏男人或好男人，他们是两种社会势力、两种政治思潮的代表，围绕许秀云复婚产生的纠葛，实际反映了一九七五年冬到一九七六年春在全国范围内展开的整顿与反整顿的斗争。所以作品写的是婚事，却透视了国家大事；写的是一家的际遇，却概括了亿万农民的命运；写的是一个老汉的"心灵史"，却宣泄了整个时代的情绪。同样，《秋之惑》所运用的也是"家庭纪事"的结构形式。

> 我的地方，小小的地方，
> 不相识的地方！
> 并不是我自己要来，
> 也不是好马载了我到这地方；
> 使我，勇敢的青年，来了的，
> 是这活跃的青春的勇气，
> 和那向着狂欢的渴望。

这首俄罗斯民歌，普希金曾经把它放在《上尉的女儿》的第二章的开头，以烘托人物，渲染气氛。在《秋之惑》里，周克芹也把它置于卷首，用来"起兴"，为华良玉的人生写照。华良玉先丫（二丫）后尤（金菊）、由尤而丫，三个年轻人的婚恋贯穿整个情节，然而他们的离合悲欢，始终紧紧地与尤家山果园的承包及其兴衰联系着，与农村乃至城市的经济变革大潮联系着，爱情上付出的沉重代价折射出改革的艰难。总之，通过"家庭纪事"，周克芹完成了社会变革、家庭琐事、个人感情波动交织描写的任务。"家庭纪事"作为一种史诗式的结构来要求，并不是没有缺陷的，它要在一定程度上限制小说反映生活的视野和角度，束缚体现特定历史事件的画面，但它的好处是能充分显示小说故事的完整性和生动性，增强作品的真实感和亲切感，使之具有吸引力和感染力。周克芹长期生活在农村，对社会上层少有接触，采用"家庭纪事"的结构形式，对于他来说，可说是从实际出发的最佳选择。

周克芹没有生硬地套用《上尉的女儿》的结构形式。无论《许茂和他的女儿们》还是《秋之惑》，在情节安排上，都不是由一个主人公的经历和见闻一条单线贯穿，而是参照《红楼梦》的"浪潮式"，特别是长篇小说现代结构每每依据的同时性原则，让几个主人公的故事在同一的时空里齐头并进，多线发展，综合纷繁复杂的情节为一体。这样，便有了较大的自由去描绘社会生活和人物心态，力避"家庭纪事"之所短而扬其所长。只是因其受着生活和思想视野的局限，周克芹不太可能更为深广地揭示时代历史的内容。

由于思想性格的缘故，周克芹格外赏识"悲剧"这一独具审美价值的审美形态。他说："我特别喜爱曹雪芹、蒲松龄、列夫·托尔斯泰、屠格涅夫、契诃夫、雨果以及许地山、萧红、沈从文等人的作品……他们不是直接地揭露什么，而是透过他们描写的生活悲剧（常常是悲剧！）使我感受到一种深沉的美，使我热爱生活。"[①]与张叹凤谈《红楼梦》，再次强调："生命受阻时所显示的悲剧意义是最深刻和完美的。"从"血淋淋枭首示众"的布加乔夫，到"背叛"的葛利高里，到因为追打"穿着皮大衣的新牧主"而被开除出党的塔纳伊巴，俄苏文学的代表作家作品往往长于刻画悲剧人物，充满着悲剧精神、崇高精神和英雄精神。在我国古典小说之林中，《红楼梦》也极富悲剧意识。"心比天高，身为下贱"，"俏晴雯"身份是奴婢，却没有奴才气，她敢于与主子面对面抗争，即使被赶出大观园，重病缠身，临近死亡，还将咬下的指甲和贴身穿的内衣送给宝玉作纪念，并以此向迫害她的王夫人猛烈回击，大胆挑战。"放

---

① 周克芹：《创作·生活及其他（答读者问）》，《写作》1982年第6期。

着主子奶奶不做，倒愿意做丫头"的"傻"鸳鸯由沉默"不语"走向爆炸一般的控诉，即使失去贾母做屏障，完全无法抵御贾赦的淫威，依然决不从命，宁愿"一刀子抹死了"，也不肯忍受半点污辱……对晴雯、鸳鸯以及司棋等"造反女奴"形象，曹雪芹并不单展示她们的毁灭，更突出她们面对外界压力、苦难和死亡即周克芹所说的"生命受阻"时所显示出来的超常的抗争意识与坚强的行动意志，歌颂她们作为大写的人所具有的本质力量和巨大价值。对于封建贵族阶级内部的离经叛道者，曹雪芹则注意表现他们叛逆思想性格的二重性。贾宝玉具有与封建社会相悖的个性解放、婚姻自由的人生理想，能够长期抗拒封建家庭对他的威逼、利诱、嘲讽和规劝；同时，又习惯于过安富尊荣、养尊处优的公子哥儿的生活，经济上摆脱不了对封建家庭的依赖，思想上也不敢决然否定君权和亲权，反认为朝廷"受命于天"，幻想得到封建家长的体谅。林黛玉执着追求以共同思想为基础的爱情，"顽抗到底"；但在思想上慑于封建伦理道德的威压，既要自由，又怕越"礼"，以至"喜怒无常"，"多愁善感"。林黛玉也曾对封建家长产生过不切实际的幻想，希望薛姨妈替她在王夫人跟前提出自己的婚姻要求。一方面是封建势力的顽固，"百足之虫，死而不僵"，一方面是叛逆思想感情的脆弱，优柔寡断，因此宝黛的爱情必然也只能以愤然绝命，或者"悬崖撒手"，"遁入空门"结局。

善于演出悲剧人生之必然，在周克芹的身上，我们深深地感受到先辈作家，特别是曹雪芹的悲剧审美意识和经验的润泽。他笔下的人物，包括中短篇小说里的芳儿（《勿忘草》）、来来（《来来》）、小青（《绿肥红瘦》）、段素芳（《风为媒》）、方达芬（《上行车、下行车》）以及马新如（《桔香，桔香》）等等，大都有着充满悲剧意味的人生旅程，而悲剧性又常常以命运"轮回"的形式出现。不仅尤家山果园江路生一家难以摆脱命运的"轮回"，葫芦坝许茂一家也曾经艰苦地挣扎在命运的"轮回"圈内。这样的"轮回"现象乍看起来似乎有些神秘、宿命与偶然，实则"神秘"中有发现，"宿命"中有抗争，"偶然"中有必然，是作家对改革大潮和"文革"狂潮期间农村现实的深刻而真实的把握。试看葫芦坝、尤家山两位户主：许茂老汉由合作化初期爱社如家的积极分子，变成一个倾心于自留地一隅，拼命聚集财富，甚至连亲生女儿也不顾的人，他的扭曲、"倒退"，是极"左"路线造成的。"社不成社，家不像家"，他对荒芜的"集体"土地失望了，但求生的欲望依然强烈，自我保护能力不曾丧失，于是不得不"自私"、"冷酷"起来，为生存、温饱和老有所终而进行坚韧不拔的畸形的斗争。江路生初则承包粉房成功，继而承包果园失败，这不仅因为村民们的"红眼病"，也因为江路生"只不过依然是个眼光短浅、因循保守的小生产者"，摆脱不了小农经济思想的外层包围和内心束缚，他便注定了洒汗水而收泪水的悲剧，并贻误女儿们的婚姻大事。再看两位年轻女主人公：郑百如遗弃了她，又阴谋"复婚"，且得到齐明江和许家老小的同情、支持和默许，四姑娘确实面临着被重新拖回"狼穴"、逼上绝路的现实危险，因为扼制她命运的是一时主宰着葫芦坝形势的政治流氓和恶棍的铁腕，何况还有社会舆论的威压。所以经过鸳鸯式的由沉默"不语"到挨门揭发、控诉到跳进柳溪河、誓死不屈的反抗的三部曲，她才预期能够"等待"着与金东水幸福的结合。人称"活探春"的理家能手二丫先是恋爱悲剧，被尤金菊挖了墙角；后是婚姻悲剧，误入李祥忠的怀抱而不能解脱，且准备着"认命"，重演上几代妇女"嫁鸡随鸡"的悲剧。作家冷峻地告诉人们，这完全是可能的。"金玉良缘"和"木石前盟"之争的时代已经过去了，但是家世利益高于一切的原则还被江路生甚至二丫自觉地奉行；尽管"梦醒"了，意识到"独立于家族利益之外的个人的存在"，然而真正迈出扑向华良玉那决定性的一步，谈何容易！最后看看两位男主角：他们都是作者笔下的理想人物。金东水是"文革"时期革命政治路线的代表，是石宝玉（《石家兄妹》）形象的发展和完善；华良玉是改革时期先进生产力的代表，是龙昌全（《许茂和他的女儿们》）、明全（《山月不知心里事》）形象的发展和完善。金东水上台又下台，这种"轮回"是那个特定历史时期的普遍现象，而他拖着亡妻留下的一儿一女——长生和长秀，苦心绘制葫芦坝水电建设蓝图更是其时真正共产党人的写照。受雇于江家、离弃江家、回归江家，离弃二丫、情系二丫、回归二丫；眷恋着事业，痴迷于故土，接受现代价值观念，勿忘传统道德标准——华良玉行之所向，情之所钟，其循环往复，同样也是势所必然的。它正反映出坚实地站在中国古老的大地的新一代农民精神蜕变的复杂情态和心灵进化的曲折轨迹。

形形色色的"轮回"，留给我们六个字的印象："艰难"，"抗争"，"向上"。艰难，农村整顿、改革艰难，农民改良人生、改变命运艰难，时时伴随着痛苦和灾难；"仿佛转了一个大圈之后，又回到原来的位置，前进和后退都如此艰难"，华良玉的"如梦人生"几乎可以看作从葫芦坝到尤家山，蜀中农村几代人生活命运的概括。抗争，农村劳动者面对外界压力、苦难和死亡显示出来的抗争本性、抗争意识、抗争精神和抗争意志，亦如周克芹所总结的那样，"庄稼人是不悲观丧气的，尤其是女人们，她们看去软弱一些，而实际上是很坚强的，在'抗灾'方面比许多男子汉更具备耐力，不论多么艰苦，那希望之火在她们心里都不熄灭，总是能够直面人生，含辛茹苦地去重建自己的家园。"①向上，乐观向上。"轮回"毕竟只是否定之否定过程中的一个环节，结果总是发展和提高，给人以掌握并改变自己的命运的信心和力量，没有某些批判现实主义作品的悲观主义色彩。从周克芹小说的悲剧人生，悲剧意蕴，我们看到了古典悲剧审美经验的承传，更领会到了社会主义悲剧的审美特质。

周克芹主张"小说要有诗意"，这也是受到文学大师们的影响。文学史家们常说《猎人笔记》是浪漫主义的抒情因素与现实主义的独立思考的水乳交融，称契诃夫晚期写作的那些思想上艺术上最成熟的短篇小说为"心理抒情"小说；指出曹雪芹撰写《红楼梦》"中亦有传诗之意"（脂砚斋），即把生活提高到诗的境界来表现……周克芹所倾倒的作品，其中有很多不仅是"史诗"，而且是抒情诗。受其熏陶，所以周克芹又十分看重作品的抒情性。他在讲话和文章中多次发挥托尔斯泰的观点，强调艺术是"传达感情的工具"②。他首先追求的是"内在的诗意"，"内在的抒情"。"文学作品，即便不是'自传体'，也一定有作者自己的思想、感情、前进的脚步声。"③周克芹塑造的正面人物，理想人物，无不融合着、洋溢着作家的生活经历以及由这些经历所形成的思想、感情、个性、气质。四姑娘、蓉儿、芳儿、华良玉乃至二丫，他们是从生活中集中、概括起来的"客体形象"，在一定程度上又是贮满了周克芹对农民的热爱和深情的抒情主人公的"自我形象"。周克芹就曾直言："《许茂》里的四姑娘就是我。"正是借助这些独特的形象，作家倾吐了、抒发了遇逆境而不屈、果敢地开拓人生的信念，把个人命运与党和国家的命运联系起来的战斗者

①　《〈许茂和他的女儿们〉创作之初》，《北京师院学报》1982年第3期。
②　周克芹：《文学的突破与创新》，《西南民族学院学报》1983年第3期。
③　《〈许茂和他的女儿们〉创作之初》，《北京师院学报》1982年第3期。

的情怀，向往物质富有的同时，也渴望精神富有的热忱，对故土的依恋，以及崇高、壮丽的理想、抱负等等。周克芹除把自己的感受熔铸于人物形象，还常常把自己的情思渗透、浸润于景物，借景抒情，借物咏怀。论者屡屡提及的沱江流域的迷茫大雾，柳溪河畔含着蚕豆花香的夜风，尤家山果园的秋色，江路生院坝上空盘旋的苍鹰……都是融情入景，感物吟志的优美笔致。它们渲染了时代气氛，烘托了环境特点，又抒发了人物情怀，而小说人物的情怀又是与创作主体的感情基质完全契合的，真是多功能。

最出色的是月色描写：

> 天上有一抹淡淡的浮云。初升的圆月在薄薄的云后面窥视大地。山峦、田野、竹园、小路，一切都是这样的朦朦胧胧，好像全都溶解在甜甜的梦幻中。庄稼人在整天的劳累之后，老天爷就给安排下这样的静静的夜晚，和这样的溶溶的月光，好让人们舒舒服服地进入梦乡去。

静谧的夜晚，溶溶的月光，朦胧的田野，而两个农家姑娘却睡意全无。"各家各户做庄稼"后的"孤单"感，集体的事没人管的沉闷感，袭击着她们，困扰着她们，她们流露出淡淡的忧虑，也流露出对"怪人"隐隐的情思，多么富于美感的意境，它有历史蕴含，也有人生情韵。不光在《山月不知心里事》里，在其他作品里，如残月无光、悬挂山峦，被夜雾隔断，许秀云夜送小棉袄的描写；满月金辉，透过浓枝密叶，筛下星星点点，明明灭灭，大丫、二丫相互瞒着，不约而同悄然接近华良玉守夜的凉篷的描写，都饱含着诗情画意。明月，在中国最是多情的"阴虚之物"，她是嫦娥，是婵娟，是"冰人"，是情意缠绵，是离愁别恨，是纯洁的理想和人格……周克芹将月的寄情传情抒情作用发挥得淋漓尽致。他艺术画卷里的山丘田园、村舍小溪、笼罩着月色；他笔下的那些温柔、美丽的农家女儿是月华；他寄托的爱恋、忧思和理想、情操也是皎洁晶莹的明月……难怪他被誉为"山月魂"、"月魂诗人"！

人们吃各种各样的食物，从中汲取养分，变成了血和肉，不容置疑，但若要指出某人身体上的某部分肉是由某种吃的东西变成的，却无法办到。我们指出某些作家作品对周克芹的影响无非举例而已。事实上，周克芹所接触过的作品都曾对他产生程度不同的影响，而这种影响之和便是使之坚定、执着地走在现实主义道路上，并逐渐形成了凝重、深沉、含蓄、幽远的艺术风格。

三

毛泽东《在延安文艺座谈会上的讲话》的这个观点是人所共知的：人民生活是一切文学艺术的取之不尽、用之不竭的唯一的源泉，过去的文艺作品是古人和外国人根据他们彼时彼地所得到的人民生活中的文学艺术原料创造出来的东西，不是源而是流。但是他同时强调："必须继承一切优秀的文学艺术遗产"，"决不可拒绝继承和借鉴，古人和外国人，哪怕是封建阶级和资产阶级的东西"①。作为文学的要素，生活和读书有第一和第二之分，但两者不可或缺。丁玲把从事文学工作概括为生活、学习、写作的循环，鼓励作家"采百花之精，酿一家蜜"，她打了一个比喻，"树要它结果，就得上肥，我们要支出，就要有收入，要生活、多研究、多读书"②。周克芹在《说"竭"》一文中，也说文学青年要避免"江郎才尽"，"最好是深入生活和多读书，从各个方面丰富自己的积累"。

周克芹本人之所以能不断超越自我，在创作道路上接连竖起两块丰碑，就因为他遵循《讲话》精神，正确地解决了源和流的关系。周克芹始终认为，搞创作的人通过鉴别、择取来扩展和丰富艺术思维和艺术手段很有必要，但终究得按文学规律，特别是文学与生活的辩证规律从头做起。演绎某种观念哪怕是所谓"新"哲学观念的作品，只不过是水上浮萍。文学创作必须把根扎在生活的土地上。因此他"不主张保守和封闭"，"也不主张盲目认同，更不主张本末倒置"③。坚持立足在自己生活的土地上读书、学习、继承、借鉴，而继承、借鉴归根到底是为了更好地把握和表现生活。用某评论家的话说，周克芹不排斥引进"机具"来开掘生活的深井，但从来没有希图用他人的燧石来打闪自己的艺术火花。

---

① 《毛泽东选集》第三卷，人民出版社1966年版，第817页。
② 《丁玲文集》第六卷，湖南人民出版社1984年版，第247页。
③ 邓仪中：《创作终究得从头做起（周克芹答客问）》，《红岩》1990年第1期。

纵观周克芹的一生，他受前辈作家的影响，主要表现为爱国爱民、忧国忧民的思想和以现实主义为主导的创作方法的熏陶。周克芹表现的是七十年代的"文革"和八十年代的改革，抒写的是他长期农村生活积累起来的感情，这是任何古人和包括当年苏联"老大哥"在内的外国人所未曾经历、未曾体验，当然更未曾写到过的。无从指望简单地模仿、也根本用不着模仿，他是"独自面对现实生活"，用独特的审美眼光进行艺术的独创，继承和借鉴旨在"加洋肥，施古粪"，让生活之花更加馥郁，生活之树更加青葱，生活之果更加硕美。吸收重在创作思想、方法的接受，影响重在综合的内在的影响，无意取其皮毛、相其形骸、照葫芦画周克芹深得"学习"的精义、借鉴的真谛，这正是他留给后人的宝贵的精神财富。

　　周克芹并不是没有弱点或局限的。一般说，他坚持于守老营、挖深井，生活面不够宽广。在读书方面，虽然在异常艰苦的条件下，尽了最大的努力，知识面究竟不如老一代作家如茅盾、巴金、艾芜、沙汀等渊博，它们不能不对其创作有所制约，这也可以作为一条历史经验来记取。

（《西南民族学院学报（哲学社会科学版）》1991年第6期）

命运透视与雁式场序

——许秀云形象的叙述学分析

陈思广

  周克芹的长篇小说《许茂和他的女儿们》以四姑娘许秀云的命运起伏透视社会命运的纷繁变化，以"家"与"事"的支点选择，诉说许茂和他的女儿们的生活故事与生活理想，是小说在叙述形式上取得突破意义的关键之处，也是作者艺术匠心之所在。对于这种具有普遍意义的艺术选择，虽有论者指出了它的途径与寓意，但对采取这一形式的内在因缘和这一形式给《许茂和他的女儿们》带来怎样的艺术建构，这一建构又是怎样来完成主人公生活故事与生活理想的深层诉说等，却未有人说明。

  众所周知，在《许茂和他的女儿们》中，周克芹告诉读者许茂有九个女儿，但作品实际却只写了三姐许秋云、四姐许秀云、七妹许贞和九妹许琴四姐妹，而这其中又以四姑娘许秀云为中心支点。对此，我们不禁要问：这"家"与"事"的独特的支点选择即：三、四、七、九四姐妹与四姑娘中心观，是信手拈来还是刻意所为？对这一问题的思考使我想起了一副众人皆知的对联——上联：二三四五，下联：六七八九，谜底：缺一少十（缺衣少食）。乍一看这与许茂的女儿们只出三、四、七、九没有关联，实际上这正是我们解开周克芹为什么只出三、四、七、九之谜的钥匙。小说名为《许茂和他的女儿们》，自然无儿，也即是无二（二、儿谐音）；大女儿许素云在小说开始时早已病故，此为缺一；十全为满，许茂生活的境遇当然谈不上全、满，故不言十；这样，缺一少十（缺衣少食）的寓意，就与作品所表现的"文革"后期人民生活艰辛的时代环境与氛围相吻合；而故事所发生的地点是四川农村一个名叫葫芦坝的地方，"葫芦坝"与"五六八"近谐音，按照民间出数时讳本地地名的习俗，自然省去"五六八"的描写。只剩三、四、七、九，而这又正好构成了3，3×1+1，3×2+1，3×3的数列关系。由是，我们说，周克芹选取三、四、七、九四姐妹作支点，而统共写了四姐妹，其中又以四姑娘为中心，应与特定的文化心理有关。

诚然，这只是一个引子，我们也不愿意仅拘泥于此而陷入一个意义不大的数字游戏中，我们的问题是：既然作者以四姑娘许秀云作为中心支点，那么这一选择使作品产生了怎样的叙述建构？其次，这一艺术建构又是怎样来完成生活故事与生活理想的深层诉说的？要回答这一问题，我们还是先从四姑娘形象的叙述流程谈起。

四姑娘的出场是在她决定不离开葫芦坝后的一个清晨。当勤劳的许茂老汉发现四姑娘重新收拾茅草屋时，敏感的老汉顿时觉察出事态的异常。他厉声质问四姑娘的用意，惊诧的神情令四姑娘凄然不已。面对父亲的愤懑，许秀云这位饱尝痛苦而又挚爱生活的普通妇女凄苦而又失望。三姐听说四姑娘改变了主意，风风火火地赶来急言相劝，四姑娘只有凄然一笑，暗自叹息。生活中太多的失望使她不轻易相信，生活中太多的苦难使她不轻易付出。十年的苦难，使四姑娘不再为郑百如所迷惑，她看清了他的狰狞面目，识破了郑百如闹复婚的诡计。她在思索中拼争，在苦难中奋起。夜晚，四姑娘不顾流言蜚语，给长秀送去自己千针万线、千情万绪改做的棉袄，同时间接告诉老金工作组就要来葫芦坝的消息，但老金为避闲言碎语，拒四姑娘于门外。这是十天前四姑娘看到小长秀没娘的境遇后决意捍卫自己的生活理想而迈出的第一步。一连几天夜里，她挑灯密缝。"一边缝，一边想着长秀，想着自己，想着现在，想着未来。有多少回，无边的遐想被她自己有意地涂上一点美丽的颜色，有多少回，泪水模糊了眼睛，针尖刺红了手指。这千针万线针针织进了她的辛酸，织进了她的幻想，织进了她的眼泪。她朦胧地意识到：她的命运，她往后的生活再也和小长秀的命运和生活分不开！是的，分不开！要是分开了，她真不知道生活将是怎么样儿，还有什么希望！"正是这份难以割舍的情怀，许秀云最终留在了葫芦坝。工作组到来后，许秀云默默不语地用心观察着颜少春的一切。从颜少春身体力行的做法和她与其他女社员亲切的言谈中，四姑娘朦胧地感到了新的气息，并将识破郑百如真面目的希望寄托在颜少春的身上。岂料，晚上开会时郑百如滔滔不绝地汇报局面，使四姑娘刚刚升起的希望再次跌落到了低谷。工作组的小齐年轻幼稚，偏听偏信地向四姑娘传递郑要她复婚的信息，更使得许秀云"几天来对工作组怀抱的希望被击得粉碎，工作组的形象也因此在四姑娘心中变得异常的可怕和丑恶了"。她决定孤军奋战，争取自己的未来。在连云场上，当许秀云看到葫芦坝的前任党支部书记、复员军人金东水，肩膀上露着棉花，站在一群衣着破旧的庄稼人当中，奢望那些并不富裕的农民兄弟伸出友谊之手，买走他唯一的那件旧毛衣，以能满足小长秀微薄的愿望时，禁不住泪水夺眶而出。她不能再熟视无睹了，她要勇敢地走过去，和他们站在一起。她抑制住心中的激荡，镇定地走过去，勇敢地喊了声："大姐夫！"特别是看到郑百如那气急败坏的神情，许秀云更是勇敢地跨到她大姐夫身边。连云场之行是她向这个世界发出的最有力的宣言！那份真诚，那份执着，那份自豪，那份坦荡，是有力的挑战，也是美的写照，更是光彩夺目的奋争！这是小说中最绚丽的华章！至此，一个不屈不挠、追求自由与爱情的美的形象屹然矗立在我们面前。然而，巨大的希望换来的却是巨大的失望，为避人言，老金不顾小长秀凄厉的哭喊，凶狠地抱起小长秀决然离去。此时，许秀云再也忍不住如泉似的泪水，羞辱，失望，幻灭……种种心绪涌上心来。经过了这次沉重的打击，许秀云心灰意冷，近乎麻木。许贞、许琴、许秀云三姐妹相遇时凝重的空气，令人压抑。气急败坏的郑百如怂恿其姐"闲话公司经理"郑百香无端中伤许秀云，并在会场稠人广众之下诽谤许秀云。善良软弱的四姑娘欲哭无泪，欲喊无声。三姐为了维护家庭名誉挺身而出，击溃了郑百香的无耻谰言，但当四姑娘紧随三姐离开会场，伏在三姐身上失声痛哭欲申辩多年的冤屈时，她却并没有给四姑娘真正的保护和半丝慰藉，反将一腔怨气撒在了无处申冤的四姑娘身上。四姑娘失魂落魄，几近绝望。但是，就在这绝望之时，她再一次听到了郑百如策划诬陷金东水的阴谋。此刻，她怒不可遏，毅然忘却自己的一切痛苦和冤屈，周身腾起复仇的烈火。她决定置己于度外，含屈忍辱，挨门挨户地向人们揭发郑百如的丑恶面目，走上奋争的道路，不仅是为了伸张十年的正义，拯救自己的生活理想，更是为了向恶魔宣告邪恶的破产，向人民展现真善美的所在。虽然之后的冷遇与误解令她想到了死，但可爱的长秀，美好的希望，使她终于从死亡的边缘走了回来，终于在初雪的早晨，第一次露出了妩媚的笑容。因而当颜少春告诉她，老金因忙需暂缓婚期时，许秀云坚定地说："不管多久，我都不怕。我能等。"她将个人的命运同整个祖国的命运联系在一起，她的精神世界得到了升华。

据此，我们将许秀云的出场顺序及形象流程，按章、节做线性压缩，可简化成如下句式：

一、（2）许秀云留，许茂烦。凄然与失望。[一、（2）为第一章第二节。下同]

二、（1）三姐劝许秀云再婚，秀云拒绝。

（4）许秀云送袄，老金回避。奋争1。

（5）许秀云因牵挂长秀（老金）而不走。一牵挂。

三、（3）颜少春劳动，许秀云默然观察。

四、（2）许秀云听会，希望破灭。再失望。

五、（1）小齐传递郑要复婚的信息。许秀云决定孤军奋战。

（4）连云场遇老金，站在一起。奋争2。

六、（2）许秀云挑战世俗，老金冷若冰霜。失望至极。

七、（3）三姐妹各怀心思，四姐几近麻木。

八、（2）许秀云会场蒙冤，无处申辩。近乎绝望。

（4）虽众叛亲离，但许秀云决意揭发。奋争3。

九、（1）许秀云浑身是水回到家中。

（2）绝望至极，跳河，但想到长秀她又爬上岸，去老金家。

（5）听给老金介绍对象，再跳河时被救。再牵挂。

十、（1）四姐与颜少春倾心相谈。

（2）许茂回心，每人分钱一份。

（4）颜告诉四姐老金希望暂缓，四姐同意。

同样，我们在不打乱许秀云出场顺序的前提下，将上述句式做非线性的合理的编制，可得如下图式：

A	B	C	D	E
	一——2;			
二——1;			二——4;	二——5;
		三——3;		
	四——2;			
五——1;			五——4;	
	六——2;			
		七——3;		
	八——2;		八——4;	
九——1;	九——2;			九——5;
十——1;	十——2;		十——4;	

　　将这一图式略加辨识，我们就会发现，若以"五——1"叙述节为中，为前，则整个编制如同一群大雁在空中飞翔，故称雁式场序。而且这一雁式场序除了"十——1"叙述节外，相当有规律。图式左上角两个小叙述节"一——2"、"二——1"，大章与小节互逆；以"五——1"叙述节为中，为前，斜上，则章为5、4、3、2、2，节为1、2、3、4、5；斜下，则章为5、6、7、8、9，节为1、2、3、4、5；左下角五个叙述节以"九——1"为头，也可看作小的雁式场序。此外，这一图式有五个纵向的叙述单元，我们姑且称为A、B、C、D、E叙述单元。这五个不同的叙述单元虽然包含不同的叙述节，却只有一个相同的叙述言词。如叙述单元A：写三姐、小齐劝说许秀云再婚，叙述言词为再婚；叙述单元B：写许秀云几番失望之情，叙述言词为失望；叙述单元C：写许秀云的沉默无语，叙述言词为沉默；叙述单元D：三写许秀云的奋争，叙述言词为奋争；叙述单元E：写许秀云的二次牵挂，叙述言词为牵挂。合而统之并对照许秀云的人生历程，这五个叙述言词即：再婚、失望、沉默、奋争、牵挂，构成了许秀云生活理想与生活故事的全部内容。

　　综上所述，我们发现：1. 以许秀云为中心支点的艺术选择使作品蕴含了独特的艺术建构——雁式场序，也使人物形象蕴含了更为深刻的艺术内涵；2. 非线性的叙述结构使作家在不同的叙述单元中陈述了相同的叙述言词，完成了诉说许秀云生活理想与生活故事的全部内容，也使我们解析作者塑造主人公的艺术匠心有了新的视点。尽管我们无法得知作者本人在创作时是否有意为之，但这至少也使我们有可能以此为模式对其他的长篇文本进行更为细致的检视。只不过这不是本文所涉及的范围了。

（《伊犁师范学院学报》2002年第4期）

对一种小说观念与书写方式的检讨

—— 重读周克芹的《许茂和他的女儿们》

王春林

    回想起来，第一届茅盾文学奖的评选，是一九八二年的事情，距今恰好整整三十年时间。尽管在时间长河中，三十年不过一瞬，或许是因为世事变迁太大的缘故，现在说起一九八二年来，已经似乎有一种恍如隔世的感觉了。三十年来，在中国的政治、经济、文化等方面发生巨大变化的同时，我们的文学写作，我们对于文学的理解和认识，我们的艺术审美观念，其实也已经发生了很大的变化。在这样的一种情形下，重读周克芹创作于三十多年前的长篇小说《许茂和他的女儿们》，确实感慨良多。

    第一次阅读这部小说，应该是当年上大学期间的事情。由于时间过去了这么多年，关于人物和故事的诸多记忆，实际上已经很模糊了。这次有机会重读，所得的体验确实是陌生而新奇的。别的且不论，单就最表层的叙事趣味来说，《许茂和他的女儿们》与时下刊物上刊载的小说，就已经有了很大的不同。由于社会政治以及文化产品的印制等外在条件的限制，第一届茅盾文学奖进行评奖的时候，国内长篇小说的数量肯定非常有限。现在，中国长篇小说的数量，最保守的估计，每个自然年度都有两千部以上。尽管缺乏精确的数字统计材料，但我却完全能够推想得出，三十年前长篇小说，与现在相比，数量一定少得可怜。在这数量较少的前提下，依照周克芹《许茂和他的女儿们》所已经达到的思想艺术水准，它的获奖应该说是当之无愧的。小说的故事发生在一九七五年第一次"农业学大寨"会议召开之后，已经到了一个时代转换的关节点上，地点是四川省一个偏僻的乡村葫芦坝。故事时间并不很长，小说开头从许茂老人准备"祝生"写起，到小说的结尾处，许茂的生日终于到来，但原先的"祝生"计划却并没有变成现实。周克芹把小说的矛盾冲突不无戏剧性地集中在较短的时间之内，显得特别凝练精悍。尽管说由于时代制约局限的缘故，小说本身在思想艺术上确实留有不少遗憾，但即使在三十年之后的今天看来，这部作品却依然有它值得肯定的地方。本文的主旨，即在于通过对于周克芹《许茂和他的女儿们》的重读分析，对于三十多年前的一种小说观念与书写方式做出必要的反思和检讨。

一部优秀的长篇小说，肯定少不了人物形象的深度塑造。只有刻画塑造出了生动丰满、栩栩如生的人物形象，一部长篇小说才可能较为长久地存留在读者的记忆中。重读周克芹《许茂和他的女儿们》，首先一个突出的印象，就是周克芹对于若干人物形象相对成功的刻画塑造。其中诸如金东水、郑百如、许琴、齐明江、许秋云、许贞、龙庆、颜少春等人物，尽管作家所用笔墨不多，有些人物只是偶作点染，但却给读者留下了较深的印象。当然，最具人性深度，最具艺术审美价值，最耐人寻味的两个人物形象，恐怕还应该是许茂与四姑娘许秀云。

先让我们来看看许茂老人。好的人物形象的塑造，首先要求作家必须对于该人物有新的发现。许茂老人的情形，即是如此。这是一个对于土地有着深深的眷恋，从内心里热爱着农业生产劳动，朴实厚道中又不无狡黠自私的老农形象。许茂是葫芦坝一个家境不错的普通老农，已经去世的妻子先后给他生养了九个女儿。对于传宗接代观念甚强的许茂来说，唯一的缺憾就是少了一个儿子："旧的传统思想压力曾使他痛苦得咬牙切齿，然而，现实主义者的许茂却并不因此悲观厌世，他不久就习惯了，他把女儿当儿子看待。……他要寻一个'上门女婿'。"在那样一个土地早已集体化的时代，许茂对于土地的深情非常令人感动。"许茂在他的自留地里干活。从早上一直干到太阳当顶。他的自留地的庄稼长得特别好。青青的麦苗，肥大的莲花白，嫩生生的豌豆苗，雪白的圆萝卜，墨绿的小葱，散发着芳香味儿的芹菜……一畦畦，一垄垄，恰好配成一幅美丽的图画。精巧的安排，不浪费一个小角落，细心的管理，全见主人的匠心。只有对庄稼活有着潜心研究的人，才会有这样的因地制宜、经济实效的学问。许茂这块颇具规模的自留地，不是一块地，简直就是一件精美的艺术品！这是他的心血和骄傲。这些年来，他所在的生产队的庄稼越种越不如前几年，而他的自留地的'花'却是越绣越精巧了。"只要是本本分分的中国农民，就都会把土地看作是自己的命根子，就容不得任何糟害土地的行为。正如同小说所描写的，作为一个土地情结严重的农民，许茂老人"也曾走在合作化的前列，站在这块集体的土地上做过许多美好的梦"。然而，由于当时农村政策的极大失误，集体化的道路不仅没有能够很好地发展生产力，反而极明显地暴露出了"大锅饭"的弊端，以至于集体的土地总是一片不理想的荒芜景象。正因为无法眼看着属于集体的土地无端地被人糊弄，所以，万般无奈的许茂老人才会倾全力于属于自己个人的自留地之上，居然把自留地侍弄成了"一件精美的艺术品"。在那样一个不正常的时代，许茂老人本来正常的行为，反而被看成了不正常。按照当时的通行观念，老人之被看作是思想"落后"的农民，就是顺理成章的事情。周克芹的可贵之处，正在于敏锐地发现了这一点，并且把这种发现凝结表现在许茂老人身上，才使得许茂成为上承糊涂涂（赵树理《三里湾》）、亭面糊（周立波《山乡巨变》）、梁三老汉（柳青《创业史》）等人物形象余绪的农民形象。尽管更严格地说，许茂老人的人性审美内涵还是无法与以上几位相提并论。

需要注意的是，周克芹并没有把许茂老人完美化，在充分肯定其眷恋土地热爱劳动的同时，作家也有力地揭示了其人性中短视狭隘自私的一面。许茂老人的短视，主要表现在他和大女婿金东水之间的关系上。"不久，倒霉的金东水又遭了一场祸事：火灾毁掉了他的住房。当时，身为大队长的龙庆跑来找许茂商量：要老汉把他宽敞的两间房给老金夫妇和两个孩子暂住。许茂先不吭声，进到自己屋里独个儿召开了一次紧张的'形势分析会'。这位精明的庄稼人思前想后，竟得出了一个目光短浅的结论，他断定金东水摔了这一跤之后，是永远也爬不起来了。"以至于，当自己的亲生女儿不幸落气之后："当九姑娘领着几个社员来到家里拢木料去为死者做棺材的时候，老汉却巍然站立在大门口，不让人们进去，九姑娘气得大哭也不顶用。"许茂老人何至于如此冷酷无情呢？难道他内心中就没有对于女儿一家的亲情么？问题的答案，很显然只能到当时那样一种不合理的政治现实中去寻找。那是一个阶级斗争的弦绷得过紧的时代，大女婿犯了政治错误而被迫下台，就意味着被打入了另册。为明哲保身，从根本上与大女婿划清界限，不失为一种明智的选择。很显然，正是在此种思维逻辑的主导之下，许茂老人最终做出了后来被证明是短视的决定。

但是，与许茂老人的短视行为相比较，更能凸显其人性缺陷的，却是他对于卖油农妇的市场欺诈行为。眼看着卖油的农妇急着要把油卖掉好给怀里发烧的孩子看病，精明的许茂老人居然趁火打劫，以明显低于市场价的一元钱把油买下，然后再以大约一元五角左右的高价卖掉，好赚取其中的差价。而且，这已经是许茂老人的日常行为了："许茂老汉这几年来在乱纷纷的市场上，学到了一些见识，干下了一些昧良心的事情。像今天，他做出怜悯的神情，用低于市场价格的钱买下那个女人的菜油，然后再以高价卖出去，简单而迅速地赚点外水，这样不光辉的事情在他已不是第一次了。"对于许茂老人的此种行为，我们可以剥离为不同的两个层面来加以评价。一个层面，是具体到小说中许茂老人对于卖油农妇的趁火打劫行为。在农妇面临着极大困难的时候，"从前也曾窘迫过、凄惶过的"许茂，无论如何都不应该欺诈农妇谋取自身的利益。另一个层面，则要从具体的小说细节中抽离出来，在当下的意义上来重新理解看待周克芹的相关判断。我们在这里的实际所指，就是"昧良心"与"不光辉"这样的价值判断。按照正常的商业逻辑，许茂的行为不仅谈不上"昧良心"与"不光辉"，而且还很有一些超前于时代的商业意识。因此，从根本上说，真正思想滞后的，其实并不是许茂老人，反而是创造出许茂老人形象的作家周克芹自己。在自己笔下的人物已经挣脱时代枷锁奋然艰难前行的时候，作家自己的思想反倒停滞不前，此种情形着实耐人寻味，值得引起我们的深入思考。

在许茂老人的九个女儿中，周克芹用力最多，刻画最成功的，当数命运遭际异常悲惨的四女儿许秀云。作为小说中最主要的一位女性形象，许秀云身上最突出的性格特点，就是善良柔弱中的坚韧与隐忍顺从中的抗争。先来看她的柔弱隐忍："十年前，那个只读了半年高中就被学校开除回来的郑百如，那个使葫芦坝上每一个诚实的待嫁姑娘都讨厌的花花公子，是怎样在一个夏日的黄昏，趁着她在河边洗衣服的时候，将她拖到芦蒿丛里，强奸了她。而软弱的四姑娘只能饮泣吞声，不敢向家庭、向组织透露一点儿声息……"遭此巨大打击，居然一声不吭，许秀云之软弱自然令人印象深刻。从小说的情节发展可以看出，尽管恶棍郑百如在家庭生活中对于许秀云百般折磨，但许秀云却一直以顺从的姿态长期隐忍。如果不是郑百如自己试图在掌握葫芦坝的大权之后想着要换一个老婆，恐怕一贯软弱隐忍的许秀云根本就无法逃脱郑百如的魔掌。然而，即使许秀云和郑百如已经离了婚，但郑百如那巨大的阴影却仍然笼罩在她的身上。郑百如一旦预感到自己有可能陷入困境，马上施展各种手段，试图迫使许秀云答应复婚以摆脱危机的困扰。需要我们引起注意的是，许秀云的人生困境，不仅来自于郑百如，还同样来自于自己百般眷恋着的大姐夫金东水："她曾经经历了那么多痛苦和折磨，都忍受过来了；今晚上遭到大姐夫的冷淡，比过去从郑百如那里遭到的全部打击，更加使她痛苦和悲伤！仇人的拳头和亲人的冷眼，二者相比，后者更难受得多。"不仅如此，许秀云还面临着种种流言蜚语的缠绕，面临着来自于老父亲和自己同胞姐妹的误解。面对着这么多的压力，一贯软弱隐忍的许秀云的确曾经产生过沉水自尽的念头并付诸过行动。但到了最后，还是她内心中沉潜着的一种强韧的母性发生作用，把她从死亡线上拉拽了回来。

难能可贵的是，许秀云并没有一味的软弱隐忍到底，正如同非常了解她的老父亲早就洞察到的，在她软弱隐忍的背后，其实也还有着不屈和执着的另一面："他知道每一个女儿的脾气。四姑娘虽然心慈面软，可要真坚持一桩事情，那是一定要坚持到底的；不像三女儿，那个'三辣子'虽然肝经火旺的，吵闹之后还容易说服一些。他就怕四姑娘使那个'闷头性'——你吵她、骂她，她埋着脑壳不开腔。以往的经验证明，吵闹的结果，十回有十回是老汉失败的。"真正是知女莫若父，许秀云的性格中确实存在着不屈抗争的另一面。这一点，极其突出地表现在她和大姐夫一家的关系上。大姐因病去世，一方面因为自己婚姻生活的不幸，另一方面也是因为长期照料姐姐孩子的缘故，许秀云对于大姐夫早就心生情愫。实际上，在金东水这边，也已经心有所动。但是，在他们之间的情感关系上，一直取主动态势，有情怀有担当的，却是四姑娘许秀云。小说开始不久，顶着流言蜚语的巨大压力，夜里毅然跑到金东水家门外给长秀送新棉袄的，是许秀云；在集市上，当金东水带着一双儿女因为缺钱而陷入困境时，主动伸出援手的，是许秀云；到后来，面对着郑百如他们的造谣中伤，下决心揭穿事情的真相殊死抗争的，依然是许秀云。由原初的过于软弱隐忍，到后来的不屈抗争，能够把这些对立性的人性因素糅合在许秀云这一形象身上，是周克芹值得肯定的一个地方。假若说周克芹再充分地使用一些笔墨，把许秀云性格转换的内在动力交代表现得更加具有说服力，那这个女性形象的人性内涵与审美价值无疑就会得到更强有力的提升。

人物形象的塑造之外，《许茂和他的女儿们》对于一些人物的描写也有其精妙之处，应该得到肯定。比如，关于许秀云，周克芹就曾经借下乡工作队的颜少春的视角来进行过描写。"过了一阵，颜少春的注意力不由得集中到一个三十左右、容颜清瘦俊俏的妇女身上去了。因为从一开始，他就留心到这个女人既没有笑，也没有跟人家搭白，只是埋头狠命地挖。看那单薄的身子，好像很有一把力气，她挥动着一把大锄头，那么三下五下的，一个树疙兜就给挖起来了。"颜少春没有见过许秀云，并不了解许秀云的基本情况，借助于这样一位陌生人的眼光来看许秀云，可以艺术性地从侧面把许秀云的容貌、气质以及性格特点勾勒表现出来。"容颜清瘦俊俏"、"单薄"，描写的是许秀云的容貌气质。"很有一把力气"，凸显出的是许秀云劳动妇女长期劳作的特质。"既没有笑，也没有跟人家搭白"，展示的是许秀云一贯低调内敛然而却又不失坚韧的性格特点。实际上，也并不只是许秀云一人，对于金东水，周克芹也曾经采用过这种侧面的表现方式。这样的一种人物描写方式，较之于那种直截了当的正面切入，很显然要艺术得多。

然而，尽管以上一些方面都值得我们予以充分肯定，但不管怎么说，作为一部完成于三十多年前的长篇小说，周克芹《许茂和他的女儿们》还是打下了那个时代的清晰印痕，在思想艺术方面留下了不少遗憾。首先，是思考评价社会历史问题时一种明显的道德化倾向。《许茂和他的女儿们》集中描写的是一九七五年的一段社会历史生活，因此便可以被看作一部关注表现"文革"问题的长篇小说，既然是一部以"文革"为反思表现对象的长篇小说，那么，作家如何看待评价"文革"，就是一个不容忽视的重要问题。周克芹对于"文革"持一种否定的批判性姿态，这个当然没有任何问题，关键的问题恐怕就在于作家对于"文革"悲剧成因的思考认识上。在这个问题上，我以为，周克芹的思考认识存在着明显的欠缺。按照周克芹的描写，葫芦坝之所以会问题成堆，一个重要的原因，就是道德正直高尚而且能力超群的金东水被罢职，道德行为一向败坏的郑百如取而代之，成为葫芦坝实际上的决策者。那么，郑百如又是一个什么样的形象呢？可以说，周克芹差不多把所有的恶习都赋予了郑百如。出现在读者面前的郑百如，是一个十足的流氓无赖再加恶棍的形象——欺男霸女，横行乡里，简直可以说是无恶不作。他不仅以强奸的方式硬性占有了许秀云，迫使许秀云成为自己的妻子，然后对她肆意侮辱百般蹂躏，而且还以推荐出去参加工作为由，强行占有了自己的妻妹七姑娘许贞。为了有效保护自己，他不惜利用自己的姐姐，葫芦坝"闲话公司经理"郑百香去制造谣言，以达到迫使许秀云和自己复婚的目的。"在郑百如瓦房里，经常设酒摆宴，他们那一群家伙，怎样地咒骂共产党，怎样地挖空心思诬陷四姑娘的大姐夫金东水——当时的大队支部书记，又怎样的暗地里偷盗队里的粮食，筹划投机倒把……而郑百如在干下了这一切罪行之后，又是怎样地威胁她：将她绑起来，举着明晃晃的刀在她眼前晃来晃去……"更有甚者，"在'文化大革命'中突然红火起来的郑百如，竟然带了连云场上那个烂污女人回家来睡觉"。以上林林总总，归结在一起，郑百如就端的是一个无恶不作的恶棍了。现在的问题是，这样一个人，有可能真正成为葫芦坝的决策者么？难道葫芦坝的一切问题，都可以简单地归罪到郑百如身上么？在这里，周克芹很显然已经陷入了一种思维认识的误区之中。当周克芹把这一切都与郑百如个人的道德问题联系起来之后，其实他已经把社会历史反思追问引领到了一个并非根本的方向上，已经把社会历史问题道德化了。正如同我们后来所明确意识到的，实质上，我们更应该在社会机制的层面上来思考追问"文革"的问题。

其次，小说创作从根本上说应该是一种细节的艺术，如果离开了细节描写，一味地通过概括的方式来进行小说创作，那很显然就犯了小说创作之大忌。但是，在周克芹的《许茂和他的女儿们》这部小说中，此类"犯规"现象却很遗憾地屡屡出现。比如关于许秀云，小说中曾经有过这样的一段交代性叙述："这个手板粗糙，面容俊俏的农村妇女，心有针尖那么细，任凭感情的狂涛在胸中澎湃，任凭思想的风暴在胸中汹涌，她总不露半点儿声色。她细心地拾取着那狂涛过后留下的一粒粒美丽的贝壳，认真地拣起暴风给吹刮过来的一颗颗希望的种子，把它们积蓄起来，藏在心底，耐心地等待着春天的到来，盼望着一场透实的喜雨，贝壳将闪光，种子要发芽。"这里，叙述者明确地告诉我们，许秀云是一个内心细腻，情感丰富内敛，尽管不断遭遇逆境却总是对于未来抱有希望的农村女性形象。把这些特征赋予许秀云身上，当然没有问题。真正的问题在于作家是以什么样的方式呈现这些特征的。在这方面，越是高明的作家，就越是不会像周克芹这样以一种越俎代庖的方式直截了当地把人物的性格特征说出来。一部《红楼梦》，曹雪芹一次也没有让叙述者跳出来，直截了当地告诉读者林黛玉的性格如何如何，贾宝玉的性格又是如何如何，他只是非常耐心地把一个又一个小说细节连缀在一起，充分调动读者的主观能动性，让读者自己去提炼把握人物的性格特征。周克芹的问题在于，关于许秀云的交代性叙述并非偶然现象，除了许秀云之外，在写到诸如金东水、颜少春、许贞、许茂等不少人物形象的时候，也都不同程度地存在着"越俎代庖"，让叙述者直接跳出来说明人物性格特征的现象。

第三，优秀的小说作品当然少不了深刻思想的寄寓和表达，但周克芹《许茂和他的女儿们》存在的一个问题是，在小说叙事的过程中，叙述者总是按捺不住地要以大段大段议论的方式来表明自己其实也就是周克芹的思想认识。比如："七姑娘啊七姑娘：哭吧，哭吧，你这个无知的女子。你给许茂老汉丢人，你给许家的姑娘们丢脸，你为什么不能像你的众多的姐妹们那样严肃地对待人生？你为什么把你爱情花朵这般轻率地抛向泥淖？你懊悔了么？懊悔吧！痛痛快快地哭一场，让悔恨的眼泪洗净你的虚荣心以后，你也许会知道什么是真正的人生，什么是真正的爱情！"再比如："四姐啊！你的悲哀是广阔的，因为它是社会性的；但也是狭窄的——比起我们祖国面临的深重的灾难来，你这个葫芦坝的普普通通的农家少妇的个人的苦楚又算得了什么呢？是的，这些年来，从天而降的灾难，摧残着和扼杀着一切美好的东西，也摧残和扼杀了不知多少个曾经是多么美丽、可爱的少女！四姐啊，这个道理你懂得的，因为你是一个劳动妇女，你从小看惯了葫芦坝大自然的春荣秋败，你看惯了一年一度的花开花落，花儿谢了来年还开。你亲手播过种，又亲手收获。你深深地懂得冬天过了，春天就要来。你绝不会沉湎于个人的悲哀。"关于小说中的类似议论，我们可以从两个不同的层面展开分析。其一，不同的作家有不同的小说写法，严格地说来，小说创作并没有不可逾越的一定之规。即如小说中的议论问题，尽管我们强调小说本身是一种叙事艺术，但也并不就意味着小说叙述过程中就不能出现议论的片断。然而，小说中的议论，却又不能够过于随意地穿插进来。周克芹此作中的议论问题，突出地表现为过于随意过于频繁且又有不着边际的嫌疑。翻检此作，类似于以上所摘引的非小说化的议论段落，可以说随处可见。不能够让自己所欲传达的思想认识隐含在故事情节中艺术地表现出来，更多地依赖叙述者公开现身议论的方式来凸显思想认识，说明的正是周克芹作为一个小说家艺术表现能力的有限。其二，退一步说，周克芹所发表的这些议论的内容本身，细究起来，也是存在明显问题的。前一段的议论对象是七姑娘许贞。尽管在追求情感的道路上遇到过一些挫折，但严格地说起来，许贞追求真诚情感的行为本身却很难说存在什么问题，更谈不上什么严肃或者不严肃。在这个意义上，周克芹从当时不无陈腐的观念出发的对于许贞的指责，今天看来其实很难站住脚。后一段的议论对象是四姑娘许秀云。在这段话里，周克芹特别强调国家命运的重要性，依他所见，与同样苦难深重的国家命运比较起来，四姑娘许秀云的悲哀根本就不值得一提。过于强调国家的重要性，严重地漠视个体生命的存在价值，很显然是周克芹这一段议论的致命伤所在。这样一些不仅非小说性而且本身就存在问题的议论性段落的普遍存在，在很大程度上损害着《许茂和他的女儿们》的艺术性。

以上，我们尽可能在充分尊重小说文本的基础上，一切从文本出发，在新世纪的文化语境下，依照自己对于小说的基本理解，对于创作出版于三十多年前的《许茂和他的女儿们》进行了一番还算深入的分析探讨。一方面受制于当时的时代局限，另一方面可能更是受制于自身小说观念的理解局限，现在看起来，《许茂和他的女儿们》，这部在当时曾经获得过第一届茅盾文学奖的长篇小说，虽然也有一些值得肯定的成功之处，但在思想艺术诸方面的确存在着不少需要引起我们认真思考的缺陷和不足。不过才过去了三十多年的时间，一部当年享有盛誉的长篇小说，看起来就已经是面目全非了。由此可见，真正的经典产生之难。一部划时代经典的形成，不仅需要克服时代的局限，更需要我们的作家自己有着足够的艺术天赋。稍有不慎，我们就很可能会陷入这样或者那样的思想艺术泥淖之中。在这个意义上说，那些仍然有志于继续从事于文学创作的作家们，敢不慎乎?! 能不慎乎?!

（《新文学评论》2012年第2期）

周克芹自传

周克芹

　　一九三六年农历九月十三日早晨，我出生在四川省简阳县石桥镇外的一间磨坊里。我显然来得不是时候，爷爷病势垂危，年仅二十岁的父亲正在准备老人的后事而四出借贷，仅仅为的是凑足一笔足以购买棺材的钱。贫穷愁苦使全家陷入悲痛和麻木之中。只有我的母亲私下里暗自有一丝快乐。她那时很年轻，我是她的第一个孩子。年轻的母亲对未来、对孩子总是充满着希望的。她的身体极好，奶水很足，使我在那样的不幸的日月里活了下来。

　　据说，我们的祖籍不在蜀中，往上数第几代祖先——一位年仅三十岁的女子，后人尊她为华太婆的——肩挑一担行囊，领着三个儿子，行囊里有丈夫的骨灰，从广东出发，跋山涉水，历尽千辛万苦，来到四川"跑马占地"，因为来得迟了，地都叫先来的人们占光了，只好给人做了帮工。这个传说，当然无从查考。而我的祖母硬说"族簿"上是这么记载着的。到了我的祖母这一代，说起话来，仍是满口"广东腔"，当地使用这种语言对话的老年人不多，人们以此为铁证，凡是能讲这种"客家"话的家族，都是从广东迁来的。为什么从那么老远的南方，那样富饶的地方迁来呢？我上小学以后知道"广东"在中国地图上的位置，就常提出一些质疑。祖母告诉我，说是当年"张献忠剿四川"之后，凡他的队伍所过之处，沿途多年荒无人烟，空着大片大片的田地没人耕种，湖广一带人烟稠密，没地种的农民知道了这个消息，就纷纷地赶来了。又有一说，说是人们并不是自愿跑来的，是清朝的官兵把我们的祖先用绳子捆了，押送到四川来开垦荒地。持这个说法的人的理由是：我们的手腕都有一圈被绳子捆过之后留下的痕迹，这就是祖先传给我们用以证明"客家"身份的记号。我上初中以后知道，这些都是没有历史依据的传说。而这种传说是怎样产生的，并使得人们代代相传、坚信不疑的呢？我至今不知道其中奥秘。以至于有时候，我真想去弄清楚它。

这并非我有那种"考证癖"，而是所有那些关于先祖们艰辛生活的故事，以及那种开拓性、创业性的筚路蓝缕的经历，长久地占据着我精神世界的一角，尤其是从祖母口中娓娓道来那些动人的故事，在我生活过来的那荒凉的、寂寞而漫长的童年岁月里，给过我不少的鼓舞和后来经事实证明是不无益处的熏陶。祖母是挺能干的，也是很不幸的。与一般农村妇女不同的是，她除了全力支撑着一个贫穷的家庭外，还能识字、看书。她生了四个儿子，每一个都送进学堂读过几年书的。她对经营商业有浓厚兴趣和本领，鄙弃农业耕耘，老年以后还笃信佛教。我不知道她为什么是这样的。她的身世的一部分对我也是一个谜，我只知她是改嫁到周家的，至于改嫁前的生活是什么样的，我父亲也所知无几。我祖父是个性格软弱，身体不好，缺乏生活能力的人，又偷偷抽上了大烟。祖母并不因此嫌弃他，她独自担当起养育儿女、撑持家务的责任。她一辈子都在努力挣扎着离开田地，脱离破败的农村。她曾领着我的父亲和二叔在石桥镇当小贩，摆红甘蔗摊子，后又"顶"下一座破产的磨坊，经营粮食买卖和加工。祖父去世时欠了债，磨坊倒闭，才又不得不去租种土地。她让我父亲和二叔留在镇上别人的商店里当学徒，把年幼的三叔和幺叔送去上学念书，租下的几亩薄田，就由她本人和我母亲耕种，暂时苦熬下来，而"重振旗鼓"，再度闯入商业圈子之心不死。果然，在我六岁那年，父亲"满师"以后当上管账先生，成了镇上经营蔗糖生意的行家里手，好些商号争相雇请他。当他的工资勉强可以维持家计的时候，我祖母立即退掉了那几亩薄田，统领全家重返镇上赁房而居。

我们租下人家的后院。前边铺面上，是一家纸钱铺子，老板姓蔡，他每天坐在柜台里，满脸秋色，怪吓人的，铺子里沿墙安放着几个很大的木头墩子。五六个工人右手拿着短柄木槌，敲打着左手的铁钻，往一叠又一叠的草纸上钻孔。钻了孔的草纸就叫作"纸钱",据说,这是阴间通用的货币,根据人的贫富等级,死的时候都要带上一些,作为在阴间的生活费和一路上向阴间的每一个关卡行贿的费用。除此以外,人们进香还愿、朝山拜佛,逢年过节祭祀祖先,初一十五问候天神,以及生期满月、红白喜事,甚至包括赌咒发誓等等都得烧上几斤纸钱。因此,蔡老板的生意是十分兴旺的,工人们从早到晚为制造这种"货币",汗流浃背。但那种操作是极简单的,重复而单一的动作,颇有节奏而又异常单调的打击声、吸引着不少的孩子。我曾那样聚精会神地欣赏过这样的场景,可是不久就厌烦了。

石桥镇是成渝线上、沱江之畔的一个大镇。商业很发达。其时,日本侵略者占领了我国北方和南方的大片领土,四川就成了后方。这样一个地处交通线上的商业集镇曾一度出现过畸形的繁荣。由于物资匮乏,物价飞涨,镇上的人们,大多过着紧张的朝不保夕的日子,人们在茶馆酒店里谈论着战事和物价。但是,战争对于内地小镇上的人们,却又是十分遥远的,小镇的生活节奏仍然缓慢、单调,而且死气沉沉。

七岁那年,我被送进一家私塾念书了。私塾设在纸钱铺斜对面的一家酱园的后院。上学时从许多的酱油和麸醋缸子中间穿过。淘气的学生们爱偷偷地向那些大瓦缸里吐唾沫,并认为谁吐得多而又未被店主人发现,谁就显得英勇机智。私塾老师是个患着肺气肿、又抽大烟的老头,穿着肮脏的蓝布长袍。我们每天跨进门槛,就得向他作揖,还得向他方桌上方的"至圣先师孔"作揖,那几个字是竖着写在一张红纸上的,红纸贴在墙上。在这私塾里,我大约读了半年,从《人之初》读到《大学》,下面该读《告子》的时候,老师死了,学堂也就垮了。

镇上有一所官立的小学,设在禹王宫,吸引着小镇上所有的上私馆念"子曰"的孩子们。但是许多家长却不愿送自己的孩子去上学。我也没有那个福分。这时候在我的后面又来了三个弟妹,以后还不停地来。母亲因生育过多而变得憔悴体弱,父亲为全家的衣食而奔命,他们不大照管我的教育问题。我经常充当他们的"出气筒",挨打(用竹片打屁股或用手掌随便打什么地方),罚跪,是常有的。小镇上许多的家庭都是这样对待他们的孩子,"不打不成人,黄荆条子出好人",这似乎成了家长们的信条。可惜在那样的情形下,许多孩子并没有变得如家长们希望的那样美好。有的小小年纪变得愚钝而又残忍，有的则变得孤僻，敏感而又胆怯了。我属于后一种情形。我不敢向人家酱缸里吐唾沫，反而老是担心着人家怀疑是我吐的，整日提心吊胆，埋头走路。我更不敢参与街上的孩子们的争吵或相互攻打，我经常胆战心惊地想到会把我也卷进他们的斗争中。而事实上，他们总是欺负我，以损伤我的自尊心为乐事。我十分羡慕那些得到父母或兄长保护的、被娇惯的孩子。

过多的寂寞，使我参与了另外一种生活的领域——我成了镇上那个可怜的说书人的热心听众。那时候有一种说书人被称为"讲圣喻的"。每当夜幕四合，小镇街心的行人都手握灯笼或篾条火把，街灯是没有的。黑暗里能够表示小镇存在的唯一信号是上牌坊与复兴街交接处竖着一根"灯竿"，每天天色将晚的时候，由打更匠负责把一盏罩子灯灌满菜油，点燃，就像小学校里早晨升旗一样，把点燃的灯拉将上去，很远的地方都看得见它。每当我站在那儿观看打更匠"升灯"，总感到心里有什么异样的东西在涌动，那盏高挂着的灯，使我的童年增添了许多美丽的梦，当然也是空幻的梦……"讲圣喻的"也是在升灯的时候就在街边搭起了他的讲台，两条高板凳上铺一块门板，板上放一张小桌和一把座椅。"讲圣喻的"就坐在上面小桌上亮起一星灯火，一闪一闪地照着他蓬长的头发和瘦脸。

听众里没有像我这个年龄的孩子，这种文艺生活不是小孩子可以享受的。他的听众是成年的姑娘、婶子和老太婆们。他讲的，多半是英雄烈女创建功勋业绩，或柔弱女子惨遭不幸的故事，情节曲折，委婉动人，讲到凄厉之处，妇女们会哭出声来……我从八岁到十三岁，五年间的"课余文艺生活"就是这样过的。我不知道我是否真的接受了那些封建主义的宣传。牵挂着我内心的思想不是那些，而是人物的命运。听得多了，小小脑袋里满是那些或悲壮，或凄婉的故事，满是那些勤劳善良、刚烈忠贞的女子们的形象。（许多年以后，我在一篇谈创作的文章里写下过这样一段回忆："我是个性情孤僻的孩子，没有什么同龄的小友，大人们都嫌我太阴沉、不活泼，不讨人喜欢。我逐渐养成了爱沉思的习惯，生活在自己的内心里。生活中不公平的事是很多的，别人家的孩子常常欺负我；遇上这种时候，多么盼望有人能够理解我、帮助我呵！然而没有。我坐在小河边上常看弟弟妹妹玩耍、心里开始编织起故事来了，编一个又一个，都是讲一个家境贫寒、无依无靠的柔弱女子备受欺凌，只身出走，四处飘零，终于找到善良人家。故事的主人公常常就是我自己，我为自己编织的故事，往往感动得泪流满面……"当时的情形大致如此。我在不知不觉中，在没有任何指导和教育下锻炼着自己的"艺术感受能力"。）

　　在半年私塾里已经背诵如流的几本书，对我没有一点影响。因为我不懂，老师只叫背诵，从不讲解。私塾散伙对我来说应是不幸中之大幸。不久以后我进入了一所与官立小学遥遥相对的私立小学校。这所只有两位教师和三十来个学生的学校应该算是我的正式学业的开始，我的启蒙教师是田栋材老师和田师母（很遗憾，我们同学们不知道她的姓名，一直是这样称呼这位令人尊敬的身材胖胖的女老师）。他们都是五十来岁的人了，从前也在外县的官立小学任教，因为与那里的校方以及社司发生矛盾，而弃职出走，迁来石桥小镇，借福音堂的地盘设立小学，招收学生。田老师严厉正直，田师母温和宽厚，他们学识渊博，治学严谨，开的课程，官立小学有的这里全有，官立小学没有的，如英语，我们这里也有。另外还有课余的"故事"活动，由田老师讲故事，或指导阅读课外书籍。培养我们对文学的兴趣。这以后，我开始陆续阅读《绣像石头记》（一种石印线装本）、《三国演义》、《水浒全传》、《东周列国志》以及什么《卧虎藏龙》等一类的长篇小说。那时候，剑仙侠客一类的，在同学中流传甚广，我也读过不少。所有小说，读了之后，并不大懂，多半是被情节吸引着去读的。田老师常说，语言文字的功夫好，能提高理解能力，学习其他课程也容易得多。果然是的，我和好几位同学在田老师和田师母门下只读了三年半，他们用"跳班"的办法对学生进行分别教授，三年半时间学完六年的课程，我们去投考初中，就考上了，真是皆大欢喜。

　　时年为一九四八年秋。学校名"诚明中学"，是一所由当地地方绅士及富商等头面人物集资兴办的初级中学，师资力量雄厚，教学水平远在当时的县中之上，每年春秋二季招生各一次，每次只招收一个班。我所在的班次为第十二班，就是说这个学校的历史还不长，仅六年。它的毕业生，成绩优秀者去成都投考高中，如家境贫困，在成都读高中的学杂费用和伙食费均由诚明提供。我的启蒙教师田栋材老师和田师母的儿子，是这所学校第二班毕业生，去成都考取了石室中学后，就是由母校资助他读完了高中，而后又考入四川大学的。人们是这样告诉我们的。石桥小镇的子弟在省城读大学的，屈指可数，自然是我们崇拜的，而且心向往之，我读书也就格外地努力了。班上的同学数我年纪最小，年龄大的多在二十岁左右，有的是做父亲的人了，他们是乡下大地主的子弟，懒而且笨。我自信可以超过他们。

可是，我只读了两个学期就不得不停学了。这个学校条件好，而收费也很高。刚进学校时，按照规定家里必须为我做两套"童子军服"，父亲就面呈难色了。我预感到我的学业前景不妙。果然是不妙，父亲帮办的商号自一九四五年"放火炮"以后，生意每况愈下，他自己的小小股份也随之失去原来的价值，家庭的日子难以为继，不能不又一次退回到农村租种土地，由我的外公帮忙，在他租种的土地中转租了大约七亩田土。全家老小就靠这几亩土地过活。我自然是不能再继续留在镇上读书了。

当时再度还乡，除经济问题外，还有一个原因是父亲听信谣言。临近解放的前夕，小镇上的谣言可多了，谣传中对我父亲影响最大的，就是"共产党重农轻商"，说是共产党恨商人，不允许做生意。我祖母却不相信这一套，她一直未下乡。解放后她就搬到成都我叔叔家住。她从年轻时代就有的"轻农思想"真是根深蒂固。

我在乡下学习干农活，跟我舅父学。我参加了土地改革运动，成了一个活跃分子，当了农民协会青年部的副部长兼少先队长。那种轰轰烈烈的日子，使我暂时忘记了学校生活和书本，而真心崇拜那些一字不识的农民英雄和那些坐在会场上翻开灰布制服捉虱子的工作队员。在那个年龄上，往往需要崇拜些什么。的确是。这时我学到了说粗话，用最粗俗的字眼斥责别人，我还学会了打纸牌，整天把衣服披在肩上，哪怕是冬天也不穿进袖筒，而且毫不脸红地在太阳光下翻找内衣里的虱子……

然而，那种生活很快就过去了，土改结束，农民的整个心思都用在土地上，很少开会，也不再见得到工作队的影子，他们都回城里去了，有的回机关，有的回大学继续学习。我们家分得的土地需要耕种。在家里我是老大，我只有十六岁，成了主要劳动力，每天在地里干活。我不愿意这样，单调而又重复的劳动使我感到厌倦，我渴求改换这种生活，无比地思念学校的一切。我变得更加孤独和沉默寡言，而父亲却不理解这个，他希望并强迫我把我身心都拴在家庭和土地上，做他的帮手。

这时，城市的生活已经平静了下来，工商业恢复了正常秩序，事实证明，共产党并不轻视商业。我的祖母在成都做出一个决定，要我去成都找商店做学徒。老人家一辈子不变的"重商轻农"思想，使我的父亲无法违抗。我于一九五二年十月国庆节那天到了成都，暂时住在叔父的家里。工作很难找到。吃闲饭的日子，使我接触了大城市基层群众的生活。叔父家里并不宽裕。后来通过亲戚关系，我进了东大街一家糖店做学徒工。可是，当时的"店员工会"却在几个月之后，仍未正式承认我在店上的学徒工身份，只把我当作"见习生"一样，有活干，有饭吃，没工钱，尤其是不算"册子"上的人。我感到一种从未有过的屈辱，感到前景暗淡。祖母病势垂危，无力再关照我。我孤独无依。

当我把决心要重新上学读书的打算向家庭报告，希望得到支持的时候，父亲则向我报告家庭负担太重，望我好好工作，挣钱养家。我有六个弟妹，的确是吃饭的人多，干活的人少。可是，我做什么工作呢？店里管事的人一直没有承认我这个工人和这一份工资开销。我又向家庭备述详情，父亲带信来说：读书可以，但家里绝对没有能力供给上学的费用。没有钱，的确是很麻烦的。但是，不久我就想到了主意：投考一个不缴伙食费和住宿费的职业学校。虽然我并不愿意这样，我满心向往的是上普通中学，然后上大学。可是，面对现实，也只好这样了，有什么办法呢？没有一个人能帮助我实现自己的愿望，只好靠自己。

当时，有大批的失学青年在整个城市街头游荡着，他们的年龄都很大了，大多数希望工作或上学。一九五三年秋天，成都农业技术学校招收初农班新生四十名，竟然有好几百人去应考。考场设在九眼桥"府城中学"的课堂内。我一夜没有睡好，考得并不理想，但口试的时候，老师问了几个农业生产方面的问题，我全答上了。我的被录取，可能与口试有很大关系，我想。

这个学校在成都市东郊，靠近狮子山脚。有一条小河，河岸上长满了芦苇。环境是极清静的。校舍很破旧，校园里长满了荒草。据说解放前这儿是一所私立的"印染学校"。其实对我来说，破房子和荒草都不算啥，有个地方住下来，有书念就行了，更何况吃饭不要钱呢！我感到心满意足了。我在入学后第一次的作文里写上了豪言壮语："我将来要做一名优秀的农艺师，让丰收的粮食堆满农民的粮仓，让肥壮的牲畜布满山岗，让鲜艳的花朵开遍祖国大地……"

我学习刻苦，劳动积极，成绩优良，在课余时间广泛阅读，并进行写作练习。一九五四年三月，成都当时的一家报纸《工商导报》发表了我的第一篇习作《老盐工袁大爷》。我担任学生会宣传干事、墙报主编。一九五五年加入共青团，同年，初农班结业经过考试升入该校高农班，继续攻读农业栽培专业。

在农校的几年时间里，我在文学的阅读方面，大大开阔了视野。最先是苏联早期和卫国战争时期的文学作品，那时候，几乎所有的学生都狂热地喜爱着苏联文学作品，如《钢铁是怎样炼成的》《勇敢》《青年近卫军》等等，从这开始，继而就倾倒于高尔基，再往前，天地更为广大，完全迷醉在俄国十九世纪大师们伟大文学氛围之中，屠格涅夫、契诃夫、赫尔岑、普希金、托尔斯泰、车尔尼雪夫斯基……与此同时，很自然地把阅读的范围延伸到欧美文学，其中为首的是法国文学，巴尔扎克的宏阔的社会人生图画、雨果的浪漫主义激情、莫泊桑刻画人物的妙斧神工、乔治·桑的理想主义，等等，无不深深地吸引了我。其他国度的作品，我涉猎不多，仅就当时读过的，使我崇拜的是美国杰克·伦敦、德莱赛，英国的毛姆、狄更斯、哈代等。我像一头来自荒山野岭的饥饿的小牛，在一个偶然的机会闯进了一片绿草如茵的丰盛原野，那样欣喜若狂，那样贪婪地啃着……但是，现在看来，当时我并没有很好地消化，也来不及消化。整整六年，书是读了不少，甚至还接受别人的劝告，比较认真地细读过一些经典著作，企图去弄懂莎士比亚、歌德，拼命地强迫自己回过头来读中国古典及现代作家的著作……但是总的说来，只能算是泛泛的、像一个不倦的读者那样的阅读而已。如一个作家那样抱着学习、研究、甚至"挑刺儿"的态度去读，那是以后的事了。所幸的是我得到了那样的机会，而且机会很快就来了。

一九五七年的"反右斗争"横扫全国。中等学校的学生也未能幸免。社会上的斗争已告尾声，学校里教职员工中抓出来的"右派分子"们已经离开了他们的岗位，去"充实"农场劳动力和清洁工的队伍，看来没事儿了。一九五八年夏天，也就是我已面临毕业的前夕，学校在学生中开展了一个叫作"社会主义教育运动"的运动。其方法、形式、过程，与"反右斗争"极为相似，先也是动员提意见、大鸣大放，继而是辩论批判，揭发检查、划线定质，三下五除二，我和另外几位同学就被"揪"了出来。我的错误有三：第一，"不务正业"，他们查了校图书馆里的借书登记册子，我六年间全部借的是文学书籍，没有什么政治理论书，更没有一本农科专业书；第二，"攻击社会主义"，这是指我写过一张大字报，标题为"卖油娘子水梳头"，讲我的家乡的棉花产量下降，部分农民缺吃少穿；第三，"同情右派分子"，这是因为上一年报纸揭露省内一位颇有名气的青年作家的"右派言论"时，我给该报写过一封信表示我不同意批评他某些言论，因为他这些言论是正确的，信被报社转回学校党委来了，成为我校一件破天荒的"大案"，学校领导人认为我丢了他们的脸，还认为他们培养我六年，竟然培养了这样一个"废品"。这样我被"处理"了，批件上写着"政治不及格，不予分配工作"。发给我三个月伙食费，就叫我回家了，团籍给开除了。还好，因为当时有一条政策："中等学校学生中不反右。"因而他们没有能给我一顶"帽子"。

从此我才真正开始了我的人生：酸甜苦辣麻，五味俱全。时年二十二岁。

令我感动，又令我惊奇的是，家乡的农民，简直没有把我当作"有问题"的人看待。学校寄回的档案袋放在公社的一个柜子里，干部们好像也没把它当作一回事。当时"右派分子"们的处境是什么样的，我看得很多，我虽然没有帽子，但也挨着"右"字的边儿。所以当我受到乡亲们的平等相待，心情也就慢慢地好起来。人应该知足。所以安排我参加每一项工作时，我都尽心尽力地去干好。我担任公社农业中学的教师，那是一所大跃进的民办学校，不到两年就垮了。接着我又担任大队以及生产队的会计，前后达十二年。后又任公社及这里的农业技术员。所有这些工作，都是不脱产的，就是说，一边劳动，一边工作，吃生产队的口粮。社员和干部待我相当的厚道，我爱读书，有空就读，简直手不释卷，这使他们十分高兴。我找不出他们为什么那样高兴的理由，但我感觉得到他们的支持，好像他们认为我本来就应该读书似的。倒是我的亲属们当中，有的人对于我的还乡流露出明显的鄙薄情绪和言语，这是使我很伤心的事。不过，也只好忍受了。坎坷的生活道路教给我一条做人的态度：直面人生，开拓未来。这当中就包括了既要坚强，执着，又要能忍受委屈，既要坚信未来，又要能保持清醒的头脑。

还乡二十年，凭良心说，生活对我的赐予，是丰厚的。

首先是使我得以亲眼看到了我国农业是怎样在"左"倾路线干扰下曲曲折折地缓慢地发展着，我得以和生活在最基层的农民一道经历了历史上最困难最压抑的年代，我和大家一样被损害着，同时又怀着对党的坚定信念等待着，憧憬着，探索着，成长着。不仅使我获得作为文学作者所需要的"生活"，更使我胸中拥塞着无穷无尽的感受，这些感受是说不完、写不完的。

二十年间，我有大量的时间读书。除了劳动和工作，我夜夜攻读，疲乏和饥饿没有使我停止。我常年在县城图书馆借书，真得感激他们的关照！"文革"开始后，县图书馆不能借书了，而社会上却到处是书，不少的还是平时难以买得到的，多是勇敢的小将们从机关里、图书馆里或私人书橱里抄出来或偷出来，先是传阅，后来干脆有了一个"书市"。各地都有这样的"革委会"无力禁止的书市。所以我有的是书读。我真正地认真读懂了一些书，是在"文革"十年中。我整个地没有参与"文革"中那些形形色色的"组织"以及那些莫名其妙的活动，当然不是因为我当时就有什么"觉悟"，主要的原因是我不想浪费光阴，我太爱读书了。这一时期的阅读，除了文学外范围扩大了些，政治、历史、经济理论，都有所涉猎。马列著作和毛主席著作大量发行，在农村确实没有几个人要看的，我却是认真读了一部分。过去在学校囫囵吞枣地读了不少小说，在"文革"中又重读其中一些，收获不小。

活生生的现实感受，加上读书所得，使我思考了许多问题。有时候思想飞得很高很远。身边许许多多非常熟悉的人物，及他们各自的命运，使我顽固地要拿起笔来表现他们。一九五九年，即"处理还乡"后的第一年，我就开始在本省的刊物上发表短篇小说，接着又陆续地有作品发表，如《秀云和支书》《井台上》等，写农民在人为的灾难和自然的灾害面前的不屈不挠的志气。"文革"前夕，刊物停办，我也就不写了。到一九七三年，省内刊物复刊，我又相继发表《李秀满》《早行人》《希望》等短篇，反映农民恢复生产和搞好生产的愿望与行动，委婉地批评那种旨在破坏农村经济的"左"的东西。作品的思想当然是浅些，但也遇到不少麻烦事。其中一件是县单位"文化管事"上串下连，指责刊物的"政治路线"有问题，就是说，不应该发表我的作品。为什么呢？因为我是"右派"。这一次闹得厉害，后来惊动了区委和县委，不得不派人出去搞"外调"，结果于我有利，因为大家终于知道了我的真实情况。一九七四年，省里举办规模巨大的"文艺调演"，有关部门就通知了下面一部分业余文学作者去参加，顺便议一议文学创作的事。我接到通知的当天下午就从公社出发，赶到成都，哪知我找不到会议指定的住地，而天已黑尽，我去向大会会务处打听，他们把我打量一阵之后，就把我留下。当晚文化局的大小官员三几个人陆续前来对我进行审问，原来他们"革命警惕性"特别高，怀疑我不是周克芹。他们说，阶级斗争很复杂。我没有足以说明身份的证件，是我的过错，然而我不能忍受他们盘问我时的那种目光。当时我脚上穿双草鞋，衣服上有泥巴，模样也有点不怎么样，大致是面带菜色。他们那种怀疑和阴冷的目光，一直伴随着我，多年以后想起来还有点毛骨悚然，甚至老觉得我的背后仍然有那样的目光在盯着我，使我不免感慨万端。

个人的命运和国家的命运不可分割，这是当代一切正直的中国人深深体会到的一条真理。粉碎"四人帮"以后，一九七七年我就接到通知到省出版社编选自己的小说集，出版社还派编辑同志专程赶到我所在的区委为我请假。一九七八年我在家乡红塔区正式参加工作，同年底光荣加入中国共产党。第一个短篇集出版过程中，我开始酝酿和写作《许茂和他的女儿们》。一九七九年调省文联从事专业创作。我写得太少，一九八三年出版第二个短篇集，薄薄的，很惭愧。

党和人民的培养，使我能历经曲折而成长为一名社会主义的文学工作者。今后我将以这支笔和这颗未老的心，继续为社会主义现代化建设服务。

来日方长！

一九八四年六月

（《作家》1984年第9期）

周克芹简谱

蔡廷华

1936年10月28日（农历九月十三日）

出生在四川省简阳县石桥镇外的一间磨坊里，取名周克勤。父亲周金凡，母亲曾秀清。

1943年（7岁）

入私塾读书，读《人之初》《大学》等。约半年，私塾老师死了，转入当地镇上一家私立小学校。开始读《绣像石头记》《三国演义》《水浒全传》《东周列国志》等长篇小说。私立小学校教师仅田栋材夫妇，"田老师严厉正直，田师母温和宽厚"，"他们用'跳班'的办法对学生进行分别教授，仅三年半时间学完六年的课程"（本谱中引文均自《周克芹自传》，原载《作家》1984年第9期）。

1948年（12岁）

秋，考入当地的"诚明中学"。学习一年，因无法交纳学杂费而退学，回乡下学习农活。

1950年 （14岁）

参加土地改革运动，担任当地农民协会青年部的副部长兼少先队长。"那种轰轰烈烈的日子，使我暂时忘记了学校生活和书本，而真心崇拜那些一字不识的农民英雄和那些坐在会场上翻开灰布制服捉虱子的工作队员。"

1952年 （16岁）

10月，应祖母要求，通过亲戚关系，进成都东大街一家糖店做学徒工。向往读书。

1953年 （17岁）

秋，投考不缴伙食费和住宿费的"成都农业技术学校"，入初农班。在入学后的第一次作文中写下豪言壮语："我将来要做一名优秀的农艺师，让丰收的粮食堆满农民的粮仓，让肥壮的牲畜布满山岗，让鲜艳的花朵开遍祖国大地……"在这段时期，曾担任学生会宣传干事，墙报主编。

1954年 （18岁）

3月，在成都一家报纸《工商时报》上发表第一篇习作《老盐工袁大爷》（故事）。

1955年 （19岁）

年初，在成都农业技术学校初农班结业，经考试升入该校高农班，攻读"农业栽培专业"，并在本年加入共青团。

喜爱阅读苏联文学作品，如《钢铁是怎样炼成的》《勇敢》《青年近卫军》等，并兼及十九世纪俄国文学和法国文学，同时还阅读了杰克·伦敦、德莱塞、毛姆、狄更斯、哈代等人的小说，还读了不少中国古典及现代作家的作品。

1957年（21岁）

因"思想右倾，同情右派"被开除团籍。

1958年（22岁）

夏，学校在学生中开展"社会主义教育运动"，被"揪出来"。"错误有三：第一，'不务正业'，他们查了校图书馆里的借书登记册子，我六年间全部借的是文学书籍，没有什么政治理论书，更没有一本农科专业书；第二，'攻击社会主义'，这是指我写过一张大字报，标题为《卖油娘子水梳头》，讲我的家乡的棉花产量下降，部分农民缺吃少穿；第三，'同情右派分子'，这是因为上一年报纸揭露省内一位颇有名气的青年作家的'右派言论'时，我给该报写过一封信表示我不同意批评他某些言论，信被报社转回学校党委来了，成为我校一件破天荒的'大案'。"10月，因"政治不及格，不予分配工作"，学校发给三个月伙食费，回简阳务农（此项处理于1983年5月，由四川省文联党组复查改正）。

1959年（23岁）

曾在简阳县绛溪公社飞马农中教书，到次年农中停办解散，后回乡务农。

1960年（24岁）

1月，小说处女作《秀云和支书》发表于《峨眉》1960年1期，署名周克勤。

1962年（26岁）

在简阳县红塔区绛溪公社升阳五队和张月英结婚，财产仅半间草房。

1963年（27岁）

11月，小说《井台上》发表在《四川文学》1963年第11期，署名周克勤。

1965年 （29岁）

7月，女儿周惠莲出生。

1966年 （30岁）

花20元买生产队上的半间房子、第一个男孩出生后死去。

1967年 （31岁）

2月，女儿周竞莲出生，3岁后死去。

1968年 （32岁）

4月，儿子周吉昌出生。修茅草房二间。

1970年 （34岁）

12月，女儿周梦莲出生。

1971—1972年 （35-36岁）

仍在简阳县绛溪公社务农，先后担任升阳五队、升阳六队会计，大队会计。在"文革"中，我"整个地没有参与'文革'中那些形形色色的组织以及那些莫名其妙的活动，当然不是因为我当时就有什么'觉悟'，主要的原因是我不想浪费光阴，我太爱读书了。这一时期的阅读，除了文学外，范围扩大了些，政治、历史、经济理论，都有所涉猎"。"过去在学校囫囵吞枣地读了不少小说，在'文革'中又重读其中一些，收获不小。"

1973年 （37岁）

2月，女儿周雪莲出生。7月，短篇小说《早行人》发表在《四川文艺》第7期，署名周克芹。"1973年在美术电影银幕上和一个音乐刊物上分别出现了'周克勤'这个名字，有朋友问我为什么'转业'了？我声明那不是我，遂有用笔名的意思。当时我正好有个短篇要在《四川文学》上发表，便告诉编辑同志，随便替我署个笔名，不久，小说发表出来时，我看到我的名字上的'勤'字变为'芹'字了，以后就沿用下来，以示区别电影和音乐的作者同志。"8月，短篇小说《李秀满》发表在《四川文艺》1973年第8期。

在简阳县绛溪公社注农业技术员，自带津贴，国家资助生活费十九元。

1974年 （38岁）

2月，《中国文学》（外文版）转载短篇小说《李秀满》。6月，中篇小说《棉乡战鼓》发表在《四川文艺》1974年5–6期合刊。夏，到成都参加"四川省文艺调演大会"附带举行的"业余文学作者座谈会"。

1975年 （39岁）

调简阳县红塔区任区农业技术员，自带口粮，国家给予生活津贴三十元。秋，由《四川文艺》编辑部借调，随该刊采访组前去剑阁县化林大队采访，长达三个月。12月，报告文学《朵朵银花》发表在《四川文艺》1975年第12期。

1976年 （40岁）

1月，短篇小说《希望》发表在《四川文艺》1976年第1期，署名周克勤。

1977年 （41岁）

3月，文艺随笔《修正主义的破烂》发表在《四川文艺》1977年第3期。8月，创作谈《关于短篇小说的通信》发表在《四川文艺》1977年第8期。冬，应四川人民出版社之约，赴成都编辑短篇小说集《石家兄妹》。参加红塔区组织的工作组到杨家公社金星大队驻队蹲点。年底，筹划写长篇《天府之国》，后改为《许茂家里的女儿们》。

1978年 （42岁）

1月，短篇小说《青春一号——棉乡回忆》发表在《四川文艺》1978年第1期。2月，短篇小说《灾后》发表在《四川文艺》1978年第2期。3月，第一个短篇小说集《石家兄妹》由四川人民出版社出版，收有短篇小说《李秀满》

《希望》《青春一号》《早行人》《石家兄妹》《井台上》《灾后》共七篇。5月，创作谈《关于生活的通信》发表在《四川文艺》1978年第5期。7月，随着工作组回到红塔区。10月，调简阳县文化馆工作。全年写作《许茂家里的女儿们》。

1979年 （43岁）

1月，加入中国共产党。3月，由简阳县文化馆调四川省文联工作，但仍坚持在简阳县红塔区蹲点深入生活，兼任红塔区区委委员。8月，长篇小说《许茂和他的女儿们》初稿修改完毕。9月，短篇小说《两妯娌》发表在《四川文学》1979年第9期。10月，长篇小说《许茂和他的女儿们》刊载于《内江三十年文学作品选》（《沱江文艺特刊》），后发表在《红岩》1979年第2期，《新华文摘》1980年6月转载。

1980年 （44岁）

3月，短篇小说《在艰难的日子里》发表在《红岩》1980年第3期。4月，短篇小说《勿忘草》发表在《四川文学》1980年第4期。5月，短篇小说《落选》发表在《四川文学》1980年第5期。6月，参加四川省第二届文代会，被选为四川省第二届文联委员。并加入中国作协。中央人民广播电台长篇连播《许茂和他的女儿们》。《扎根农村、努力写作》发表在《四川农民报》1980年6月21日。《中国文学》（外文版）节译《许茂和他的女儿们》。7月，《文学与农村题材》发表在《四川农民报》1980年1月7日。8月，《许茂和他的女儿们》在天津百花文艺出版社出版。参加作协四川分会在内江召开的创作座谈会，会上还座谈讨论了长篇小说《许茂和他的女儿们》。9月，《坚持深入群众的斗争生活》发表在《红旗》杂志1980年第18期。11月，短篇小说《甘家堰的甘大爷》发表在《山花》1980年第11期。

本年，《许茂和他的女儿们》被改编为多种地方戏、电视剧、广播剧。比较成功的有川剧《四姑娘》，楚剧《许茂和他的女儿们》，话剧《路漫漫》，电视剧《葫芦坝的故事》等。

1981年（45岁）

3月，《勿忘草》获"1980年全国优秀短篇小说奖"，但因病未参加北京的授奖仪式。4月，《在人生的道路上——致农村青年朋友》发表在《四川青年》1981年第4期。5月，参加省剧协关于剧本《赵钱孙李》的讨论会，发言稿刊于《戏剧与电影》1981年第5期。6月，与履冰合作撰写的电影文学剧本《桂香前传》发表在《电影作品》1981年第6期。7月，《牢记自己的责任》发表在《中国青年报》1981年7月9日，《做党的一名忠诚的宣传员》发表在《四川支部生活》1981年第7期。8月，短篇小说《山月不知心里事》发表在《四川文学》1981年第8期。后来该小说和《勿忘草》一起收入《新中国文学大系·中国乡土小说选》。11月，与萧穆合作改编的电影剧本《许茂和他的女儿们》由中国电影出版社出版。本年，《许茂和他的女儿们》获"四川省优秀文学作品奖"，《勿忘草》获"1979-1980年《四川文学》优秀短篇小说奖"。八一电影制片厂摄制电影《许茂和他的女儿们》，周克芹、萧穆编剧。北京电影制片厂摄制电影《许茂和他的女儿们》，编剧、导演王炎。

1982年（46岁）

3月，全国首届"中学生评选'我所喜欢的10本书'"评选揭晓，《许茂和他的女儿们》获选。《山月不知心里事》获"1981年全国优秀短篇小说奖"，赴京领奖。4月，到邛崃县参观访问农工商联合企业。《光荣的担子》刊于《青年作家》1982年第4期。5月，参加"纪念毛泽东《在延安文艺座谈会上的讲话》发表40周年座谈会"并作发言，刊载于《人民文学》1982年第5期。参加省文联"纪念《讲话》发表40周年座谈会"并做书面发言，刊载于《四川文学》1982年第5期。散文《袖手于前、疾书于后——给一位青年作者的信》发表在《中国青年报》1985年5月13日。《周克芹答本刊问》发表在《文谭》1982年第5期，《周克芹谈许茂》发表在《山城电影》1982年第5期。6月，参加省作协内江地区会员小组扩大会，做《学习与思考》的讲话，摘要刊于《沱江文艺》1982年第3期。创作谈《创作生活及其它》刊载于《写作》1982年第6期。《〈许茂和他的女儿们〉创作之初》发表在《北京师范学院学报》1982年第3期。7月，短篇小说《邱家桥首户》发表在《青年作家》1982年第7期。10月，短篇小说《饯行》发表在《上海文学》1982年第10期。12月，中国"首届茅盾文学奖"揭晓，《许茂和他的女儿们》荣登榜首。赴京参加茅盾文学奖授奖仪式，代表6位获奖作者做题为《深情地领受人民的鞭策》的讲演，并在京参加了"全国长篇小说创作座谈会"。散文《说"竭"》发表在《花溪》1982年第12期。

1983年（47岁）

1月，《周克芹谈自己的作品》刊载于《北京晚报》，《文摘周报》1983年1月7日转载。2月，在"首届茅盾文学奖授奖仪式"上的讲演词发表在《四川文学》1983年第2期。4月，应邀在成都西南民族学院做报告，题为《文学的突破和创作》，其后发表在《西南民族学院学报》1983年第2期。8月，参加"四川省首届青年文学创作会议"。10月，《周克芹短篇小说集》由四川人民出版社出版，收入短篇小说《灾后》《青春一号》《两妯娌》《勿忘草》《落选》《在艰难的日子里》《甘家堖的甘大爷》《采采》《风为媒》《山月不知心里事》《饯行》《邱家桥首户》共12篇。11月，短篇小说《来来》发表在《作家》1983年第11期。

本年，短篇小说《邱家桥首户》获"《青年作家》优秀作品奖"。

1984年（48岁）

1月，中篇小说《桔香，桔香》发表在《现代作家》1984年第1期。5月，短篇小说《五月春正浓》发表在《青年作家》1984年第5期。6月，《八十年代农村题材展望》发表在《当代文坛》1984年第6期。7月，《感受·表达——农村题材创作琐议》刊载于《青年作家》1984年第7期。短篇小说《晚霞》发表在《长安》1984年第7期。9月，《周克芹自传》发表在《作家》1984年第9期。《赞"沃土"》刊载于《新信息报》1984年9月22日。11月，中篇小说《果园的主人》发表在《青年文学》1984年第11期，并转载于《小说选刊》1985年2月号，该小说在1986年还获全国第二届青年文学创作奖。

本年，举家迁往成都。

1985年 （49岁）

1月，评论《关于如何反映当代农村生活的通信》（周冰、周克芹）发表在《当代文坛》2月，1985年第1期。散文《关于黄龙九寨的通信》发表在《大西南文学》1985年第1期。《创作自由二题》发表在《现代作家》1985年第2期。3月，《我们的任务》发表在《当代文坛》第3期。散文《睢水关的话题》发表在《剑南》1985年第3期。5月，小小说《断代》发表在《青年作家》1985年第5期，《小小说选刊》于1985年8月选载。和老作家沙汀、评论家邓仪中、仲呈祥前往安县。6月，《时代·改革，文学——作家谈心录》发表在《文学时代》1985年第6期。8月，任中共作协四川分会党组成员。9月，参加中国作家代表团，出访叙利亚、阿尔及利亚、途经卡拉奇、巴黎，历时30天。11月，评论《从民族文化的层次审视生活》发表在《当代文坛》1985年第11期。《一点感想》发表在《大西南文学》1985年第11期。

本年，短篇小说《晚霞》获"1985年《小说月报》百花奖"及"1985年《长安》优秀文艺作品荣誉奖"。

1986年 （50岁）

2月，散文《丙寅说文》发表在《成都晚报》1986年2月12日。3月，评论《〈蓝花豹〉笔谈》发表在《当代文坛》1986年第2期。4月，短篇小说《绿肥红瘦》发表在《青年作家》1986年第4期。5月，报告文学《一个中国农民的追求》发表在《四川日报》1986年5月27日。7月，《双百方针与文学批评》发表在《四川日报》1986年7月20日。8月，评论《我读激荡的大宁河》发表在《萌芽》1986年8月。9月，参加由省作协和《人民文学》组织的"四川短篇小说研讨会"。10月，短篇小说集《二丫和落魄秀才》由中国青年出版社出版，收入小说《二丫和落魄秀才》《桔香，桔香》《来来》《五月春正浓》《晚霞》共5篇。

本年，开始写作长篇《饥饿平原》，被欧洲欧罗巴出版公司列入《国际名人录》。

1987年 （51岁）

1月，散文《巴黎一瞥》发表在《青年导报》1987年1月2日。长篇散文《国门外日记若干》发表在《小说家》1987年1月。5月，为日本人川口孝夫所编《中国现代农村短篇小说选》作序。该书收集了周克芹短篇小说《山月不知心里事》《晚霞》《绿肥红瘦》共3篇。10月，短篇小说《上行车、下行车》发表在《文汇月刊》1987年10月号。

本年，全年从事长篇小说《饥饿平原》的写作。被列入《世界名人录》和《世界著名作家传略》，两书由英国剑桥大学出版社出版。

1988年 （52岁）

1月，评论文章《写在菊花时节——改革文学漫笔》发表在《当代文坛》1988年第1期。4月，评论《面对乡土文学》发表在《当代文坛》1988年第4期。7月，散文《神游》发表在《贵州日报》1988年7月24白。9月，一组短篇小说《难忘今宵》（辑有《人生一站》《难忘今宵》《雨中的愉悦》《虚惊》等4篇），发表在《文汇月刊》1988年第9期。《小说选刊》1988年第10期选载《人生一站》《雨中的愉悦》两篇。12月，推荐的小说《博艾霍拉诱惑》入选《1988年全国短篇佳作集》，并为之写评介短文，小说《人生一站》也入选该书。

本年，写作长篇小说《饥饿平原》。

1989年 （53岁）

1月，中篇小说《秋之惑》发表在《小说》1989年第1期。《中篇小说选刊》1989年第2期转载，并刊有创作谈《几句闲话》。5月，为阿来的小说集《旧年的血迹》撰写序言。创作谈《超外之谈》发表在《小说选刊》1989年第5期。6月，到内江参加小说讨论会。7月，评论《再论深入生活的重要性》发表在《四川日报》1989年7月16日。11月，参加四川《当代电大》"电大十年"征文评奖授奖仪式。

本年，长篇小说《饥饿平原》初稿完稿。

1990年

1月，任《现代作家》主编。短篇《小说二题：写意·笔筒的故事》发表在《现代作家》1990年第1期，《小说月报》1990年第2期转载《写意》。2月，任中共作协四川分会党组副书记。6月，出席简阳、德阳"读者座谈会"，听取读者对《现代作家》的意见。7月，评论《纪实散文大有可为》发表在《四川日报》1990年7月15日。7月16日，住进四川草堂干部疗养院，因原发性肝痛突发先后转到四川省医院、成都军区陆军总医院治疗。8月6日，凌晨2时05分在解放军成都军区总医院逝世，终年53岁。

（《四川大学学报（哲学社会科学版）》1991年第2期）

编后记

　　周克芹先生在改革开放后的文学黄金时代，成为首届茅盾文学奖得主。他的代表作《许茂和他的女儿们》以20世纪70年代四川偏远农村社会为生活场景，对动荡岁月进行了生动记录和深沉反思。他的作品在当年造成了轰动效应，电影、电视、戏曲界争相改编成剧本，他因此获得全国首届茅盾文学奖。他的中短篇小说，因真切描绘农村十年改革生活而接连得奖、备受好评。

　　农村生活题材是克芹先生取之不尽、用之不竭的源泉。他描写乡土，书写变革，呈现中国农村数十载的发展与变化，塑造了一批生动可感的文学形象，因而也延续了"五四"以来鲁迅先生等开创的乡土文学传统，并在文本意义上进行了全新探索，大笔如椽，使他无可置疑地成为当代文学史上一座耀眼的丰碑。可惜天不假年，先生英年早逝，令人扼腕喟叹。

　　克芹先生的作品用语平实自然，深入浅出，文本叙述行云流水，天人合一，臻于四两拨千斤的极高境界，寓严整于松散，寓有法于无法，有着佛门禅宗所说的"定"加"慧"之美。

　　文章千古事，甘苦寸心知。周克芹先生与朋友共事而其乐融融。他重情谊，宽厚待人，古道热肠，对后学晚辈关爱有加，是一位高节清风的忠厚长者。数月前，四川省作家协会领导指示编选此书，令人感铭其雅意，钦佩其良美之用心。有知音如斯，能不感奋吗？

　　今年农历九月适逢先生八十周年诞辰。作为周克芹先生诞辰80周年纪念活动的一部分，我们编选了这本《周克芹纪念研究文集》。文集共收录文章44篇，分为"听克芹""忆克芹""论克芹"三部分："听克芹"收录了周克芹先生的部分创作谈，"忆克芹"收入了先生生前好友和文坛同人的部分回忆录，"论克芹"选录了国内评论界的相关评论文章。本书在此时面世，也是对九泉之下的克芹先生一种慰藉。先生的道德文章，是爱、是火、是希望；早有评论家及广大读者作出公允的评价。本书之编选，从上述几个方面切入，各部分的评论和回忆文章，追寻克芹先生的人生轨迹和思想艺术的脉络，潜心其中，发掘要义，加以阐发，同喜同悲，见解深刻，精彩优美；既高屋建瓴又有的放矢。当我们拜读这些文章，想到克芹先生是在如此艰苦的环境中创造了文学高峰的业绩，敬重、感激之情油然而生。

值此先生八十冥诞之际，尽力促成文集的出版，既是了却整理总结各界研究成果的心愿，也是了却后人向前辈致敬的一个心愿。惜因时间和能力所限，收录文章难免挂一漏万，尚请读者批评指正。所收文章均曾在公开报刊正式发表。有些作者未能及时联系上，敬请见谅，并望能与编者联系，以完成相关手续。本书的编辑出版，得到了四川文艺出版社吴鸿社长、张庆宁总编的支持与厚爱，凝聚了责任编辑余岚的尽责和细心，在此深表谢忱。

编选过程中，深觉最应感谢克芹先生，为当代文学界留下量多质高的文学作品，虽然大恩不言谢，正如一位老作家所说：对克芹先生更有意义的回报或许是，让他的文学理想尽早实现，让他的文学信念广为传播。

是的，有一种感恩叫传承！

文学川军要雄起，文学川军在崛起。周克芹先生的大著持续产生着有形无形的巨大影响。该书的问世，也是对当今中青年作家的重要镜鉴。文脉永存，情同日月，照人前行，后会有期。

编者

2016年9月

图书在版编目（CIP）数据

周克芹纪念研究文集 / 四川省作家协会编选. — 2
版. — 成都：四川文艺出版社，2019.4
ISBN 978-7-5411-5313-6

Ⅰ. ①周… Ⅱ. ①四… Ⅲ. ①周克芹（1936–1990）
—纪念文集 Ⅳ. ①K825.6–53

中国版本图书馆CIP数据核字（2019）第047051号

ZHOUKEQIN JINIAN YANJIU WENJI
周克芹纪念研究文集
四川省作家协会　编选

责任编辑　余　岚　奉学勤
责任校对　汪　平　程　川
封面设计　叶　茂
内文设计　史小燕

出版发行　四川文艺出版社（成都市槐树街2号）
网　　址　www.scwys.com
电　　话　028-86259285（发行部）　028-86259303（编辑部）
传　　真　028-86259306

邮购地址　成都市槐树街2号四川文艺出版社邮购部　610031
印　　刷　三河市华东印刷有限公司
成品尺寸　169mm×239mm　　　　开　　本　16开
印　　张　17.5　　　　　　　　　字　　数　280千
版　　次　2019年4月第二版　　　印　　次　2020年4月第二次印刷
书　　号　ISBN 978-7-5411-5313-6
定　　价　48.00元